◎　国家社科基金重大项目

　　"开放经济条件下我国虚拟经济运行安全法律保障研究"

　　（批准号：14ZDB148）成果

◎　重庆市"十四五"重点出版物出版规划项目

近现代经济危机中虚拟经济立法的过与功

——虚拟经济有限发展法学理论的例证

刘乃梁　　郝志斌◎著

重庆大学出版社

图书在版编目（CIP）数据

近现代经济危机中虚拟经济立法的过与功：虚拟经济有限发展法学理论的例证／刘乃梁，郝志斌著. -- 重庆：重庆大学出版社，2023.5

（虚拟经济运行安全法律保障研究丛书）

ISBN 978-7-5689-3958-4

Ⅰ.①近⋯ Ⅱ.①刘⋯ ②郝⋯ Ⅲ.①虚拟经济—经济法—立法—研究—中国 Ⅳ.①D922.290.4

中国国家版本馆 CIP 数据核字（2023）第 098996 号

近现代经济危机中虚拟经济立法的过与功
——虚拟经济有限发展法学理论的例证

JINXIANDAI JINGJI WEIJI ZHONG XUNI JINGJI LIFA DE GUO YU GONG

—XUNI JINGJI YOUXIAN FAZHAN FAXUE LILUN DE LIZHENG

刘乃梁　郝志斌　著

策划编辑:孙英姿　张慧梓　许　璐

责任编辑:杨育彪　　版式设计:许　璐

责任校对:关德强　　责任印制:张　策

＊

重庆大学出版社出版发行

出版人:饶帮华

社址:重庆市沙坪坝区大学城西路 21 号

邮编:401331

电话:(023) 88617190　88617185(中小学)

传真:(023) 88617186　88617166

网址:http://www.cqup.com.cn

邮箱:fxk@ cqup.com.cn（营销中心）

全国新华书店经销

重庆升光电力印务有限公司印刷

＊

开本:720mm×1020mm　1/16　印张:20　字数:281 千

2023 年 5 月第 1 版　　2023 年 5 月第 1 次印刷

ISBN 978-7-5689-3958-4　定价:98.00 元

作者简介

———————

　　刘乃梁,天津东丽人,法学博士,重庆大学法学院副教授,博士生导师,中国法学会经济法学研究会理事,重庆大学虚拟经济法治研究中心研究人员。

　　郝志斌,甘肃天水人,法学博士,西南政法大学博士后,重庆大学虚拟经济法治研究中心研究人员。

总　序

_____

必然是长期孕育的,但必然总是需要偶然来点亮的。

20 世纪与 21 世纪之交,由中国一些土生土长的经济学家如刘骏民、成思危教授所创制的"虚拟经济"概念,尤其是将传统市场经济重新解读为"实体经济与虚拟经济二元格局"的学说,像夜空中划过的一道亮光,照亮了许多人的眼睛。虚拟经济理念自此便在中国的大地上逐渐兴起。可惜隔行如隔山,与大多数行外人一样,当时的我知之甚少,更谈不上明了其中所蕴含的时代意义了。

在博士论文选题时,考虑到硕士学的是民法,博士学的是经济法,我便准备在经济法基本理论方面下些功夫,试图寻找一个能跨越民法与经济法,类似于"贯通民法与经济法的人性精神"之类的选题,要将民法与经济法的共生互补以及这两者对人类经济社会发展的不可或缺,彻底地研究一番,以弥合两个学科间长期的对立,缓和学者们喋喋不休的争论。就在即将确定题目之前,好友杨泽延与卢代富来家小坐,听了我的想法后,反倒建议我最好务实一些,先从具体问题着手,选一个既以民法规则为基础又以经济法国家干预手段为寄托的题目,比如"证券内幕交易法律规制问题研究",以后再俟机扩大研究范围,进而深耕经济法的基本理论。

或许是太出乎意料了,这一题目竟然直戳我的心窝。突然,我想起来了:1992 年我正读硕士,其时中国股市刚建立不久,普通百姓还一头雾水,我却受人仓促相邀,懵懵懂懂地参加了《中国股票债券买卖与法律实务》的编写。莫非两位好友的这个题目,恰好将我潜意识中留存的有关股票、债券的一点点余烬给重新点燃?我几天睡不着觉,天天跑书店和图书馆,去追寻带有"内幕交易"的所有纸张与文字,还特意托好友卢云豹夫妇联系台湾的亲朋帮忙查寻相关资料。最后,提交给导师李昌麒教授审核的题目自然就是"内幕交易及其法律控制研究"了。好在,该选题不仅得到了恩师的首肯,还获得了国家社科基金项目的资助,论文也顺利通过了答辩,并被评为重庆市优秀博士论文,获重庆市第四届优秀社科成果二等奖。

2002 年博士论文业已完成,但一些超越该论文范围的根本性问题却持续困扰着我。直到有一天,当"虚拟经济"这四个字不经意地溜进眼帘时,我的眼睛竟然放出光来。由于证券是最典型的虚拟经济交易品,因而它不能不让我怦然心动,甚至也让我豁然开朗——似乎那些缠绕在我心中多年的许多困惑瞬间冰消雪融。我觉得太亲切了,相见恨晚,激动之余再也止不住去搜集有关虚拟经济的论著。尽管经济学中的数学计算、模型推演等很难看懂,但这并不妨碍我从其论说的字里行间去领悟那背后所隐含的意蕴,于是义无反顾地埋头研习。

什么是虚拟经济?一个人基于投资获得了一个公司的投资凭证——股票,钱物投进公司让公司花去了,可持有股票的这个人,因某种原因不想继续当股东分红利,而别的投资者恰好又看好这家公司的前景想挤进投资者行列,当这两人进行了该股票的买卖时,他们就完成了一次虚拟经济交易。实践中,能作为虚拟经济交易品的,除股票外,还有债券、期货、保险及其他金融衍生工具。当这些偶发的、个别的交易一旦普遍化、标准化和电子化,虚拟经济市场之繁荣与发达也就再也无法阻挡了。

之所以说它"虚拟",是与传统实体经济的商品交换相对而言的:因为包含劳动价值的财产已移转给公司占用了,此处用以交换的股票,本身是不包含人类劳动价值的——说到底,它仅仅是记录投资的证明或符号而已。也就是说,从旨在实现劳动价值与获得使用价值的传统商品交换演变到纯粹没有价值的"符号交换",这就意味着市场已经从实体经济迈向了虚拟经济。

本来,传统市场经济是以实体经济为主的经济,在这样的经济格局中,虚拟经济不过是实体经济的副产品,也是实体经济运行所借用的一种工具。但令人惊奇的是,20 世纪末中国的一些经济学家发现虚拟经济的发展速度已经超越了实体经济,且其规模足以与实体经济相媲美。也就是说,市场经济已经由原来的实体经济独霸天下,不知不觉地进入了实体经济与虚拟经济平分秋色的"二元经济时代"。

在现代市场经济体系中,虚拟经济确实有其积极作用,它可以促进实体经济的飞速发展,甚至有"现代经济的中枢""现代经济的核心""市场经济的'发动机'"等美誉。不过,虚拟经济背后也潜藏着巨大的风险:在人类历史上发生的历次金融危机中,人们已经真切地感受到了它给实体经济带来的反制、威胁,甚至破坏。

徜徉于这崭新的经济学理论之中,累却快乐着。到 2007 年,以"虚拟经济概念"及"二元经济时代"审视我国的经济法及其理论,我完成了《虚拟经济及其法律制度研究》一书的写作。此时恰逢北京大学吴志攀教授组织出版"国际金融法论丛",吴教授阅过书稿之后,当即同意将其纳入他的丛书,恩师李昌麒教授也欣然命笔为该书作序,最后由北京大学出版社付梓出版。就我本人而言,该书只是一个法学学者学习经济学并思考经济法的一些体会,它未必深刻,却是国内将虚拟经济理念引入经济法领域并对经济法的体系结构和变革方向做出新的解读的第一部法学著作。特别是该书提出的"虚拟经济立法的核心价值是安全"的论述,不幸被次年波及全球的美国次贷危机所反证,也使得这本书多少露出了些许光华。也许是出于这些原因吧,在 2009 年的评奖中,该书获得教育部优秀人文社科成果三等奖和重庆市第六届优秀社科成果二等奖。乘此东风,我又组织团队申报了教育部人文社科规划项目"中国预防与遏制金融危机对策研究——以虚拟经济安全法律制度建设为视角",领着一群朝气蓬勃、年轻有为的博士,于 2012 年完成书稿,并由重庆大学出版社出版发行。

然而,实践是向前的,也是超越既有理论预设的。随着改革开放的不断推进,虚拟经济也飞速发展。在创造经济奇迹的同时,我国经济也出现了更加纷繁复杂的问题和矛盾。其中虚拟经济的"脱实向虚"及其与实体经济之间的冲突,衍生出了现代市场经济发展中一个全新的、具有重大时代意义的命题——虚拟经济治理及其法治化。但作为一个经济学上与实体经济相对的概念,即使在经济学界也未获得普遍认可的情形下,寄望于法学界的广泛了解与大量投入,暂时是不太现实的。也就是说,将其引入法学界容易,但要得到法学学者们的广泛认同,并调动法学学术资源对其展开研究,还需要更为漫长的时间和更为艰难的历程。虚拟经济安全运行的法治化治理,至今仍然是经济学界和法学界远未解决的重大历史课题。

在前几年的研究项目申报中,尽管由母校西南政法大学资助并由法律出版社出版的拙著《人性经济法论》已经获得了教育部优秀人文社科成果二等奖,但在民法学与经济法学的争论尚未了结而民法学已然成为显学的年代,要获准经济法基本理论方面的选题依然是困难重重。因接连受挫,不免有些怅然若失。于是,我索性决定放弃中小项目的申报,直接冲击国家社科基金重大项目。物色选题时,约请几位博士生一同前来商讨,提出的建议选题有好几个,且都很有价值,只是未能让我动心。最后当一位博士生提出"开放经济条件下我国虚拟经济运行安全法律保障研究"这一选题建议时,我顿觉像当年偶遇"虚拟经济"这几个字时一样地怦然心动。我拍着桌子跳了起来,挥着这个题目,激动地用方言大声说:"啥都甭说了! 就是他娃娃了!"意思是:什么都别说了,就认定这个宝贝疙瘩了!

在商请合作者的过程中,北京大学的彭冰教授、中国人民大学的朱大旗教授、中国政法大学的刘少军教授、华东政法大学的吴弘教授、武汉大学的冯果教授对此选题很是赞同,欣然同意作为子课题负责人参与项目的申报。

在课题的进程中,他们不仅参与论证、发表前期成果,自始至终给予支持,彭冰教授和冯果教授还建议,推荐年轻人出任主研,将子课题负责人让位给重庆大学杨署东教授和靳文辉教授。

不仅如此,在之后的研究中,许许多多校内外的专家学者都给予了我们无私的支持和帮助。像北京大学的吴志攀教授,中国政法大学的时建中教授,华东政法大学的顾功耘教授,西南政法大学的李昌麒教授、谭启平教授、岳彩申教授、盛学军教授和叶明教授,西北政法大学的强力教授,中国人民大学的涂永前教授,西南财经大学的高晋康教授,重庆大学的冉光和教授、刘星教授、刘渝琳教授、周孝华教授和黄英君教授等等,都为课题的论证、前期成果的产出和课题的推进与完成,做出了重要贡献。

当然,在研究进程中,我自己的团队,甚至法学院经济法学科的博士生和硕士生们,自课题立项以来,都不同程度地参与了课题研究的工作,还发表了一些阶段性成果;而来自社会各界的众多朋友,也都以各种方式关心课题的进展,给予了我们热情的鼓励与帮助……在此,我们谨向参与、关心和支持过本课题研究的所有人,表达最诚挚的谢意!

谁知课题获批后不久,身体就和我开了一个小小的玩笑,是家人的呵护、亲友的关爱、弟子们的陪伴,让我对未来充满了信心。不过,课题多少还是受了些影响,曾一度进展缓慢。然而,团队的力量是巨大的:课题组里的资深专家就是定海神针,而课题组中活跃着的一批充满活力并在学术界崭露头角的年轻教授和博士,则勇挑重担、冲锋陷阵,成了课题研究的主力。

早在之前的课题申报过程中,写作班子就将申请书打造成了一份内容扎实、逻辑严谨、格式规范的文件,近20万字,不是专著却胜似专著;在课题研究的推进中,每当遇到各种困难和烦恼时,课题成员们总是互相鼓励,互相支持,使我们的研究能够持续,我们的理论能够得到校正;特别是在近几年最终成果的打造过程中,本丛书十部著作的作者们,不畏艰辛,秉承"上对得起重大项目,下对得起学术良心"的信念,克服重重困难,使得丛书最终得以出炉。这十多位年轻作者的才华与风采,也尽藏于本丛书的简牍之中。

本丛书十部著作并不是简单的罗列或拼凑,而是有其自身的内在逻辑,也就是说有一根红线贯穿始终。为了找到这根红线,课题组花了好几年的时间。我们认为,既然虚拟经济是虚拟的,它就必然带有人设的性质。正如没有人为预先设定且为游戏者公认并一体遵行的游戏规则就没有游戏一样,虚拟经济的运行需要规则先行。同时从治理的角度来看,即使游戏有了内在的规则,也还需要游戏的外部法律边界及法律监督:如游戏不得触犯禁赌法令,游戏不得扰民,游戏不得损害他人利益和社会公共利益等。尤其是虚拟经济呈现出的"弱寄生性""离心规律""高风险性""风险传导性"等,明确无误地表明其"有利有弊"的"双刃剑"特质,决定了追求公平正义的法律肩负着为其提供内部规则和外部边界的艰巨使命。具体而言,虚拟经济赋予法律的天职,就在于通过法律制度的设计,为虚拟经济的运行设定"限度",铺设"轨道",装置"红绿灯",进而为虚拟经济运行安全设定交通规则,作为虚拟经济运行、虚拟经济监管和虚拟经济司法的制度支撑。

基于上述基本认知,我们认为:所谓虚拟经济有限发展法学理论,是指根据虚拟经济自身运行规律,从法律自身的宗旨和价值出发,主张法律在保障虚拟经济发展的同时,为预防与克服其负面效应,保障其运行安全和可持续发展,而将其置于法律约束下的安全范围内运行的一种法学思想。

这一理论虽然是以虚拟经济运行的"双刃剑"规律和体现法律公平正义基本要求的安全价值为基础提出来的,但我们认为,它主要还是从法学,特别是从经济法学国家适度干预理论的角度提出来的,因而与纯粹的经济学理论有着明显的不同。不过,最大的疑问还不在此处。在研究过程中,一些热切关心我们课题的学者常常忍不住提出这样的疑问:为什么实体经济不需要"有限发展"而虚拟经济却要"有限发展"呢? 这是问题的关键。对此,我们的回答主要有三条:其一,人类社会的基本生活(如衣食住行及娱乐)毕竟只能仰赖实体经济,实体经济提供的产品和服务,除了受生产力水平的约束和人类需求的制约外，就其品种、数量和质量来说，根本就不存在"有限发展"的问题。仅此一点，虚拟经济就难以望其项背。其二，虚拟经济毕竟是寄生于实体经济的，不论其寄生性的强弱如何，最终还是决定了它不能野蛮生长以至于自毁其所寄生的根基。其三，实体经济伴随人类的始终，而虚拟经济则是一种历史现象，它仅仅是实体经济发展到一定阶段的产物，而且其产生以后并不一定能与实体经济"白头偕老"。

虚拟经济有限发展法学理论的确立，让我们找到了解题的一把金钥匙。它昭示着这样一个最基本的道理：我们在草原上发现了一匹自由驰骋的骏马，但我们只有给这匹骏马套上缰绳，它才会把我们驮向我们想要去的"诗和远方"。

然而，学术是严谨、苛刻而精细的，也有它自身相对固化了的"八股"定式。要说清楚这一理论的来龙去脉、前因后果、内在机理、外部表征、政策制约、法律规范、理论影响和实践效果，就要以学术的方式加以展开和表达。本丛书的十部著作正是这种展开和表达的具象：它们以"虚拟经济有限发展法学理论"为主线，按其内在逻辑展开——总体为"1+9"模式，即1个总纲，9个专题。而这"1+9"模式具体又可分为以下相互关联的四个板块：

板块一也就是"1+9"中的"1"，即《虚拟经济有限发展法学理论总说》，它既是整个研究的总纲，即总设计图或者总路线指引图，也是对整个研究成果的全面提炼和总结。不过，这一总纲与后面的九部专著各有分工，各有侧重，各有特色，虽构成一个系统，却不能相互取代。板块二是"虚拟经济有限发展法学理论及其证成"，旨在立论和证明，包括《虚拟经济有限发展法学理论及其根源》《虚拟经济立法的历史演进：从自由放任到有限发展》和《近现代经济危机中虚拟经济立法的过与功——虚拟经济有限发展法学理论的例证》三部著作。它们分别从立论及其理论解析、历史归纳和典型案例证明的角度，提出并证明虚拟经济有限发展法学理论。板块三的主旨是"虚拟经济有限发展法学理论指引下的观念变革"，主要包括《虚拟经济安全的法律塑造》《虚拟经济有限发展法学理论的法律表达：立法模式与体系建构》《虚拟经济运行安全法律制度的立法后评估：以中国为样本》三部著作。其特点在于，它既是虚拟经济有限发展法学理论的应用，又是虚拟经济有限发展法学理论的进一步证明，是介于理论证成与实践应用之间的一个板块，对我国虚拟经济立法的价值、原则、模式、体系及立法质量的提升与检测，具有重要的指导意义。板块四是虚拟经济有限发展法学理论的具体运用，包括《虚拟经济有限发展法学理论视角下的银行法律制度变革》《虚拟经济有限发展法学理论视角下的证券法律制度变革》《虚拟经济有限发展法学理论视角下的期货法律制度变革》三部著作，试图以此三个典型领域为例，揭示虚拟经济有限发展法学理论在银行、证券和期货立法方面的具体映射与应用。

这四个板块之间的关系，可参考下图：

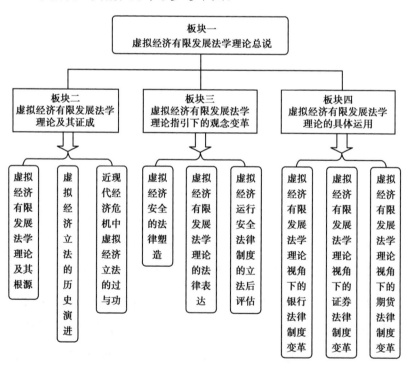

虚拟经济有限发展法学理论的论证与展开思路图

国家社科基金重大项目这一名称本身就体现出了它的分量。能在这一序列中获得"开放经济条件下我国虚拟经济运行安全法律保障研究"这一项目，既是偶然也是必然；既让我们有些激动和自豪，也让我们深感责任和压力。这几年，我们尽力做了，而且按"重大"之分量，踏踏实实地做了。至于成不成功，是否达到重大，就有待理论的佐证和实践的检验了。

我们处于一个大变革的时代，旧的事物陆续悄然退场，新的事物又在不知不觉中挤进我们的生活，甚至渐渐成为社会生活的一种主流。虚拟经济正是在这一历史巨变中膨胀，不断挣脱传统实体经济的束缚，而与实体经济分庭抗礼的。更有甚者，甚至到了反过来挟持、绑架、威胁实体经济的地步。正是这种二元经济格局的形成及两者之间的长期博弈和激烈冲突，给世界经济的发展以及各国政府的经济治理提出了前所未有的挑战。据我本人的揣测，在未来的几十甚至上百年里，如何看待和治理虚拟经济，不仅是中国面临的一大难题，也是世界面临的一大难题。

好在，越来越多的人正在逐渐看清虚拟经济脱实向虚的天性及其负面效应和可能的危害，有先见之明者已经着手强化监管、变革法治，竭尽趋利避害之能事，力图让虚拟经济助力实体经济，增进人民福祉。前几年我国着力扼制虚拟经济"脱实向虚"，这几年我国高层对虚拟经济采取既更开放又更注重其监管的策略，即可看作是"虚拟经济有限发展法学理论"在实践中得到的初步印证。

世界上没有尽善尽美的东西，也没有绝对的真理和最后的真理，学术上存在不足就是学术本身可能自带的一种"秉性"。例如，本研究中原预想的交叉学科知识的运用，现在看来还很不成熟；有的问题，如保险及其他一些金融衍生品也未能辟专题来讨论等等，都是短时间内很难弥补起来的不足，需寄望于后续研究中的努力了。

我向来认为，学术的魅力不仅体现在努力创新的过程之中，更体现在学界从未停歇过的争辩、质疑和批判之中。任何致力于社会科学研究的学者，所提出的观点或理论，都不可能是尽善尽美的，而学术正是在这种不完美之中求得点滴的进步,从而得以蹒跚前行的。为此,我们热忱欢迎学界诸君提出批评与指正。

虚拟经济概念及市场经济"二元格局"理论的提出,看似偶然,却是必然。它拨云见日,让人们突然看清了自己所生活的这个时代的"庐山真面目"。然而,其意义可能被我们的社会公众严重地低估了。就我的感受而言,它带来的思想冲击与震撼,当不亚于 20 世纪 80 年代托夫勒掀起的《第三次浪潮》,也不亚于当下人们热议的区块链、人工智能、大数据以及元宇宙等。而法律,特别是始终站在市场经济历史洪流风口浪尖的经济法,随着经济理念及经济格局的不断变迁而不断革新,一定是势不可挡,也一定是不可逆转的。

我仍然坚信,必然是长期孕育的,但必然总是需要偶然来点亮的。

胡光志

2022 年 12 月 10 日

前　言

时至今日,经济危机对我们而言并非一种陌生现象。毫不夸张地讲,资本主义社会经济危机的周期性爆发,使现代社会始终处于两个时间段:经济危机期间以及迎接下一次经济危机期间。尽管我国在引入市场机制的同时,自始至终坚持国家的适度干预,经济开放进程也力求步子稳重而扎实,在多次遭遇境外周期性经济危机的干扰和侵袭的情况下,并未蒙受实质性的重大损失,然而,随着金融领域开放的进一步提速,金融市场化与经济全球化的不断推进,也会引致"覆巢之下安有完卵"的现实担忧。党的十九大将"守住不发生系统性金融风险的底线"作为"加快完善社会主义市场经济体制"的重要举措,并将"防范化解重大风险"作为三大攻坚战之首,这足以彰显我国政府对预防经济危机发生、促进经济社会可持续发展的殚精竭虑。在虚拟经济与实体经济的二元结构中,脱实向虚、重虚轻实、过度虚拟是历次资本市场暴发经济危机的重要推手。此外,虚拟经济命题提出的本身也为审视与揭示经济危机产生的原因、开展预防经济危机的制度决策、维护金融市场总体安全建立了崭新的研究范式,因此,明确经济危机与虚拟经济发展的关系是本书研究的首要命题。

虚拟经济理论的提出为审视经济危机发生、扩散与治理提供了独特的视角。近现代资本主义重大经济危机的发生始终与虚拟经济的过度发展与虚拟经济立法的非均衡匹配相关联。在金融与法律的交叉视阈下,金融危机逐渐成为经济危机中的主旋律,而以金融行业为代表的虚拟经济的过度发展为国家与区域经济社会的可持续发展埋下隐患。在经济危机的应对中,各国普遍对前期的虚拟经济立法之"过"进行有针对性的调整,区域经济秩序的稳定与安全仍应得益于虚拟经济立法之"功"。

历次资本主义经济危机的发生表明,应当在有限、可控与适度的范围内发展虚拟经济,重视虚拟经济对实体经济的支持作用。20世纪30年代资本主义"大萧条"发端于战后发展的"黄金十年",在经济形势整体向好的前提下,美国政府秉承经济自由主义的规制信条,尽可能减少市场干预,金融市场调控工具的失效也使危机发生后政府已不具备短时间内遏制风险的能力。危机爆发后,在凯恩斯主义的浸染下,政府职能与法律调控逐渐归位,金融与经济社会的风险防控体系日趋完善,以中央银行为代表的金融规制体系的健全也成为"大萧条"风险治理的有益尝试。20世纪90年代,亚洲金融危机同样出现于东南亚乃至整个亚洲的经济短期繁荣幻象中。东南亚国家因过度追求经济腾飞而忽视制度体系建设,部分国家更是放弃实体本位,追逐虚拟经济的短期效应。区域性金融风险防范的缺位与国内政府调控能力的先天不足导致东南亚国家并不具备应对与处理经济危机的能力,区域性风险的蔓延最终影响经济社会的可持续发展。危机后,国内虚拟经济立法的完善与区域间金融风险防范合作的加强为全球金融市场的发展输出更有利的理念与方略。21世纪初,次贷危机的发生是又一个经济自由主义思潮下虚拟经济过度膨胀引发社会危机的典型案例。金融监管失位与政府规制失灵助长了超前消费理念,由此导致了虚拟经济体量的过度膨胀,当虚拟经济的发展与实体经济规模不相匹配时,经济发展的"脱实向虚"成为一种难以摆脱的魔咒。在对次贷危机的反思中,金融监管的法治化命题被提升到前所未有的高度,宏观审慎监管的完善、金融消费者保护、普惠金融与金融机构社会责任的提出均表现在具体的经济立法变迁中。虚拟经济立法的完善逐渐成为遏制资本主义经济危机的重要维度。随后,欧洲主权债务危机作为次贷危机的余波在欧洲大陆再次蔓延,欧债危机反映出部分欧陆国家因自身经济产业结构僵化,在盲目追逐虚拟经济利益之下经济结构发展失衡的加剧,加之自身经济调控政策失灵未能及时应对危机的发生。欧债危机的衍生路径与亚洲金融危机存在诸多相似之处,但是受益于欧洲一体化进程,在虚拟经济立法相对完善的情况下,欧盟开始重视区域风险防范合作的强化,提升央行的货币政策调控工具,通过定向救助计划的实施、金融财政政策的改良以及整体欧洲稳定机制的完善等措施,为金融危机的预防与遏制贡献了重要的力量。

虽然我国得以稳定导向的金融管制体系并未受亚洲金融风暴与全球次贷危机的实质性影响,但是金融风险的系统性生成仍应使我们警示虚拟经济过度发展引发的经济社会不适应,并且 21 世纪以来的股市异常波动、房地产价格调控、互联网金融监管、地方债务监管等事件频发也表现出我国虚拟经济风险防范的严峻形势。当前金融科技创新发展引发的资本无序扩张也成为我国虚拟经济发展中亟待应对的命题。在吸取资本主义经济危机教训的基础上,未来我国经济社会的发展应当尤其重视虚拟经济与实体经济的二元平衡,在虚拟经济"有限发展理论"的语境下,完善我国虚拟经济立法体系,针对银行、证券、保险等关键金融风险生产环节,改良规制方式,健全规制工具,确保虚拟经济对实体经济发展的支撑作用。

本书由刘乃梁(主要负责引言、第一章、第二章、第三章、第四章的内容写作)与郝志斌(主要负责第五章、第六章、结语的内容写作)合作完成,并由刘乃梁负责全书统稿。

目　录

引言　经济危机与虚拟经济立法的逻辑展开

时至今日,经济危机对我们而言并非一种陌生现象。毫不夸张地说,资本主义社会经济危机的周期性爆发,使现代社会始终处于两个时间段:经济危机期间以及迎接下一次经济危机期间。尽管我国尚未实质性遭受周期性经济危机的侵袭,但是经济全球化与金融市场化的不断推进也会引致"覆巢之下安有完卵"的现实省思。① 党的十九大将"守住不发生系统性金融风险的底线"作为"加快完善社会主义市场经济体制"的重要举措,并将"防范化解重大风险"作为三大攻坚战之首,这足以彰显我国政府对预防经济危机发生、促进经济社会可持续发展的殚精竭虑。自 2020 年年底以来,金融科技企业上市争议引发"资本无序扩张"的广泛讨论,平台经济与虚拟经济的共生发展更为经济社会立法提出新的挑战。在虚拟经济与实体经济的二分法之下,脱实向虚、重虚轻实、过度虚拟是历次资本主义社会经济危机中的重要特征之一。此外,虚拟经济命题提出的本身也为我们审视与揭示经济危机产生的原因、开展预防经济危机的制度决策建立了崭新的研究范式,因此,明确经济危机与虚拟经济发展的关系是本书研究的首要命题。

从本源上讲,造成经济危机发生的原因是多元化的,"全球金融的竞争迫使政府在其金融市场的不同方面放松监管(或更为自由化),使其金融市

---

① 成思危:《全球金融危机与中国的对策》,《马克思主义与现实》2009 年第 5 期,第 1-16 页。

场在全球更具竞争力"①,但金融市场的制度变迁尤其是金融市场的法制变迁,在其中发挥着重要引领作用。或许在某种程度上,我们也可以说金融市场危机、金融法制危机已完全成为经济危机的代名词。更值得注意的是,伴随金融在经济危机起因中的角色突出,金融本身也面临着工具价值的质疑与道德层面的谴责。金融使"资金从无生产用途的人手中转移到了有生产用途的人手中,从而提高了经济社会的效率"②,正如诺贝尔经济学奖得主罗伯特·希勒(Robert J. Shiller)所言,构建金融与好的社会或许是未来社会经济发展的重要导向。③ 经济危机无疑是经济学研究的经典命题之一,现有经济学与金融学研究结论已经对经济危机产生的原因、经济危机与社会发展、经济发展的关联关系进行了较为全面的阐释。这些结论蕴含何种虚拟经济立法变迁的机理、法律应当发挥而实际又发挥着何种功能是我们亟待厘清的理论逻辑。有鉴于此,本章从经济危机与虚拟经济立法的实践互动出发,结合经济危机演变的"过程化"逻辑,揭示经济危机与虚拟经济立法的理论关联,立足我国与世界金融市场未来发展的关键要素进行论证与展望。

一、经济危机: 样本选择与史实概览

历史上经济危机的现实案例不胜枚举,从萌芽期的荷兰郁金香危机、英国南海泡沫危机,到发展期的大萧条、亚洲金融风暴与次级贷款危机,经济危机伴随资本主义深化发展而不断展现出新的形式与影响力。如果说早期的经济危机还主要表现为市场对新生事物、新型制度运行方式的排斥,那么伴随金融市场的深化发展,经济危机的复杂性与系统性得到广泛的认可。从类型上看,经济危机有全球性与区域性之分,区域一体化与全球一体化进

---

① 弗兰克·J.法博齐、弗兰科·莫迪利亚尼、弗兰克·J.琼斯:《金融市场与金融机构基础》,孔爱国、胡畏等译,机械工业出版社,2014,第7页。

② 弗雷德里克·S.米什金:《货币金融学》,郑艳文、荆国勇译,中国人民大学出版社,2011,第48页。

③ 罗伯特·希勒:《金融与好的社会》,束宇译,中信出版社,2012。

程的发展为经济危机的传播创造先决条件。由此,我们主要选取近代以来对全球和区域经济社会发展具有较大影响力的经济危机案例作为研究范本,通过历史史实的追溯,提炼经济危机发展变迁中的虚拟经济立法元素。

(一)样本选择依据

从本课题研究需要出发,结合历史上经济危机的典型案例,我们确立了以下两条标准作为案例筛选依据。

第一,研究价值。从历史的角度看,不同时期的经济危机表现出不同的特征。资本主义市场经济发展早期,尤其是金融市场发展萌芽期,经济危机主要表现为单一国家、特殊区域市场内的个别案例。这些案例的梳理虽然有利于历史逻辑的清晰展现,但对本书核心命题的揭示不具备示范效应。当然这并不是指本书会忽略早期资本主义经济危机的特征梳理,但相关史实与研究文献资料的可得性,以及学界经济危机的关注程度,是我们开展具体研究的前提。因此,我们重点关注近代以来发生的典型经济危机案例,通过文献资料整理经济危机发展中虚拟经济立法的变迁要素。

第二,代表性与影响力。从数据统计的维度看,经济危机的发生或许并非一件十分困难的事情,以美国为例,1825 年以来美国共发生 20 余次经济危机,但其中比较具有代表性的、受到学界广泛关注的仍是 19 世纪 30 年代的"大萧条"危机以及 2008 年全球次贷危机。此外,案例筛选的代表性还突出区域的代表以及国家类型的代表:从区域上看,亚洲、欧洲、美洲等地区的经济危机发生原因、进展情况各有不同;从国家类型上看,发展中国家与发达国家又面临着不同的市场境遇与法律制度环境,这也决定着经济危机相异的表现类型。进而言之,通过不同类型国家经济危机典型案例的分析,也会对我国预防经济危机提供更为贴切的预警作用。

第三,虚拟经济相关度。现代经济危机的发生主要表现为金融市场系统性风险的无度蔓延,虚拟经济与实体经济发展关系的处理不当,抑或虚拟经济的过度化已经成为经济危机发展的重要原因。然而,在虚拟经济因素之外,仍有部分经济危机的发生表现出较为鲜明的政治因素与区域因素。例如,拉美地区经济危机的频发虽然表现在经济数据的急速下滑,但是经济市场的发展失序、经济自主权的丧失与不当政治因素的干预才是这些危机爆发更根本的原因。有鉴于此,本书对经济危机的选择重在探讨与虚拟经济发展存在密切相关的案例事实,相关研究最终服务于"虚拟经济有限发展法学理论"的证立。

(二)经济危机史实概览

依据前述限定,本书选择以下典型的金融危机作为经济危机与虚拟经济立法变迁关联的研究案例,具体分别如下。

1.20 世纪 30 年代资本主义世界经济危机

此次危机起源于 1929 年的美国,而后席卷英国、法国、德国等主要资本主义经济体,或许人们更习惯于把这次资本主义世界经济危机称为"大萧条"(The Great Depression)。此次危机的发生起源于证券市场的异常波动,但究其本质仍然在于美国市场经济政策的过度自由化,以及市场经济运行的过度虚拟化。金融市场的异常波动,引发整个经济体系的连锁反应,而政府对此次危机的预估不足以及政策调整缓慢,最终致使经济危机蔓延整个资本主义世界。"大萧条"对美国传统经济学理论产生重大冲击,而伴随罗斯福政府新政措施的相继出台,国家干预冲击着美国社会长久以来的自由主义思潮,美国资本主义市场经济发展的规制脉络逐渐清晰,发展虚拟经济的理论基础也产生较大程度的变化。从某种意义上而言,"大萧条"是具有现代性意义的第一次全球性金融危机,在法律与经济的逻辑之下也衍生出诸多可供分析的法律文本与规制范例。

2.20 世纪 90 年代亚洲金融危机

亚洲金融危机是在资本主义制造业外移过程中,发展中国家在实体经济短期繁荣下因虚拟经济风险防控缺位而引发的区域性经济危机。20世纪60年代以来,亚洲国家相继加速经济社会建设,国内制造业体系日趋丰富。借助亚洲社会的劳动力优势,普遍建立起出口导向型发展模式。但是,与实体经济振兴伴随而来的,是虚拟经济快速膨胀之下的资产泡沫膨胀。当亚洲成为国际资本市场的"宠儿",与之相伴而来的还有国际游资势力对金融安全的侵袭。从发展进程来看,在经济发展的繁荣表象之下,亚洲国家政府普遍忽略对虚拟经济风险的防控,集中表现在金融监管与外汇储备系统的法制化程度不足。危机的发生对亚洲地区发达国家与发展中国家均造成不同程度的影响,而在危机应对中也体现出不同的治理思路。亚洲金融危机风险形成脉络的分析,可以较好地为发展中国家虚拟经济风险的法制预防提供建设思路。

3.2008年全球经济危机

2008年全球经济危机源于美国次级贷款市场流动性严重缺失引发的金融市场发展震荡,次贷危机在短期内经历了从虚拟经济到实体经济,从美国到世界的迅速传播。2008年,虽然全球经济危机已过十余年,但是各国政府与学界对次级贷款危机(以下简称"次贷危机")的研究与反思始终没有停止。2008年在全球经济危机中,资本主义国家纷纷针对自由主义思潮之下金融市场的放任发展做出法律政策调整,一种更趋稳定、更加强调宏观审慎的规制理念在世界范围内得到认同。此次危机之后,国际金融市场体系监管标准得到有力强化,金融消费者保护、金融民主等新型理念也在金融市场不断深化的同时得到印证。后危机时代,在虚拟经济与实体经济的二元论之下,如果正确认知虚拟经济市场的功能,有效防止经济的过度虚拟化发展成为世界各国政府的重要发展议题之一。

4.2009年欧洲主权债务危机

欧洲主权债务危机是2008年全球经济危机在欧洲部分国家的延续。

从全球性经济危机到区域性经济危机,欧洲主权债务危机表现出经济一体化进程中成员国经济实力水平差距与虚拟经济规制原则不统一引发的发展掣肘。欧洲主权债务危机的发生具有较深刻的虚拟经济原因——在资本影响下过度重视旅游、房地产与金融市场的发展而忽视自身实体经济体系的健全是造成欧洲主权债务危机的重要原因。不同于其他区域性经济危机,欧洲主权债务危机表现出资本主义发展不均衡下的制度性瓶颈。通过对欧洲主权债务危机实施梳理,可以对虚拟经济与实体经济的均衡发展、经济一体化进程中的规则调试等命题进行深入的思考。

二、金融与法律：经济危机中的问题表征

资本主义萌发期的经济危机多表现出投机交易之下的结构性发展冲击,而伴随资本主义世界市场的逐渐成熟与资本主义国际经济实体制度的完善,虚拟经济部门发展的特殊风险开始愈发成为危机发生的主角。在自由与干预理念的变迁之下,经济危机的发生也在金融市场与法律监管的交锋下表现出独有的特征。

(一) 金融危机逐渐成为经济危机的重要表现形式

伴随资本主义市场经济与金融市场化、金融全球化的深化发展,经济危机从表现形式上而言逐渐从实体化危机向虚拟化危机转变。总体而言,经济危机发生的原因多元化:政府经济决策的失误、市场生产要素的紧缺、自然灾害的发生都存在着诸多触发经济危机的可能。传统经济学理论研究结论显示,生产过剩是资本主义世界经济危机发生的重要原因之一。从简单的商品经济向市场经济的进化过程中,社会分工的细化在促进社会整体福利与产品供给提升的同时,也会因无序的市场竞争和经济政策的错误,引发实体性生产供给与社会整体消费需求的不匹配。从美国遭遇的20世纪30年代"大萧条"与2008年全球次贷危机对比来看,如果说大萧条的产生还存

在着诸多实体性经济政策失灵,那么次贷危机的发生则表现出更多的金融要素。

金融,之所以能够在经济危机中扮演愈发重要的角色,其原因主要在于:其一,金融政策在经济政策中的重要性提升。对于一国政府而言,金融政策无疑是当下经济政策的重要组成部分。通过金融市场资金融通功能的发挥,可以有效带动该国经济市场的福利提升。但是作为一种工具,金融"硬币的两面"同样存在着"水能载舟,亦能覆舟"的风险。政府对金融市场工具的制度定位、在效率与安全之间的价值权衡,以及金融政策具体的实施状况,都会对该国经济市场与社会发展不可估量的"蝴蝶效应"。其二,金融市场风险的系统性特征。金融市场的发展面临着诸多不确定性,在金融政策之外,市场主体的金融决策也会成为引发局部性经济危机。究其原因,金融市场中的契约类型虽然形式上以"点对点"的形式存在,但是从市场整体运行状态来看呈现出发散式特征,伴随金融市场交易链条的衍生,市场主体的交易作用范围不仅停留于交易向对方,更表现出系统性特征。[①] 由此,金融市场的福利延展会以系统性特征而产生叠加效应,而金融市场风险也会因此变得更复杂。并且,金融市场先天的专业性与复杂性本身就蕴含着风险发生的高度可能。在机遇与挑战并存之下,如何利用好金融市场与金融工具,制定有效的金融政策是各国政府在经济社会发展中的重要命题。

近代以来,社会舆论逐渐模糊了经济危机与金融危机之间的语词区别,金融危机逐渐成为经济危机的重要表现形式。当金融危机逐渐取代经济危机成为资本主义经济社会发展的重要标识,反思金融市场的价值、明晰金融政策的导向,确立金融创新与市场深化的限度成为审读与反思经济危机、认知与预防经济危机的重要思维方向。

---

① 　陈醇:《金融系统性风险的合同之源》,《法律科学》2015 年第 6 期。

（二）金融过度发展是经济危机发生的重要原因

人类社会对金融市场的认识也经历了一个从感性向理性的过程：从早期的金融至上论，到中期金融抑制与金融排斥论，再到近期金融深化与金融过度发展理论的提出，金融的制度价值日趋明朗化。从实践来看，历次经济危机期间也不乏社会舆论对金融市场发展的口诛笔伐，究其原因仍然在于错误的金融市场决策引发经济社会的系统性危机。例如，2008 年美国次贷危机中，次级贷款之所以可以得到消费者青睐，一方面是因为美国政府较为宽松的金融市场政策，另一方面是因为金融衍生工具的有效应用，实现信贷主体的信用升级，进而掩盖了其真实的还款能力与信用能力，导致社会金融资产的高度泡沫化。"金融创新、金融衍生品的大量出现是现代信用制度作用下虚拟资本发展演变的结果，促使金融虚拟性增强，提高金融运行效率的同时，较易出现经济泡沫。"①金融过度发展不仅是发达国家的专利，发展中国家更容易引起自身经济体系的弱质性和误入歧途，走上金融过度发展之路。1997 年亚洲金融风暴发生的重要原因正是东南亚新兴经济体在发展过程中错误的金融决策，在自身监管体系不足以应对金融市场系统性风险的前提下，为国际游资短期谋利提供便捷途径。反观拉美地区频发的金融危机，国内金融市场的强行开放并未辅之系统、完善的金融监管制度，资本导向下的急速扩张在引发经济危机的同时，更引发国内政权与社会动荡。无独有偶，欧洲主权债务危机中传统资本主义强国也在资本的主导之下渐渐失去虚拟经济与实体经济的发展平衡，经济过度虚拟化成为危机影响国经济社会发展的重要特征之一。

通过对经济危机的纵向关注，我们也发现，实体经济与虚拟经济在各国政府发展中也面临着不同时期不同政府主张下的发展博弈。以美国为例，"大萧条"之后借助罗斯福新政，美国逐渐摆脱金融自由化趋势，通过分业经

---

① 高鑫：《虚拟经济视角下的金融危机研究》，人民出版社，2015，第 99 页。

营体制的确立降低金融市场的风险传导。但是,第二次世界大战过后尤其是冷战之后,在新自由主义思潮的影响下,美国政府逐渐放弃先前确定的虚拟经济监管理念。在金融自由化导向下,混业经营为金融衍生创新奠定基础,巨型金融机构也受益于市场监管制度的放松而得以飞速扩张。次贷危机的发生正是在于美国经济过度虚拟化下的金融监管体系失位。由此,不难发现,金融过度发展逐渐成为经济危机发生的重要导火索。

(三)法律失灵是虚拟经济过度的关键原因

现代金融市场的发展表现出虚拟经济部门愈发在经济社会发展中扮演着重要角色,但是,不同于实体经济部门风险传统的单向性,金融市场风险的系统性特征逐渐被发掘与认可。在法律与经济的逻辑之下,如何有效规制金融市场主体行为,预防系统性风险的生成无疑考验着各国政府的规制智慧。更进一步讲,法律与经济关系的厘清也在某种意义上丰富了政府与市场关系命题的探索。法与金融研究学者围绕剩余立法权、金融监管与金融创新、金融风险识别与防控等多元命题进行卓有成效的探索,这些理论积淀为本书的论证奠定了基础。

"我们需要政府的支持并不意味着政府在金融危机时期可以随心所欲。"[1]我们认为,针对经济危机中出现的虚拟经济发展过度、虚拟经济与实体经济失衡问题应当寻求法律层面常态化应对,而这也是历次经济危机后各国政府与国际社会采取的必然措施。在经济危机发生之后,针对危机的治理一方面表现为应急性的救助措施,另一方面正是对虚拟经济立法的适时更新。"大萧条"之后,罗斯福总统上台后立刻对金融市场进行重组,并通过后续立法文本的出台为美国金融市场的发展确立分业经营体制。亚洲金融危机之后,亚洲各国也纷纷重视对外汇管理与自身金融监管体系的建设,

---

[1] Robert K. Rasmussen & David A. Jr. Skeel, "Governmental Intervention in an Economic Crisis, "*University of Pennsylvania Journal of Business Law* 19, No.1(Fall 2016):7-48.

在实体经济发展的同时,更加重视虚拟经济风险的防控。2008 年全球经济危机之后,这种虚拟经济立法变迁表现得更为明显,宏观审慎与金融消费者保护的理念不仅表现在各国金融监管体系的变革之中,除此之外也在国际层面得到一致认可。虚拟经济有限发展法学理论的提出正是基于通过金融法治建设有效应对经济过度虚拟化问题,在法治框架内寻求问题的常态化解决思路。

三、过度虚拟经济现象的警惕与法治对策

"现代市场经济已经发展至实体经济与虚拟经济同时发展、相互依存、相互促进、实体经济与虚拟经济并存的'二元'经济时代。"[①]"脱实向虚"是目前我国经济发展结构性失衡的重要诱因。在大力促进金融市场发展、提升国家核心竞争力的同时,仍应注意过度虚拟经济现象对金融市场秩序和经济社会安全的潜在冲击。如何顺应金融市场化趋势、立足金融法治化理念,有效矫正虚拟经济的发展轨迹,是推进中央第五次全国金融工作会议提出的"服务实体经济、防控金融风险、深化金融改革"三项任务的题中之义。

(一)过度虚拟经济的成因与风险

虚拟经济的产生是在实体经济发展基础之上,立足货币和信用商品交换的相对独立经济范畴,是金融深化的必然产物;过度虚拟经济则是背离虚拟经济与实体经济的耦合规律,单纯通过经济虚拟化的提速催生经济市场的"虚拟"繁荣。资本的"先天"逐利与金融的"后天"深化为经济发展的"脱实向虚"提供动力因素,而宏观调控、金融监管等规制措施的制度缺陷与短视效应又在客观上助推这一进程。过度虚拟经济秉承"以钱生钱"的衍生逻辑,不仅阻碍实体经济对社会发展基础性作用的发挥,也不利于多维度资源

[①] 胡光志等:《中国预防与遏制金融危机对策研究——以虚拟经济安全法律制度建设为视角》,重庆大学出版社,2012,第 1-2 页。

的有效配置。具体来看,过度虚拟经济现象的危害在于以下方面:

第一,掣肘金融可持续发展。过度虚拟经济缺乏足够的实体环节支撑,在金融市场"数据繁荣"的背后存在多种危害。首先,过度虚拟经济造成金融市场产品的低质量供给,金融市场发展的广度与深度均会因资本流向的非理性而产生金融抑制与金融排斥;其次,投机、逐利导向下的盲目创新不仅容易引发系统性金融风险,而且会从本质上降低商业银行在世界市场的核心竞争力;最后,过度虚拟经济极易引发金融危机,金融衍生产品的非理性发展、主权债务与国家经济实力的脱钩均为金融危机的发生埋下伏笔

第二,经济发展结构性失衡。经济发展的"避实就虚"不仅背离市场规律,而且对经济生态与经济可持续发展产生掣肘。缺乏资本市场的"供血输血",实体经济发展面临可持续困境。市场融资成本的提高、资产价格的提高也会增加实体经济发展的总体成本。此外,过度虚拟经济极易引发经济泡沫和通货膨胀,阻却货币政策与市场发展之间的信息桥梁,降低传统金融调控工具与评估工具的有效性。

第三,诱发社会不稳定因素。金融、市场与社会是不可分割、互为支撑的发展环节,金融与经济发展中的导向性偏离会在社会层面引发连锁反应。证券市场投资者因盲目、盲从产生的风险自负行为、大学生因自身金融素养欠缺而引发的"裸贷"问题以及 2015 年以来我国江浙地区频繁出现的 P2P"跑路潮"都反映出过度虚拟经济潜在的违约扩大化问题。此外,金融利益集团的形成不仅会扩大社会贫富差距,也会对现有社会管理体制产生实质性冲击。

(二)过度虚拟经济的基本表现

首先,金融市场体量膨胀中的发展隐忧。数据披露显示,截至 2016 年,银行、证券和保险等金融市场资产总额已达 270 万亿元,其中银行业资产总额达到 232.25 亿元,数倍领先于同期国内生产总值(74.41 万亿元)。但是

从国际平均水平来看,我国金融相关率并不高①,并且现有金融市场资产配置畸形(银行业市场占比达 86%),金融深化前景具有较大的不确定性。

其次,金融和实体经济的结构性失衡。金融和实体经济的失衡是目前我国经济发展面临的三大机构性失衡之一。国家统计局公开数据显示,2012—2016 年,我国 M2 余额长期居于世界领先水平,平均增速为 12.96%,而同期全国规模以上工业企业利润率平均增速仅为 5%。巨大的增速差额表明大量货币供应存在明显的"脱实向虚"倾向。金融资产总量的过度扩张、金融产品回报率的过度抬升以及实体经济形势的发展颓势均造成货币资本在虚拟经济端"体内循环",进而造成货币调控政策失灵、虚拟经济对实体经济的支撑不足。

最后,催化微观市场问题丛生。统计数据显示,2017 年上半年社会融资规模增量累计为 11.17 万亿元,同期增长 1.36 万亿元,其中对实体经济发放的人民币贷款增加 8.21 万亿元,同比多增长 7288 亿元。虽然供给侧结构性改革进程从"量"上提升社会整体融资规模,但是因多层次资本市场体系的不完善、商业银行信贷排斥、企业征信体系和担保机制发展滞后等影响,目前我国企业融资难、融资成本高的问题仍未得到"质"的解决,中小企业、个别地区的企业信贷可得性仍然较低。资本流向的非理性与过高的资产价格无形中增加市场发展风险。

(三)化解过度虚拟经济的法治对策

"考察美、英、日发达国家近百年来虚拟经济保障立法的演进,不难发现,金融经济就是法制经济,金融经济体制完善的过程也正是约束和管理金融经济法律法规完善的过程。"②无论是虚拟经济的发展,还是市场发展的干

---

① 金融相关率,即 Financial Interrelations Ratio,简称 FIR,计算公式为:金融资产总量/GDP。

② 胡光志等:《中国预防与遏制金融危机对策研究——以虚拟经济安全法律制度建设为视角》,重庆大学出版社,2012,第 100 页。

预,应当通过法律制度的完善厘清干预逻辑、明晰权力限度。"归根结底,防范未来危机的关键是保持开放、灵活和对不断变化的环境的认识"①,以金融法治化护航金融市场化是应对过度虚拟经济现象的必然之举。

其一,应当明确经济法在过度虚拟经济问题处置中的重要作用。过度虚拟经济现象的出现表现出市场与政府的"双失灵",通过经济法工具价值的发挥可以有效引导应对过度虚拟经济现象的法律制度构建。具体而言,应当重视经济法在虚拟经济问题处置中的如下功能与作用:第一,适度干预。过度虚拟经济现象的处置既要重视通过宏观调控与金融监管的及时准入,更要重视虚拟经济自身的发展规律,在金融创新与金融安全、自主经营与风险防控之间寻找有力的利益平衡点,防止权力滥用引发虚拟经济规制中的风险加成与过度干预。第二,引导激励。统筹运用企业法、财税法、竞争法和消费者权益保护法等经济法规制工具,引导资本促进实体经济的发展,强化创新型社会建设,维护金融消费者和投资者的根本权益。第三,社会本位。通过经济对社会公共利益的维护,矫正虚拟经济领域过度投机、过度逐利、虚拟创新的不良倾向,强化金融市场对实体经济的支撑作用,推进金融社会化,实现金融普惠与金融民主。

其二,促进金融市场监管体制的法治化完善。过度虚拟经济现象应对的关键首先在于金融市场内部制度明晰,应当重视金融市场发展过程中金融监管的有法可依与有法必依,强化法治理念,明确法律底线。第一,在"主体-行为"视阈下完善监管常态机制。规范金融市场主体行为,严厉打击过度投机行为,防范金融市场的系统性风险生成,维护金融消费者和投资者的基本权益。统筹社会规制资源,建设事前信息披露、事中行业自律、事后执法监督的"全天候"常态化监管机制。第二,在"转型-竞争"视阈下建设公平

---

① Steven L. Schwarcz, "Understanding the Subprime Financial Crisis," *South Carolina Law Review* 60, No.3 (Spring 2009): 549-572.

竞争环境。大力推进金融市场化进程,加速完善征信体系、利率市场化等金融市场基础设施与基础性制度。逐步降低金融市场准入限制,提升虚拟经济的社会参与度,畅通社会多元融资渠道,通过金融市场竞争传导社会福利。第三,在"创新-发展"视阈下健全监管应急机制。强化金融监管机构的问题处置能力,统筹发挥调控部门与监管机构的公法属性与私法属性,多管齐下及时、有效应对金融市场发展中过度创新与关键性问题。

其三,强化虚拟经济与实体经济融合的制度支撑。虚拟经济与实体经济的融合式发展应当借助多维的制度建设。第一,畅通市场融资渠道,促进虚实融合。降低银行主渠道信贷融资成本,健全我国多层次资本市场体制,不断为经济发展与资本支撑建立必要的信息交互平台。尽快通过公司法、银行法、证券法等关联法律的协同修订,建立健全统一、规范的市场交易规则,提升市场主体行为的可促性。第二,降低市场准入,健全业态整合。着眼"互联网+"的时代机遇,通过反不正当竞争法、反垄断法等市场秩序规制法律制度的健全,为互联网、金融和实体经济的业态整体提供公平竞争市场环境,提高资源配置效率。第三,倡导金融普惠,引导基础投资。充分发挥财税的调控作用,有效引导资本参与农业供给侧结构性改革、农村精准扶贫、生态文明建设等大局中,激励市场主体在振兴实体经济和扶持基础产业的导向下进行产品创新,丰富金融产品层次、提升金融产品供给的质量。

第一章 "大萧条"
——20世纪30年代资本主义世界经济危机

自工业革命在英国萌发以来,资本主义经济的发展走上高速轨道,而资本主义世界市场的形成也为各国通过资本主义步入工业现代化奠定基础。诚然,机遇与挑战是并存的,在经历第一次世界大战的战后"黄金十年"之后,资本主义世界迎来了一次史无前例的全球性经济危机:它由资本主义新兴强国——美国的"大萧条"(The Great Depression)开启,进而影响英国、德国等整个资本主义世界。对当时的资本主义世界而言,经济危机仍是一个陌生的词汇,政府与社会在全球性经济衰退面前显得手足无措。从历史发展的车轮来看,20世纪30年代的资本主义世界经济危机承接第一次世界大战后的"黄金十年",并开启危机后期资本主义复苏与稳定繁荣的又一个十年。也正是从本次危机开始,经济危机从一个陌生的词汇逐渐展露其周期性特征,成为资本主义世界乃至全球经济发展中频繁出现的词汇。

尽管"大萧条"发生的年代距今已90余年,但是学界与社会舆论的反思仍未停止,从相关的文学作品创作中也能看出"大萧条"对美国社会的重大影响。但目前为止,关于此次危机爆发的原因,经济学学者仍持不同的理论,并且不时伴有新型理论的突发奇想。当2008年全球次贷危机发生之际,人们又自然而然地将两次由美国发起进而影响全世界的经济危机进行比较。

在此次经济危机中,金融作为一种特殊的存在开始逐渐成为经济危机的主角,虚拟经济与实体经济的割裂式发展以及经济过度虚拟化风险在此次危机中显露无遗。"大萧条"不仅开启了资本主义发展的转变,也对经济学、法学与政治学理论的演进产生深远影响。从此次危机开始,人们开始重新检视政府与市场关系的理论,思考金融市场发展与风险的独特性,金融法与金融监管部门的设立成为一种必然的选择。综上所述,本章通过回顾 20世纪 30 年代资本主义世界经济危机的衍生脉络,思考虚拟经济有限发展的题中之义。

一、20 世纪 30 年代资本主义世界经济危机的背景

20 世纪 30 年代是资本主义发展的重要节点,在此之前,经过第一次世界大战洗礼的资本主义世界正在迎来战后经济恢复的黄金十年。国际政局的相对稳定为资本主义世界经济的深化提供了外部环境保障。但是,仍有诸多关键节点的变化为 20 世纪 30 年代资本主义世界经济危机的爆发埋下了伏笔,资本主义生产社会化与生产资料私有制之间不可调和的矛盾终将迎来危机的爆发。更为重要的是,经济的快速膨胀不仅表现在数据层面,这种膨胀还在经济学理论的助推下逐渐形成自由主义思潮。自由主义思潮的蔓延成为市场风险爆发的有力注脚,在社会舆论与政客们的乐观之下,社会的整体衰退难以避免。

(一)"黄金十年":第一次世界大战后的世界格局

第一次世界大战的发生对资本主义世界的发展影响巨大,国际政治经济格局在战后的十年产生复杂而深刻的变化。我们认为,值得关注的特征表现在以下方面:

首先,从国际关系来看,战后建立的"凡尔赛-华盛顿体系"(Versailles-Washington System)局部调整的资本主义国家之间的关系,资本主义世界的中心开始由欧洲转向美国。巴黎和会与华盛顿会议的相继召开确立了第一

次世界大战后以美国、法国、英国和日本为主导的战后资本主义世界体系。一系列条约的签订为战后资本主义战胜国的经济恢复与发展奠定物质与环境基础。相比于战前,资本主义世界发展的格局并未得到改变,但是资本主义世界内部的发展序列悄然发生演变。资本主义世界秩序的中心开始从以英国、法国为代表欧洲大陆转向大洋彼岸的美国。美国仰仗其在国际市场的资本输出地位,成为战后资本主义世界秩序的主导。

其次,从经济贸易发展来看,第一次世界大战后美国逐渐成为资本主义世界经济贸易中心,为美国在国际上寻求政治大国地位提供保障使其在经济贸易中处于世界中心地位。实际上,美国的工业生产水平在战前发展迅速,经过战争的洗礼,欧洲大陆传统工业中心地位逐渐衰落,而美国本土并未受到战争的实质波及,进而为国内经济发展提供了良好的外部保障,这在客观上加速美国经济赶超欧洲的进程。更为重要的是,实体经济的不断发展与产业结构的不断完善使美国扭转了与欧洲之间的贸易逆差,战前英国资本主义世界的中心地位开始受到美国冲击。

最后,从金融市场体系发展来看,金汇兑本位制的确立存在明显的缺陷性。第一次世界大战前,在英国主导之下金本位制成为国际社会货币制度的普遍选择,而伴随第一次世界大战的爆发,各国开始陆续抛弃金本位制。究其原因,在货币与黄金挂钩的货币机制之下,黄金生产量远远落后于商品经济的发展进程,并且黄金地位分配的先天不均更加剧了国家之间的矛盾。第一次世界大战爆发之后,军备竞赛更加推动了金本位制的崩溃,与此相继而来的是,各国都面临着从金本位制废除后的货币膨胀时代,国际金融市场正如世界大战一般混乱。第一次世界大战之后,金汇兑本位制以一种金本位变种的形态得到资本主义强国的青睐。作为新兴资本主义世界龙头,美国并未实质放弃金本位制,但在各国通货膨胀的前提下,世界经济贸易因金本位体系的弊端面临停滞。"20世纪20年代人们理所当然地认为,金本位制的恢复是实现持久的繁荣所必需的。"①金汇兑本位制、金块本位制作为一种替代解决方案被国际社会广泛应用,但是制度的变式并未从根本上改变金本位制的缺陷,并且伴随世界金融中心从伦敦转向纽约,不完善的国际清算体制与第一次世界大战后债务链条的冗长为资本主义世界经济发展制造不稳定因素。②

(二)"大萧条"前美国经济社会发展的基本特征

在"大萧条"爆发之前,美国经济社会一方面因本土未遭战争洗礼而保持经济发展的高增长,另一方面更因战争中的巨额赔款成为世界资本的主要输出方。由此,从第一次世界大战结束到"大萧条"之前,美国在20世纪20年代迎来了经济发展的黄金时期。从政治领域到经济发展,乃至在金融市场的发展,在这一时期美国均走在世界发展的前列。

首先,从政治领域观测,从"柯立芝繁荣"(Coolidge Prosperity)到胡佛的自由放任,美国保持经济市场发展的自由度。战后美国经济的发展面临得天独厚的内外部条件:从外部而言,美国作为战胜国借助"战争横财"为经济实力的扩展奠定物质基础;从内部而言,得益于经济社会自由放任发展政策的延续性。伴随美国中产阶级的兴起,自由主义与平权主张成为深入人心的政治诉求,与此同时,"大市场,小政府"的政治主张也成为政客们的主流宣言,政府与商业的密切合作逐渐达到顶峰。20世纪20年代的美国共经历三任总统更迭,而柯立芝(John Calvin Coolidge, Jr.)与胡佛(Herbert Clark Hoover)是在这一时期造就美国经济短期繁荣的重要人物。柯立芝作为递补总统,在其任期之内缔造了第一次世界大战后美国经济发展的"柯立芝繁荣"。面临世界经济贸易中心易主的机遇,柯立芝之下的美国通过技术革命

---

① 加里·M.沃尔顿、休·罗考夫:《美国经济史(第十版)》,王珏、钟红英、何富彩等译,中国人民大学出版社,2011,第508页。

② 金卫星:《1929—1933年大萧条与伦敦世界经济会议》,《史学集刊》2003年第4期,第69-76页。

实现了工业领域的跨越式发展,汽车"作为20世纪20年底经济的象征",表现出美国制造业与社会进步的较高水平。① 20世纪20年代末,在胡佛宣誓就任美国总统之后,美国自由放任的经济政策达到顶峰,美国经济发展的高速态势得到政界与社会舆论的一致认可。但是在美国经济繁荣的背后,贫富差距加大,中产阶级与垄断资产阶级的分离,工业部门与农业部门的发展已经脱节成为美国政治社会发展中被忽视的隐患。胡佛口中美国经济的"完美无缺"似乎面临着危机四伏的窘境。

其次,从经济领域观测,"大萧条"前美国经济发展的顶峰主要表现在虚拟经济领域。美国经济的进步不仅表现在技术革命下的制造业腾飞,更表现在公司治理制度的优越性以及因此而衍生的虚拟经济部门的形成。在实体经济高速发展的同时,美国的虚拟经济发展也逐渐成为重中之重。"从股市非常萧条的1921—1928年,工业产值每年平均增加4%,而1928—1929年,则增加了15%,通货膨胀率很低,新兴工业四处萌芽。"②从消费信贷兴起到美国股市大繁荣,伴随世界金融中心的变迁,20世纪20年代的美国经济在虚拟经济发展中取得令世人瞩目的成就。以信贷与证券为代表的金融市场的繁荣,一方面反映出美国实体经济的振兴,另一方面虚拟经济部门衍生的独立性也由此揭开序幕。在股市飞涨面前,虽然政治与社会舆论共同保持着乐观主义口吻,但是股市繁荣背后的产业结构失衡与投机交易泛滥成为经济风险爆发的"暴风眼"。

最后,从金融领域观测,"大萧条"前美国已经重视开始金融与货币监管的重要性。在"大萧条"爆发之前,美国金融市场的发展并非是完全自由放任的,美国政府对金融与货币部门的重视从美国联邦储备系统(The Federal

---

① 学者研究显示,"美国汽车年产量从1921年的150万辆上升到1929年的480万辆",在汽车的推动之下,美国公路系统与贸易水平不断提升。参见加里·M.沃尔顿、休·罗考夫:《美国经济史(第十版)》,王珏等译,中国人民大学出版社,2011,第494页。

② 拉斯·特维德:《金融心理学》,周为群译,中信出版社,2013,第36页。

Reserve System,以下简称美联储)的设置足以彰显。从功能上看,与其他国家中央银行一样,美联储管理货币政策并实施金融市场监管;但是从时间上来看,作为中央银行的美联储的设立明显晚于其他资本主义国家。究其原因正是美国特有的政治形态之下,美国政治社会对美联储职权的踟蹰不定,这也在客观上造就了1913年成立初期的美联储不具备较为充分的调控货币与金融监管的权力与能力,而20世纪30年代资本主义世界危机的爆发也成为对美联储调控能力的第一次真正考验。

(三)自由主义思潮下的美国社会

"尽管诞生之初它只是一种对于非官僚主义的方法的偏爱,但渐渐地它演化为一种真正的信仰,认为人可以通过自我调节的市场实现世俗性的拯救。"①自由主义思潮的兴盛与资本主义的世界兴起呈现出时代的同步性:在自由主义思潮的掩护之下,自由放任的政策导向成为资本主义世界高举的意识形态大旗,而在资本主义经济的反哺之下,自由主义思潮又经历了经久不衰的考验。至少在20世纪30年代资本主义世界经济危机爆发前,自由主义思潮的合理性并未受到广泛质疑,并且在自由主义思潮之下政府与商业发展形成前所未有的"同盟"。"事实是美国当代的自由主义者中支持政府干预和政府计划的大多数人都是泛泛而谈,并且都是口头上的"②,客观而言,美国社会经济的高速发展与短期繁荣在某种程度上可以归功于政府对商品经济的放任,这为企业自身寻求技术突破与市场垄断地位奠定制度基础。但是,另一方面,过度的市场自由也意味着对市场风险的放任,风险的累积与不断生成势必会对高速发展的经济产生掣肘。在"大萧条"爆发之前,美国社会自由主义思潮达至顶峰,胡佛政府在自由放任的政策导向下力

---

① 卡尔·波兰尼:《大转型:我们时代的政治与经济转型》,冯钢、刘阳译,浙江人民出版社,2007,第116页。

② 约翰·肯尼斯·加尔布雷斯:《美国资本主义抗衡力量的概念》,王肖竹译,华夏出版社,2008,第62页。

推政府在经济发展中的有限性,为市场的发展提供最大的自由度。与此同时,我们仍应发现这种自由主义思潮存在诸多问题:其一,政府监管职能的失位。在自由放任政策之下,市场自发发展中的风险并未得到有效的遏制,并且政府职能定位模糊,对市场监管能力存在不同程度的抵消。其二,金融市场投机行为增多。不同于实体经济发展中风险的原始性,在逐利导向之下,金融市场投机行为的增多使得实体经济与虚拟经济的关联平衡被打破,虚拟经济的过度发展最终会对实体经济发展产生影响。而被世人所熟知的"庞氏骗局"(Pyramid Scheme)正是发生在此期间。① 其三,产业结构发展的合理性问题。在"柯立芝繁荣"期间,美国第一产业与第二产业的差距日渐明显,缺乏合理有限的规划,不仅不利于产业结构的合理性,而且垄断资产阶级的形成在客观上加大贫富差距,极易衍生社会矛盾。综上所述,在自由主义思潮之下,美国政界与社会舆论保持对经济发展的乐观主义,缺乏对经济社会风险的及时捕捉也成为"大萧条"形成并扩散的重要原因。

二、20世纪30年代资本主义世界经济危机的成因

到目前为止,关于20世纪30年代资本主义世界经济危机的成因在经济学界仍未达成一致,学者们基于不同的理论给出不同视角的解答。资本主义世界最具现代性意义经济危机的爆发使社会与学界陷入深刻的反思,而后资本主义经济危机的周期性演进又使得此次危机成为绝佳谈资。在不同的经济学理论解释中我们可以洞悉"大萧条"背后资本主义世界经济发展面临的诸多风险,而从虚拟经济视角出发也可以为我们重新认识经济危机提供新思路。

---

① "庞氏骗局"的事件原型发生在1919年的美国,一位名叫查尔斯·庞兹(Charles Ponzi)的投机商通过多轮声称三个月回报率40%的虚假融资,最终在一年内诱骗三万多名投资者。这一事件反映出20世纪20年代美国证券市场投机行为的泛滥。

(一)"大萧条"爆发的一般成因

在诸多学派争论之下,关于"大萧条"爆发原因形成诸多一般性客观结论。概括而言,"大萧条"的发生是由金融部门领域爆发,蔓延至经济社会领域,最终影响整个资本主义世界的全球性经济危机。

从政治方面来看,美国政府在自由放任政策主导下丧失对经济发展的实质调控能力。如前所述,自由主义思潮的蔓延使得美国政府更加提倡市场的自发调节,给予商品经济充分发展的自由度,但是市场的自由发展并不意味着政府完全退出。自由主义思潮的肆意蔓延使得美国社会逐渐走入"无政府状态",集中表现在产业结构失衡、市场投机行为增多。政府的无序运作不仅在前期容易导致风险的自然生成,在后期危机发生之后也无法施以有效的救助决策。此次危机发生之后,无论是胡佛政府还是美联储均无法通过有效的财政与货币调控政策实现危机的控制,并最终导致全球性蔓延。

从经济方面来看,美国经济学学者沃尔顿(Gary M. Walton)与罗考夫(Hugh Rockoff)在《美国经济史》一书指出有两个经济原因值得关注:第一,建筑业的繁荣是美国20世纪20年代经济繁荣的代表领域,但是到20世纪20年代后期建筑业温和下滑又成为经济衰退的典型表现;第二,美国的农业部门在20世纪20年代一直饱受低价与债务的双重影响,农业与工业发展不均衡为经济可持续埋下隐忧。[①] 由此看来,造成"大萧条"的经济原因一方面来源于产业结构发展的失衡,另一方面则是虚拟经济领域的过度繁荣。这两方面的原因使美国经济发展面临结构性困境。

从社会层面来看,工业、制造业的高速发展为经济社会带来了显著的经济数据。与此同时,在自由放任政策导向下垄断资产借机大肆集聚,美国社

---

① 加里·M.沃尔顿、休·罗考夫:《美国经济史(第十版)》,王珏等译,中国人民大学出版社,2011,第519页。

会的贫富差距逐渐加大。在社会舆论对经济可持续发展的乐观之下,不同阶级的人群并未对经济预期达成一致的看法,致使社会发展逐渐呈现分化,不稳定因素骤然增加。

从国际关系来看,第一次世界大战后的"凡尔赛-华盛顿体系"虽然对资本主义强国之间的关系做出局部调整,但是一方面国际金融体系缺少明确、合理的国际货币与结算机制,另一方面无论是战败国还是战胜国,均承担不同程度的政府债务。美国在第一次世界大战后获得的资本输出国地位在客观上也加强了美国与世界经济的关联程度,因此,危机从美国形成到世界蔓延具有了客观衍生路径。综上所述,政治、经济、社会与国际关系等多维度的原因促成20世纪30年资本主义世界经济危机的生成与爆发,资本主义生产社会化与生产资料私有制之间的先天矛盾成为危机爆发无可避免的根本缘由。

(二)关于"大萧条"成因的经济学论战

关于"大萧条"成因的经济学论战首当其冲正是凯恩斯主义与货币主义之间的不同解读。凯恩斯主义认为,"大萧条"发生动因的逻辑导向应着眼于经济社会发展的供需关系,投资匮乏引发的社会需求不足是造成危机发生的主要原因。造成投资匮乏的原因是多元化的,包括资本的短视效应、过度投机行为等。数据统计显示,"在1929—1933年,总的私人投资几乎消失了,而且实际上,对京投资的大多数估计表明,从1932年到1934年美国的资本存量是净缩减的。"①"流动性陷阱"的生成使得政府不再具备充分应对市场风险的能力,货币政策失灵,无法对社会总体供需产生实质性影响。从经济学发展角度来看,凯恩斯主义的解释因其在此次危机救治中的功效发挥,一直被视为"大萧条"产生原因的正统解释。而与之相对立的是以弗里德曼

---

① 乔纳森·休斯、路易斯·P.凯恩:《美国经济史(第七版)》,邸晓燕、邢露等译,北京大学出版社,2011,第495页。

为代表的货币主义解释,它们认为"大萧条以惨痛的事实证明了货币因素的重要性"[1],美联储的货币政策调控低效是导致此次危机形成与蔓延的始作俑者。与凯恩斯主义相区别,货币主义解释路径更加注重政府对经济市场的政策调控效果,强调货币政策的优先性,认为"大萧条"期间货币流动速度的减缓是加剧危机产生的主要原因。

此次危机爆发期间,凯恩斯(John Maynard Keynes)与哈耶克(Friedrich August von Hayek)的观点论战表现得更为突出。哈耶克旗帜鲜明地反对凯恩斯提出的关于危机成因的投资需求论断,并指出造成此次危机的根本原因在于经济繁荣时期的过度扩张以及后期经济调整的决策迟缓。与凯恩斯强调的干预主义不同,哈耶克认为货币的中性属性使得在资本供给与经济恢复之间无须政府过多干预,而政府应当对市场主体理性给予最大的尊重。实际上,哈耶克关于"大萧条"原因的主张成为奥地利学派的典型代表,"萧条时认为制造繁荣的结果"反映着奥地利学派对政府在信贷膨胀、股市泡沫中的推动的抵触。对政府职能的质疑以及对市场调节与主体理性的迷信是这一观点的逻辑前提。综合而言,凯恩斯与哈耶克的论战表现出在政府与市场关系命题之下经济学学界两派相对立的主张,由此也形成了自由主义与保守主义之间的深刻隔阂,影响着不同政党的执政理念。尽管未来经济社会的发展以凯恩斯主义为主导,但哈耶克的相关主张在政治社会得到了认可,[2]政府与市场的命题也会成为永恒的经典争论。

最后,除以上危机发生期间的学派主张外,伴随经济学与政治学理论的演进,关于"大萧条"危机解释的维度也不断拓展。从国际关系维度来看,20世纪30年代资本主义世界经济危机的爆发不仅是美国层面的单方面原因,还应从国际层面的经济贸易合作出发。相关论点认为,虽然凯恩斯主义解

---

[1] 米尔顿·弗里德曼、安娜·J.施瓦茨:《美国货币史(1867—1960)》,巴曙松、王劲松等译,北京大学出版社,2009,第210页。

[2] 尼古拉斯·韦普肖特:《凯恩斯大战哈耶克》,闫佳译,机械工业出版社,2013,第238页。

释了市场中投资需求演变逻辑的缺陷,但是更重要的原因在于国际层面缺乏一个实质意义上的"最后贷款人",换言之,金本位制并未给国际经济与金融领域的深化发展提供充分的调节与保障效用。此外,一个值得反思的现象在于,"大萧条期间,实行浮动汇率制的国际对源自美国的大萧条具有很好的'免疫'能力,而坚守金本位实行固定汇率的国家则受大萧条较为严重"。① 从本质而言,学者们对金本位制的抨击仍然是沿袭危机解读的货币主义路径,试图在金本位与美联储货币政策之间寻求危机发生的可能原因。再如,马克思主义关于"大萧条"的解释更加接近资本主义的发展本质,有学者研究认为,"利润率长期得不到恢复是大萧条的根本原因,而造成这种现象的根本原因在于垄断资本主义发展阶段下垄断资本企业主队中小企业的过度压榨"。② 诚然,在美国 20 世纪 20 年代的经济快速发展中,垄断阶级受益于自由放任政策得以无度扩张。经济发展中的公平性缺失与结构性失位成为马克思主义学者关注的焦点。

（三）关于"大萧条"成因的法学检讨

尽管学界与舆论关于"大萧条"的产生原因未能达成深入共识,但是在一般性原因归总与经济学观点逻辑的指引下,我们认为可以从虚拟经济立法角度对"大萧条"的发生进行解释:一方面,虚拟经济立法未能对市场的风险进行有效的防范。美国 20 世纪 20 年代的发展存在较为明显的实体经济与虚拟经济发展失衡,自由放任政策之下市场投机行为泛滥,股市长期的非理性繁荣并没有反映出美国实体经济发展的真实水平,而虚拟经济单方面风险的生成则会对实体经济产生反噬。另一方面,金融市场的发展缺少必要的权力制衡逻辑。"大萧条"爆发与蔓延的过程中,金融市场扮演着重要

---

① 张琦:《大萧条的经济学争论》,《经济学动态》2012 年第 11 期,第 41 页。
② 克里斯·哈曼:《20 世纪 30 年代的大萧条与当前的金融危机(上)》,曹浩瀚译,《国外理论动态》2009 年第 6 期,第 7 页。

角色。过度信贷与投机行为反映出虚拟经济过度发展后逐利导向势必影响虚拟经济辅助功能的发挥,并且虽然在这一时期美国政府重视到金融监管的必要性,成立美联储应对金融市场风险,但是美联储早期决策的低效性也遭到社会舆论的广泛诟病。与此同时,这也是"大萧条"货币主义解释路径的攻击要点之所在。

三、20世纪30年代资本主义世界经济危机的演进

从进程上看,20世纪30年代资本主义世界经济危机始于1929年的美国股市崩盘。股市崩盘引发银行业系统性反应,最终危机从美国蔓延至整个资本主义世界。虽然"大萧条"的发生是现代性意义下对资本主义世界的第一次危机洗礼,但是美国政府与国际社会对"大萧条"也进行了较为及时的救助。与此同时,在审视资本主义国家之外,在有关"大萧条"的研究中学者们也重视对同期中国社会经济现状的分析。由此,我们可以更加全面地审视"大萧条"的具体演进。

(一)"大萧条"的爆发

"从1922年到1928年夏末,纽约证券交易所经历了一场振奋人心的大牛市:1925—1928年,股票价格上涨超过200%"[1],直到1929年10月24日,美国股市迎来长期牛市后的大暴跌,市场急速陷入恐慌中,但是更可怕的是美国社会因股市暴跌而陷入混乱中。如前所述,过度信贷与消费升级导向之下,美国民众对金融市场的需求大量增加,而依靠借贷炒股在"大萧条"前夕也并非新鲜事。投机行为的广泛存在无疑在客观上扩大了股市下跌引发的社会恐慌。实际上,美国股市在"黑色星期四"(Black Thursday,1929年10月24日)到来的前一个月就经历了价格的缓慢下跌,只是这种现象没有得到政府、市场等层面的重视。当全面下跌来临,政府与市场的应对能力更加

---

[1] 斯坦利·布德尔:《变化中的资本主义——美国商业发展史》,郭军译,中信出版社,2013,第243页。

显得捉襟见肘。在股市的冲击之下,美国银行业首当其冲成为"大萧条"扩散的前期催化剂。在自由放任政策导向之下,银行与证券市场的资金流动使得银行不可避免地受到股市下跌的影响,美国中西部大批银行的倒闭潮正是始于1930年,而美联储作为美国中央银行未能发挥"最后贷款人"的功能,对面临倒闭银行进行救助也成为后世的主要诟病之一。从股市下跌到银行倒闭,最后到整个金融系统的瘫痪,在经济危机的恶性循环之下,美国经济社会的发展显然会面临巨大的衰退。① "大萧条"对美国社会的影响表现在方方面面,从与当时相关的文学作品中就能窥探出20世纪20年代的繁荣与30年代萧条之间的巨大反差。失业率攀升、社会极端事件呈井喷态势,从第一次世界大战后的"柯立芝繁荣"到"大萧条",10年的时间美国经济似乎回到了原点,面对种种饥荒与困境,美国政府也束手无策。

第一次世界大战后,美国作为世界最大的资本输出国逐渐成为世界经济与金融发展的中心。在经济的充分关联之下,美国的经济危机迅速传播至全世界。如前所述,第一次世界大战后英国、法国等国虽然作为战胜国享受到一定程度的战争胜利果实,但是战争进程付出的巨大代价以及战后重建的高昂的债务本身就已经令这些国家艰难前行。伴随世界经济贸易中心的易主,欧洲各国更是丧失了经济发展上的充分自主性。换言之,在危机到来之前美国社会经历过10年的经济繁荣,欧洲社会仍在战后的经济恢复与重建之中,因此,危机虽然爆发在美国,但是对欧洲国家也产生的深远影响。为求自保,欧洲各国纷纷实行贸易保护主义,以保护国内市场充分的竞争力。与此同时,作为战败国的德国在"大萧条"中更是雪上加霜,债务的累积使得德国政府面临巨额债务,国内抵触情绪蔓延,这也在客观上为第二次世

---

① 根据学者记述,"大萧条是这样一个时期:汉堡5分钱两个,人们买不起;人们愿意为一小时挣1角钱而工作,而雇主从他们的劳动中赚不到利润;(生存下来的)银行充斥着闲置的资金,尽管年利率低于1%,仍然没有借款发生;农作物烂在地里而人们在挨饿。"乔纳森·休斯、路易斯·P.凯恩:《美国经济史(第7版)》,邸晓燕、邢露等译,北京大学出版社,2011,第490页。

界大战的爆发埋下了"复仇的种子"。在巨大的经济鸿沟面前,德国、日本、意大利等多国为了摆出危机的影响纷纷走向对外扩展的转嫁危机之路。

(二)"大萧条"的救济

虽然从事后来看,美国政府对"大萧条"的救济略显滞后与低效,但是在全球性经济危机以及美国自由放任政策导向之下,这一结果存在一定的必然性。总体来看,"大萧条"爆发之后,美国国内、受影响国家与国际社会均在不同层面寻求对危机的救济。从美国国内来看,"大萧条"危机的爆发虽然未能从根本上改变美国胡佛政府期间的自由放任政策,但是针对危机的发生政府也采取了扩大公共支出、提高关税、稳定金融秩序以及加强农业补贴等及时应对政策,以实现经济的恢复发展。[①] 同期,美联储的货币政策并没有对危机的蔓延起到延缓作用,按照货币主义分析进路,美联储并未实行较宽松的货币政策,反而在加强货币紧缩,以期限制证券市场投机行为,并不断强化对金本位制的维护。可以说,政府与金融监管部门在危机救济汇总仍未达到充分的一致,政府职能未在危机发生之初起到良好的遏制效果,自由放任思潮的余温尚存。对比同期欧洲各国,一方面采取贸易保护主义,保护本国经济市场,另一方面增加政府支出,引导与促进国内经济复苏。在国际社会层面,国际联盟作为《凡尔赛和约》签订后的国际议事机构在危机救济中也发挥着应有的作用,集中表现在1933年伦敦世界经济会议的召开。这次会议"实际上是20世纪上半期世界主要工业国家第一次企图通过国际协作,建立全球性贸易金融合作机制对付危机的尝试"[②],但是在效果上也因资本主义国家之间的根本利益冲突而未能取得实质性进展。从效果而言,更为本质的"大萧条"救济表现在罗斯福新政(The Roosevelt New Deal)。

---

① 陆甦颖:《胡佛与美国1929—1933年大萧条——重评胡佛的反萧条措施》,《华东师范大学学报(哲学社会科学版)》2002年第1期,第102-103页。

② 金卫星:《1929—1933年大萧条与伦敦世界经济会议》,《史学集刊》2003年第4期,第69-76页。

与胡佛的自由放任不同,在凯恩斯主义的影响下,罗斯福从 1933 年开始推行日后长达 8 年的新政,强化政府在经济社会发展的职能赋予。通过金融体系的重整、工业与农业的产业振兴以及社会保障体系的完善实现对美国经济的恢复。

(三)"大萧条"下的中国社会

作为世界性的经济危机,20 世纪 30 年代处于民国时期的中国社会也未能从中幸免,这场危机对中国经济社会的发展已比中国经济学思潮的影响甚大,至今仍是民国经济学研究学者关注的重点命题之一。在诸多研究中值得注意的是:第一,与资本主义国家普遍实行的金本位制不同,银本位制为民国政府应对前期危机遏止起到关键作用。"不同于西方国家主要通过财政政策度过大萧条,中国由于特殊的银行体系,货币供给始终没有减少,银行危机也没有普遍发生,这是中国经济在整个大萧条中表现较好的一个重要原因。"①第二,在"大萧条"波及中国社会之时,不同于西方国家的自由放任,中国的经济发展开始盛行统制经济思潮。虽然当时国内经济学界对统制经济思潮与自由主义思潮产生过争论,但是,"直到 20 世纪 30 年代初期经济大萧条波及中国,导致中国的经济日益困窘之时,国人才认识到统制经济实为加强经济建设、抵御外来入侵的救国方策"②。第三,美国白银政策的实施导致中国白银大量外流,在银本位之下中国经济通货紧缩严重,"大萧条"影响加剧。并且,在货币经济转型中,"大萧条的外部冲击是导致中国转型由渐进到激进的主因,并最终诱发了中国货币经济的总溃败"③。由此看来,从货币主义进路出发,"大萧条"对中国社会经济发展的根本影响仍然在于货币体系的摧毁,在金融垄断霸权之下民国政府无力实施有针对性的

---

① 管汉晖:《20 世纪 30 年代大萧条中的中国宏观经济》,《经济研究》2007 年第 2 期,第 16 页。
② 宋丽智:《20 世纪 30 年代经济大萧条的东方回应》,《经济学动态》2011 年第 7 期,第 90 页。
③ 周子衡:《20 世纪 30 年代经济大萧条对中国货币经济的冲击——1933—1948 年中国货币经济的现代转型、失败及其遗产》,《金融评论》2012 年第 4 期,第 30 页。

货币自保政策。

四、20 世纪 30 年代资本主义世界经济危机的治理

"大萧条"引发的全球性经济衰退引发世界范围内理论研究与制度实践的多维反思。在全球性资本主义世界危机的治理下,既出现了以凯恩斯主义为代表的政府积极干预等有利于经济社会可持续发展的新型思潮,也出现了以贸易保护主义为代表的极端保护措施。从治理效果来看,此次危机发生之后,美国通过政府主导走向经济复苏之路,而欧洲诸国仍然受制于巨额政府债务,国内经济复苏缓慢,德国、日本等国在双重危机的叠加之下更走上了法西斯主义道路。因此,从效果而言本次危机的治理并未给世界经济的发展留下发展空间。但是,凯恩斯主义内嵌的政府干预思想,以及金融监管与货币政策调控的重要性无疑是此次危机的制度财富。告别传统的自由放任路径,人类社会开始重新思考政府与市场关系的基本命题。在法律变迁的保障之下,罗斯福新政的诸多成果也得以固定与传承。

(一)"大萧条"危机前期胡佛政府治理的一般评价

从胡佛政府的治理决策来看,虽然从危机应对上看,胡佛政府所采取的扩大社会公共工程支出、提高关税等措施旨在通过实施宽松的财政政策缓解危机引发的影响,但是从救治时机与效果上看,胡佛政府的治理措施并不得当。一方面,在历经十年的"柯立芝繁荣"之后,美国政府以及胡佛本人均在经济高度繁荣的制度惯性之下,即便是危机发生,胡佛政府实际上并未予以充分的重视;另一方面,制度变迁往往具有巨大的成本,在传统自由放任之下美国政府职能尤其是财政政策的实施已经变得疲软无力。例如,虽然在危机发生初期胡佛通过召开白宫会议制定了扩大公共支出的议程,但是从效果上看美国各州的财政不仅没有增长反而有所下降,而与危机扩散程度相比,中后期政府公共支出的增加早已徒劳无功。此外,在后期欧债危机

与亚洲金融危机的爆发中,政府出面的社会救助成为"救市"的主要措施,但是在"大萧条"中胡佛政府并未通过公权力主动开启社会救助,社会救助的不及时使得在失业率不断走高的情况下,滋生多元社会问题。值得一提的是,胡佛政府也注意到通过立法手段促进产业结构变革与经济恢复发展,通过《斯穆特-霍利关税法案》(Smoot-Hawley Tariff Act)提高农产品关税以保护本国农业发展即是明证。但从实际效果来看,"《斯穆特-霍利关税法案》虽不是大萧条的主要根源,但它使得本就糟糕的情况更加糟糕"①,悲观情绪蔓延与投资意愿的降低加剧"大萧条"的危机影响,"而这种以邻为壑策略不就被英国、法国、荷兰和瑞士所采用……结果是全球化的中断和国际贸易的巨额减少,加重了20世纪30年代的世界大萧条"②。

(二)凯恩斯主义下罗斯福新政的立法变迁

从治理理念上看,"大萧条"期间美国两任总统风格迥异。受凯恩斯主义的影响,罗斯福新政强调通过扩大政府开支,强化政府对经济与社会的干预,以实现经济社会发展的持续与稳定。罗斯福新政中,法律作为政府调控的重要工具在社会变迁的过程中频繁使用,而美国20世纪30年代以来的立法变迁也在印证着从自由放任向国家干预的政治导向的转变。具体而言,罗斯福新政的立法变迁涉及经济领域与社会领域两个维度。

1.经济领域的立法变迁

从经济领域来看,罗斯福新政的立法变迁涉及金融、财税、农业与工商业的方方面面。罗斯福宣誓就职后首先对此次危机爆发的金融领域进行立法调整。"大萧条"期间,股市暴跌引发银行业危机的爆发,罗斯福通过出台

---

① 加里·M.沃尔顿、休·罗考夫:《美国经济史(第十版)》,王珏等译,中国人民大学出版社,2011,第522页

② 罗伊·勒罗伊·米勒、丹尼尔·K.本杰明、道格拉斯·C.诺思:《公共问题经济学(第十七版)》,冯文成译,中国人民大学出版社,2014,第190页。

《紧急银行救济法》(*Emergency Banking Relief Act*),决定在短时间内停止全国金融业务开展,以缓解国内银行前赴后继的倒闭潮。根据法案要求,全国范围内通过整顿金融商品交易、核查银行业发展基本情况,收紧银行运营的牌照管理,并通过授权复兴金融公司与联储银行对国内银行进行专项临时救济扶持。《紧急银行救济法》从本质上讲原有自由放任的银行体系暂时收归垄断,对整顿银行业秩序起到关键作用。但是,从效果上看,《紧急银行救济法》仅是一个临时性的救济对策,罗斯福新政期间更为彻底的金融业变革仍属《格拉斯-斯蒂格尔法案》(*Glass-Steagall Act*)与《1935 年银行法案》的出台实施。《格拉斯-斯蒂格尔法案》着眼于"大萧条"前美国股市普遍存在的借贷融资问题,通过立法明确限制商业银行从事"交易股票和证券业务的权利",换言之,投资银行与商业银行运行业务与资金的强制分离开启了美国金融部门的分业经营时代。更为重要的是,《格拉斯-斯蒂格尔法案》通过创设联邦存款保险公司(Federal Deposit Insurance Corporation)这一临时政府机构履行建立储蓄保险基金,应对危机挤兑风险的职责。存款保险制度的首创也成为罗斯福新政在金融部门的亮点之一。《1935 年银行法案》在《格拉斯-斯蒂格尔法案》基础上更进一步将联邦存款保险公司的常设机构地位予以立法固定。除此之外,《1935 年银行法案》对美联储进行系统改造,通过集权与改革成员设置,确立美联储在美国货币政策实施中的关键性地位。

在稳定国内银行业秩序的同时,罗斯福新政对"大萧条"始作俑者的证券市场也进行了大刀阔斧的立法变革,抑制市场投机、恢复市场秩序成为新政变革的主流。在此期间,《1933 年证券法》与《1934 年证券交易法》成为证券市场立法变迁的主要表现形式,与此同时,这两部法律经过不断的修改业已也成为全球证券市场立法的标杆。从《1933 年证券法》来看,整部法律以信息披露为导向,强化联邦贸易委员会在证券发行中的职责,力求在投资人和发行人之间建立起有效的信息流通机制。通过对虚假宣传、操纵市场等证券违法行为的规制实现证券市场秩序的良性运转。从《1934 年证券交易法》来看,本法的主要功能在于为上市企业完善公司治理、规范证券市场交易提供行为依据。在《1933年证券法》的基础之上,《1934年证券交易法》沿袭信息披露的规制路径,将法律的信息要求由发行领域扩展到交易领域,并赋权证券交易委员会负责整个证券市场的监管与执法。

在对金融市场进行改革之外,罗斯福新政也瞄准了造成"大萧条"危机的另一个重要原因——产业结构失衡,针对农业与工业的不同改革措施也在同期进行。从农业领域来看,较为突出的立法变革应属《1933年农业调整法》与《1933年农场信贷法》。《1933年农业调整法》主要通过产能控制实现对农产品价格的调控。在此期间,罗斯福政府运用加征税收、政府强制参与农产品经营的极端矫正措施帮助农产品市场恢复稳定。这段措施的运用也招致美国社会的异议,法案内课税条款违宪也导致该法案一度陷入停滞状态。[①] 而后几经辗转出台的《1938年农业调整法》设计了更趋市场化的农业发展调控,进而为美国农业的长期稳定发展奠定基础。在完善与恢复农产品价格体系的同时,另一个在"大萧条"期间困扰美国农业的问题还在于广大农民因无力偿还抵押贷款而面临的"失地风险"。有鉴于此,在出台农业调整法调整价格机制的同时,罗斯福政府通过出台《1933年农场信贷法》成立专门的农场信贷管理机构,为农业发展提供独立的信贷保障体系。实际上,在《1933年农场信贷法》实施之前,鉴于农民"失地问题"的紧迫性,罗斯福政府通过《紧急农业抵押法案》的实施,"由联邦政府出资为农民提供紧急融资救援以缓解农场信贷的违约风险"[②]。概览而言,罗斯福新政之所以在农业领域投入巨大成本的动因主要在于为农业发展提供稳定的信贷支撑,由此也可以排除私人信贷机构的过多参与引发农业发展的震荡。

对于工业的改革,罗斯福新政表现出两阶段不同的特征,即在前期通过

---

① 陈平:《大萧条时期的美国宪法变革——评〈至高权力:富兰克林·罗斯福与最高法院的较量〉》,《美国研究》2017年第3期,第136-146页。
② 王煜宇:《美国〈农业信贷法〉:法典述评与立法启示》,《西南政法大学学报》2017年第4期,第65页。

《全国工业复兴法案》的实施实现工业发展的复苏,而后期则通过一系列法规的出台重整国内市场竞争秩序。1933 年,美国国会通过《全国工业复兴法案》(*The National Industrial Recovery Act*),通过设立国家复兴管理局负责美国工业体系的重建与复苏。根据法案的设计,美国国内大力兴办公共工程解决社会失业问题,并通过劳工地位的改善减少资本主义发展所面临的根本矛盾。"在短短三个多月的时间内,联邦政府从一个社会问题的旁观者转变为了一个解决问题的积极参与者"[①],《全国工业复兴法案》的实施虽然从条款设计上其合理性毋庸置疑,但是从实践效果来看,集权下的工业发展在客观上助长市场垄断形成,政府对工业发展的高压参与势必会对市场竞争机制产生影响,并且更严重的是,法案的实施不仅未能解决国内的失业问题,还使通货膨胀加剧,政府职能的直接参与受到社会舆论的广泛质疑。在《全国工业复兴法案》废止之后,罗斯福政府通过《鲁宾逊-帕特曼法》(*Robinson-Patman Act*)《米勒-泰丁斯法》(*Miller-Tydings Fair Trade Act*)《惠勒-利法》(*Wheeler-Lea Act*)等法案的实施,恢复市场竞争机制,重点整治大企业垄断与不正当竞争问题,政府职能的运用更加着眼于市场失灵环节。此外,针对通信、交通与能源等支柱产业的配套法规调整也成为罗斯福新政工业救济的重要组成部分。总体来看,第一次世界大战前后美国已经步入工业现代化转型,工业的振兴是美国走出"大萧条"危机之关键所在,与此同时也成为罗斯福新政推行中的难点之所在。工业体系与市场结构的完善并非一日之功,罗斯福新政下的政府职能实施经历了从全面干预到适度干预的转变,政府与市场关系的基本逻辑日渐清晰。

2.社会领域的立法变迁

经济危机的影响不仅停留于经济领域,社会领域的风险联动也需要政

---

① 刘宁宁、翟婵:《富兰克林·罗斯福应对经济社会危机的改革与实践》,《管理学刊》2015 年第 3 期,第71 页。

府进行系统的危机治理。具体而言,罗斯福新政在社会领域的变迁特点包括:第一,社会救济。通过《1933 年联邦紧急救济法》的实施,由联邦紧急救济署和工程振兴署分别实施国家救济责任与"以工代赈"政策,至此,美国社会救济的"国家队"正式形成,这也改变了胡佛政府期间社会救济职能仰仗私人部门的尴尬局面。第二,公共工程。推进社会公共工程的兴建是《全国工业复兴法案》下的重要发展目标,而公共工程推进的根本目的在于通过扩大政府支出,缓解社会失业率的急速上升。第三,社会保障。1935 年,《社会保障法》为美国全国性社保体系的建立奠定基础,通过养老保险、失业保险、公共援助等关联制度的实施,社会保障体系的国家建立对缓和社会矛盾起到关键性作用。第四,劳资关系。如前所述,《全国工业复兴法案》将劳动者地位的改善作为工业复兴的重要举措,虽然《全国工业复兴法案》因违宪而被废止,但是劳资关系的处理对资本主义基本矛盾的缓和具有重要作用。有鉴于此,罗斯福政府于 1935 年出台《全国劳工关系法》,明确赋予工会集体议价的权利,为资本主义新型劳工关系的发展奠定法律依据。总体而言,罗斯福政府在社会领域的立法变迁旨在为经济领域的立法变迁提供配套制度保障,但是种种措施一方面存在诸多缺陷,另一方面也无法从根本上改变资本主义发展的基本矛盾。但是,社会保障与社会援助体系的国家兴建、国家财政对就业率提升的作用仍然值得后世学习与借鉴。

(三)贸易保护主义盛行下的"大萧条"国际治理

在"大萧条"的国际治理中,各国普遍采取的贸易保护措施在世界范围内引发多重风险,并加剧了经济危机风险的蔓延。无论是美国还是欧洲各国,为了国内经济秩序的恢复与市场竞争力的维持,提高关税、尽力确保国内工业供需平衡成为危机应对的共同选择。但是,在个体理性之下,全球贸易市场的集体非理性逐渐生成。从美国《斯穆特-霍利关税法案》开启贸易保护主义大门以来,欧洲资本主义强国普遍实施的贸易保护政策使得原本就捉襟见肘的国际贸易体制更加面临解体风险。在多轮国际贸易战过后，"大萧条"危机下的国内经济形势不但未能得到缓解，反而因贸易战的存在而产生加剧风险。[①] 更值得反思的是，国际贸易市场的濒临瓦解也引发金本位制货币体系的彻底崩溃。原本战后资本主义国家进行多番调试的金本位制因主流资本主义国家的竞争性贬值而使得全球支付体系崩溃。20 世纪30 年代末期，金本位制逐渐被各国所抛弃，纸币流通下的通货膨胀成为各国救济国内经济危机的绝佳选择。

五、20 世纪 30 年代资本主义世界经济危机的经验与教训

"大萧条和新政的时代标志着一个重要的里程碑在寻求一个新的法律关系与人类幸福。"[②]从时间节点来看，20 世纪 30 年代的资本主义世界危机发生于第一次世界大战与第二次世界大战之间，资本主义国家之间尤其是第一次世界大战战胜国与战败国之间矛盾的深化，加之资本主义世界市场形成中的诸多不完善为世界发展增加诸多不稳定因素。虽然美国、欧洲以及国际社会对"大萧条"危机进行了不同的治理与救济，但是在资本主义发生的首次全球性经济衰退面前，缺乏国际合作，衍生集体非理性的救济结果反而加剧了危机影响，深入国家与国家之间的矛盾。但是，从"大萧条"的演进过程尤其是对比罗斯福新政实施前后美国经济社会发展的一般特征，政府在经济社会发展中的功效以及实体经济与虚拟经济的关系平衡成为此次危机的宝贵经验。罗斯福新政中内嵌的凯恩斯主义在引发经济学界广泛争论的同时，也为新兴法学部门——经济法的兴起奠定理论基础与实践分析素材。除此之外，本次危机期间美联储的货币政策调节功能日趋成熟，对未来全球金融市场的影响不断加剧，如何理解中央银行的职能，应当因地制宜

---

① 保建云：《大萧条时期贸易保护主义的历史教训》，《人民论坛》2018 年第 13 期，第 119-121 页。

② Michael E. Parrish, "The Great Depression, The New Deal, and the American Legal Order," *Washington law review* 59, No.4（Nov.1984）:723-750.

建立何种外汇管理与货币调控政策也是"大萧条"对现代社会发展的启发。

(一) 国家干预:经济社会发展中的政府职能与法律功能

"从 1929 年股市崩盘到 1933 年银行业危机,自由资本主义一直是法律和经济学中盛行的正统观点,金融市场基本上不受监管,甚至在经济衰退时期,刺激经济活动也不被视为政府的责任。"[①]自由主义与干预主义的理论冲突在此次危机的衍生与治理中表现得淋漓尽致,"新世纪第一次国际金融危机和经济危机爆发后,国家干预主义经济学家承认这场危机的严重性,认为再继续实行自由放任后果将不堪设想"[②],而在美国"大萧条"危机中救助发挥决定性作用的罗斯福新政则仰仗凯恩斯主义理论,通过政府职能的重新配置实现对混乱经济社会秩序的矫正。回顾"大萧条"之前,虽然资本主义国家在自由放任政策之下获取经济发展的"黄金十年",但是政府权力的过度让渡使得市场垄断资本阶级与工人阶级矛盾深化,社会贫富差距不断加剧。而在风险叠加的金融市场,政府部门的过度放权更使得市场投机成风,最终成为"大萧条"危机的导火索。全球性经济危机的发生使得以美国为代表的资本主义国家以干预主义调试自由主义发展的诸多弊端。但是在罗斯福新政我们也不难发现,干预主义政策的实施面临着市场与社会多维的压力,多部法案的先实施后废除表现出从自由主义向干预主义制度变迁过程中的巨大社会成本。[③] 如何在自由与干预之间、政府与市场之间寻求经济社会发展的平衡是各国政府面临的重要议题之一。

---

① Timothy A. Canova, "Financial Market Failure as a Crisis in the Rule of Law: From Market Fundamentalism to a New Keynesian Regulatory Model," *Harvard Law & Policy Review* 3, No.2 (Summer 2009): 369-396.

② 吴易风、王晗霞:《国际金融危机和经济危机背景下西方国家干预主义和新自由主义的论争》,《政治经济学评论》2011 年第 4 期,第 18 页。

③ 国外学者研究指出,"当时采取的激进政策在内部并不一致,罗斯福政府同时采取了一些政策,目的是通过允许竞争对手相互勾结来抬高价格,同时推行(更激进的)反垄断执法,目的是通过打破工业卡特尔来压低价格。"John D. Harkrider, "Lessons from the Great Depression," *Antitrust* 23, No.2 (Spring 2009): 6-11.

从效果上看,"大萧条"危机的衍生与治理对论证经济法部门的独立性提供了较好的实践素材。"无论危机有多严重,政府都需要遵守法治原则,并在法律面前真正负起责任。"①"由于美国的法治传统,国家调节经济的职能活动必须有法律授权、得到法律的保障并受到法律的约束(规制),所以新政主要是通过颁布和实施大量经济法来实现的。"②作为一种新型的法律部门,不同于传统公法与私法相对立的二元划分,经济法着眼于经济社会发展具有公私交融特征的社会关系调整,通过法律规制功能的发挥有效平衡政府与市场之间的关系。依照"需要国家干预说"的阐释路径,经济法既可以避免自由主义思潮下市场风险的肆意形成,也可以避免干预主义思潮下政府对市场经济的过多参与。以市场需要为导向,以社会公共利益为要点,对市场失灵与政府失灵进行统筹规制是经济法的根本价值之所在。从罗斯福新政的诸多立法变迁效果来看,其在工商业复兴的过程中始终面临着过度干预的问题,为了寻求短期内市场秩序的恢复,罗斯福政府通过反垄断法效力的减损实现市场秩序的恢复,但是也因此牺牲了市场竞争秩序。我们不否认极端措施的采取对危机应对的有效性,但是更应从中领悟具有第三法域特征的经济法在规制公私交融领域政府与市场关系的重要性。从效果上看,经济法对经济社会的调节表现出授权与限权相辅相成的两面:其一,通过授权赋予市场规制机构矫正市场失灵的权力,确保社会公共利益最大化;其二,通过限权防止政府权力对市场机制的破坏,谨防政府失灵现象的出现。授权与限权的有机结合可以确保经济社会发展中权力与权利——这一法权逻辑的基本平衡。

诚然,在马克思主义研究范式之下,资本主义社会的基本矛盾并不会因

---

① Mark Aronson, "The Great Depression, This Depression, and Administrative Law," *Federal Law Review* 37, No. 2 (Jun. 2009): 165-204.

② 王红霞:《作为契机的危机——制度变迁视域下的"大萧条"之于经济法》,《政法论坛》2012 年第 5 期,第 167 页。

为新兴法律部门的存在而得到消解,但是在社会主义市场语境下我们更应重视经济法功能的发挥以及政府与市场关系命题的处置。与国外自由放任不同,中华人民共和国成立以来经历了从计划经济到市场经济的转型期,在社会主义市场经济受到广泛认可时,有效扭转计划思维,合理处置政府与市场关系,预防市场发展的系统性风险仍应强化经济法功能的发挥。

(二)虚拟经济有限发展:风险导向下的监管设计

在"大萧条"危机中,以证券与银行为代表的虚拟经济成为危机发生的主战场,虚拟经济在此次全球性经济危机中扮演了重要角色,也正是从此开始,以金融部门为代表的虚拟经济开始频繁出现于世界性与区域性经济危机中。如前所述,"大萧条"发生的重要导火索在于证券市场与银行市场之间缺少必要的"防火墙",银行信贷资金大量涌入证券市场滋生市场投机行为,而市场投机行为的叠加也使得资本市场的发展脱离实体经济发展下的应有轨道。实体经济与虚拟经济发展的脱节最终导致整个经济社会的发展陷入停滞。而当危机从美国传播到全世界的过程中,金本位制的先天弊端又使得国际社会缺乏应对全球性金融危机的基本能力,国际金融市场发展中的规则缺位使得风险在全球范围内肆意蔓延。

此次危机的发生为世界各国重视金融部门发展的规范性敲响警钟。虽然在危机发生前美国通过成立美联储统筹全国金融监管事项,但是当初的美联储在自由放任思潮之下并未存在实质性监管功能,"在艰难和危急的大萧条时期,货币政策的进程在很大程度上受到联邦储备体系内部权力斗争的影响"[1]。金融监管的完善并非一日之功,更非单纯设立一个机构即能有效预防风险。金融监管部门的职能定位,危机的应急处置以及金融市场发展的法律规范都需要在政府职能有效发挥下提升监管主体与市场主体的可

---

[1] 米尔顿·弗里德曼、安娜·J.施瓦茨:《美国货币史(1867—1960)》,巴曙松、王劲松译,北京大学出版社,2009,第257页。

预测性。金融监管的体系性缺失成为"大萧条"蔓延的重要影响因素。美国罗斯福总统上台之后的首要任务正是整顿银行业与证券业。在此期间颁布的《1933 年证券法》《格拉斯-斯蒂格尔法案》也对世界各国金融市场监管秩序的建立提供发展模板。可以说,从"大萧条"危机发生之后,金融监管成为政府职能行使的重要方面,虚拟经济发展中的特殊风险得到政府与社会的认可。"通过大萧条时期的金融改革,美国政府稳定了货币、建立了安全的金融体系、维护了金融秩序、实现了国家依照宪法对金融进行监管的原则"。[①]

"大萧条"危机的发生引发的深刻思考在于,在虚拟经济与实体经济的二元论下,我们应当重视虚拟经济的辅助功能,在对实体经济的支撑范围内控制虚拟经济发展节奏与发展体量,以期实现实体经济与虚拟经济的发展平衡。"大萧条"危机解读的凯恩斯主义进路认为,投资需求的降低导致社会整体需求降低,虚拟经济的过度发展造成经济社会发展缺乏合理的资金导向,贫富差距的加大也加剧了民众的负面情绪。虚拟经济的过度发展为美国经济社会带来股市暴跌与银行倒闭潮等一系列负面连锁反应,当虚拟经济无法为实体经济的发展起到应有的支撑作用,整个经济体系的衰退与瘫痪在所难免。正确认知虚拟经济的辅助功能,有效构建虚拟经济发展规划体系,健全虚拟经济发展规范是经济社会可持续发展的必然选择。

(三)中央银行:独立性及其货币政策的合理性

在此次危机发生的 20 世纪 30 年代,美联储的货币政策与金融监管职能发挥被认为是危机风险扩大的重要原因之一。"此时中央银行的职能是金融稳定和货币发行,价格稳定和充分就业目标未涉及"[②],美联储前主席伯南

---

① 李世安:《大萧条时期的美国金融改革及其影响》,《世界历史》2016 年第 3 期,第 99 页。
② 李永宁、黄明皓、王晓峰:《从大萧条到大衰退看中央银行职能的转变》,《西安交通大学学报(社会科学版)》2014 年第 2 期,第 16 页。

克(Ben Shalom Bernanke)认为,"不幸的是,当首次面临此类重大挑战时,美联储无论是货币政策还是在金融稳定方面都表现得不尽如人意"①。从货币政策的实施来看,美联储并没有因危机的发生而采取必要的宽松货币政策,反而从效果而言实施了相对紧缩的货币政策。在防止股票投机、维持金本位制的多元考量之下,美联储的决策失误诚然应为危机的扩散买单。从金融稳定来看,作为中央银行的美联储在危机中并没有成为"银行的银行",换言之,在银行倒闭潮之下美联储对破产银行救济的不及时使其最后贷款人功能发挥受到限制,最终引发危机在更大范围蔓延。纵观危机前后,美联储虽然未能采取及时的决策,但是却因危机的发生获得更多实质性的货币政策调控与金融监管权力,集权与监管的强化使美联储在美国经济的后续发展中扮演重要角色。

从本质上来看,中央银行应当履行维护金融稳定,实施货币政策调控乃至促进经济增长的职责。中央银行的独立性决定了其在一国金融体系发展中应处于货币政策与金融市场发展政策的统率地位。某种程度上,美国的政治生态体系与前期美联储模式的探索决定了其不可能在"大萧条"期间享有充分的政策调控权力,因此,其调控能力必将受到政府的影响与限制。而伴随央行职能定位的清晰,各国应当重视央行独立职能的发挥,有效处于政府与央行在金融市场发展中的政策协同、提升货币政策与调控政策的合理性。

除此之外,我们还应把研究视野从一国货币政策制定提升到国际层面的货币体系建立。"每次大的世界经济危机总与人类系统性的错误观念相伴,西方货币政策共识对非主流国家经济实践和经济危机重视不够"②,此次危机的发生也反映出在西方国家普遍实行纸币流通的前提下,金本位制已

---

① 本·伯南克:《金融的本质:伯南克四讲美联储》,巴曙松、陈剑译,中信出版社,2014,第 19 页。
② 李永宁、黄明皓、郭玉清等:《经济危机与货币政策共识的形成和修正:从大萧条到大缓和再到大衰退》,《经济社会体制比较》2013 年第 3 期,第 26 页。

经无法为全球经贸合作深化提供应有的货币体系保障。"几乎没有人明白国际货币体系的政治作用,因此,这种令人恐怖的突发性转变使整个世界完全震惊了。"①金本位制下各国货币的竞争性贬值引发国际贸易秩序混乱,经济危机的影响力进一步扩散。伴随危机期间贸易战的加剧,国际货币与结算机制亟待更新换代,一个崭新的国际货币结算体系有待形成。

---

① 卡尔·波兰尼:《大转型:我们时代的政治与经济转型》,冯钢、刘阳译,浙江人民出版社,2007,第17页。

第二章　亚洲金融风暴

——20世纪90年代亚洲金融危机

亚洲金融危机发生于1997年夏天，从泰国到东南亚地区，最后波及几乎整个亚洲地区的区域性金融危机。20世纪60年代以来，亚洲经济社会发展经历较为辉煌的崛起时期，"亚洲四小龙"（Four Asian Tigers）的横空出世为亚洲市场注入发展活力。仰仗出口导向与劳动密集型产业的兴起，亚洲逐渐成为世界制造业不可忽略的中心地区。在实体振兴之外，亚洲多国尤其东南亚地区形成较明显的金融主导特质。在虚拟经济产业的助力下，东南亚国家在数据上均呈现出短期的经济社会繁荣。但是，在繁荣的背后，因国家政局、市场制度与政府宏观调控等诸多缺陷，东南亚国家的发展危机四伏。亚洲金融危机正是在政治、经济及外部社会等诸多因素的综合作用之下，亚细亚大陆遭受的最严重的一次区域性经济危机。

对我国而言，有效的调控与稳定的经济发展政策使我国在亚洲金融风暴中并未遭受实质性打击，但在经济全球化、区域化的趋势下，金融市场风险的系统性同样为我们发出"唇亡齿寒"的警醒。从地理位置上看，亚洲金融危机是距离我国最近的金融危机，也是对我国政府经济社会发展质量与水平的一次检验。亚洲金融危机的爆发再次揭示实体经济与虚拟经济发展不平衡带来的发展隐忧，金融深化的"双刃剑"效应凸显无疑。从亚洲金融危机的史实出发，在政府与市场关系的维度之下，如何利用好金融市场工具，有效预防与化解金融风险，尤其是强化国家金融主权意识是本章力图解决的问题。

一、亚洲金融危机的生成背景：从"实体振兴"到"虚拟主导"

亚洲国家经济实力发展差距显著，既有跻身发达国家之列的日本，也有被誉为"亚洲四小龙"的后起之秀，但是大部分仍然表现为发展中国家。亚洲作为人口数量最多的大洲，在劳动密集型产业的指引下早已成为名副其实的"世界工厂"，其间日本、印度等国的创新崛起也为亚洲经济社会发展注入了充分活力。但是，从亚洲金融危机的纵向衍生逻辑来看，在金融危机爆发前，危机发生国均存在不同程度的"脱实向虚"倾向，这种不良经济发展导向的存在为区域性经济危机的发生埋下伏笔。我们可以从不同经济实力国家的横向比较中进行综合性判断。

（一）亚洲发达国家：日本

日本是亚洲首个实现工业现代化的国家，其经济的崛起可以追溯至第二次世界大战之后。作为第二次世界大战的战败国，日本虽然在经济发展上少了些许底气与自主权，但正是凭借战后有效、合理的制度设计，实现了战后经济的腾飞，曾一跃成为世界第二大经济体。"从 1950 年开始……日本出现了增长奇迹，仅仅在 20 年时间内，其人均收入相当于美国水平的比例从低于 20%增长到大约 75%。"[1]日本经济的战后崛起是内外部原因综合作用的结果：从内部来看，系统全面的战略规划帮助日本实现经济腾飞。战后日本在与政治经济发展密切相关的国民教育、土地制度、政党体制、民主制度等方方面面进行了较为系统、详尽的变革。社会层面的改革深入为日本经济发展带来必要的民主与公平保障。从外部来看，美国作为军事管制

---

[1] 斯蒂芬·L.帕伦特、爱德华·C.普雷斯科特：《通向富有的屏障》，苏军译，中国人民大学出版社，2010，第 114 页。

方对日本经济社会发展进行实质性影响。在美国的经济扶持与制度设计之下,日本经济发展拥有充足的资金与技术保障。而在美日发展的协同战略之下,日本与亚洲社会展开了较广泛的经济关联。由于发展受制于地理因素,日本不得不对外寻找合适的制造业基地,而亚洲国家潜在的人口红利成为日本经济崛起中不可忽视的力量。相关数据显示,"20世纪80年代末,日本成为亚洲新兴的迅速发展的经济体中唯一最大的对外直接投资来源国"[1],在投资驱动之下,日本将亚洲变成日本经济发展的"大后方",日本与亚洲诸多发展中国家的经济关联日益加深,亚洲经济市场的区域优势与发展特征逐渐形成。

日本经济的战后腾飞并不是一帆风顺的:19世纪80年代到90年代初曾爆发"泡沫经济"。究其原因,日本经济在实体经济迅速发展的过程中,未重视到虚拟经济市场的敏感变化。经济市场投机活动的泛滥使日本经济泡沫化严重,最终导致较严重的经济衰退。实际上,日本经济陷入泡沫风险具有诸多前兆,1985年,美国、日本、德国、英国和法国签订的"广场协议"(Plaza Accord)成为导火索。"广场协议"旨在缓解美国国内较为严重的财政赤字,通过汇率政策调整促进美国国内收支平衡,日本作为推动方消纳日元升值的市场影响。但是,令日本财政部门始料未及的是,日元升值虽然可以帮助日本的对外投资发展,但是国内股票市场与房地产市场的泡沫积聚,最终引发局部经济动荡。此时,在更大的范围内转嫁危机成为日本政府的必然选择,在加强对外投资、制定宽松货币政策的引领下,原本就与日本关系较为紧密的亚洲市场无疑成为日本泡沫经济风险分散的首选,日本经济泡沫最终也成为引发亚洲金融危机不可忽视的要素之一。

回顾日本经济从崛起到"泡沫"的历程,实体经济导向为日本经济乃至

---

① 沈联涛:《十年轮回:从亚洲到全球的金融危机》,杨宇光、刘敬国译,上海远东出版社,2016,第51页。

亚洲部分地区的经济发展起到有效的助推作用,但是资本市场与国际金融市场的政策失调最终使得虚拟经济风险对实体经济成果产生消耗,风险的系统性传播也成为后期区域性危机发生的不稳定因素。

(二)崛起的新势力:亚洲四小龙

以中国香港、中国台湾、韩国与新加坡为代表的经济新势力成为亚洲经济发展中"实体振兴"的典范,被誉为"亚洲四小龙",其背后的东亚经济发展模式也成为经济学研究的重要阵地。除地理位置、人口基数等人文共同性外,"亚洲四小龙"的经济崛起存在诸多制度性原因。一方面,亚洲国家外向型经济发展路线迎合了资本主义强国转移实体制造业的潮流,亚洲地区得天独厚的人口红利受到国际投资市场的青睐。并且,较为稳定的国际形势与区域形势也为"亚洲四小龙"的发展提供了外部环境保障。另一方面,政府职能的有效发挥,使得"这些亚洲国家的政府与其公民之间的社会契约所带来的巨大便利性,其中前者实现了经济增长,以换取后者对威权主义的平静和默许"①。国际贸易与国际分工的逐步细化也为亚洲国家的发展提供了机遇,而在亚洲国家与地区政府的有效干预之下,经济发展成为顺应时代、挖掘内需的不二选择。与其说"亚洲四小龙"是出口导向,不如说这背后也蕴含较为明显的政府驱动。国家的经济腾飞离不开政府政策与配套制度的完善与支撑。

从具体个案分析来看,"亚洲四小龙"在亚洲金融危机发生之前表现出不同的特征。一方面,虚拟经济发展重视程度不同。以韩国为例,韩国的经济成功有赖于良好的经济管理与得当的工业发展政策,危机发生前整体经

---

① O. Fiona Yap, *A New Social Contract of Accountability - Lessons from Citizens′ Response to the Asian Financial Crisis in Taiwan, South Korea, Singapore, and Malaysia* (The Whitehead Journal of Diplomacy and International Relations, Vol.6, 2015), p.129.

济政策向好。① 但是韩国金融市场的发展并未与实体经济的发展产生过多的同步性,一个显著特征在于韩国金融市场的开放程度不高,政府干预较多。因此,在国有导向投资主导下,金融部门的效率导向受到制约,韩国金融机构的坏账率始终保持较高的水平。虚拟经济与实体经济的发展失衡,抑或实体经济发展缺少必要的虚拟经济支撑成为韩国经济发展的重要隐忧。另一方面,后期经济发展导向不同。"亚洲四小龙"的崛起仅是暂时的,在国家投资环境与国家市场的变换中,一成不变的外向型发展并不可持续。在经济政策的调试中,中国香港逐渐将制造业迁移,形成以金融、房地产和旅游为主的产业模式;新加坡同样存在适度的产业外移,并重点发展金融业;中国台湾则在区域竞争中优势逐渐丧失,自身经济实力受到严重折损。就现状而言,中国香港与新加坡跻身世界金融中心之列,韩国仍然是亚洲范围内的工业强国,而中国台湾因后期政策导向乏力,逐渐丧失竞争优势。由此,亚洲四小龙的发展呈现出两种导向,一种是因竞争优势降低而逐渐落伍,一种则是通过不同程度的虚拟经济介入实现转型。无论原因为何,"亚洲四小龙"的发展模式逐渐成为过去式,而对虚拟经济不同的依赖程度也决定了它们抵御亚洲金融危机侵袭的经济实力。

(三)东南亚国家经济发展审视:亚洲四小虎

亚洲金融危机始于东南亚国家,最终几乎波及整个亚洲,因此,东南亚国家的经济发展特征是审视亚洲金融危机发展的前提要件。与"亚洲四小龙"相对应,以泰国、马来西亚、菲律宾和印度尼西亚为代表的"亚洲四小虎"(Tiger Cub Economics)成为亚洲金融危机发生前东南亚国家经济社会发展

---

① 相关数据统计显示,"1997 年前三个季度,韩国实际 GDP 增长达 6%,通货膨胀率为 4%,1997 年国际收支经常项目赤字可望下降到占 GDP 的 3% 以下;财政政策仍然保持谨慎,1997 年度预计只有少量赤字;货币供应量低于通货膨胀控制目标的下限"。邹加怡:《韩国金融危机的深层次原因》,《世界经济》1998 年第 5 期,第 6 页。

的典型模式。"亚洲四小虎"的美誉得益于前述东南亚国家短期内实现国内经济发展腾飞,但是这一名称也表现出相比于"亚洲四小龙",东南亚国家的经济基础相对薄弱。从经济发展传统角度审视,东南亚是亚洲经济发展相对落后的地区,以农业发展为主,工业化发展相对落后。但是借助资源与外向型政策的建立,泰国、马来西亚、菲律宾与印度尼西亚等国大力促进工业发展,接受了资本主义国家的产业外移,充分发挥地区人口红利。但是,与"亚洲四小龙"不同的是,东南亚国家的政权动荡始终是其经济可持续发展的不稳定因素之一,这在某种程度上也决定危机来临时政府的风险抵御与宏观调控能力。

具体而言,"亚洲四小虎"在亚洲金融危机发展之前均面临着不同的发展风险。第一,政治不稳定与政府职能缺位。东南亚政局不稳定是对经济政策可持续的最大制约,这一点在印度尼西亚表现得尤为强烈。历史发展表明,印度尼西亚政权的更迭既可以为国家经济发展提供机遇,也为金融危机深化提供更多不确定因素。此外,泰国国内的区域性争端也对其支柱产业旅游业的发展产生不良影响。第二,金融市场的差异化发展。泰国作为东南亚地区的经济强国,在实体经济发展的同时逐步推进金融市场自由化。"由于20世纪60年代与70年代新开垦的农业用地丰裕,泰国政府在相当长一段时期内坚持执行以出口带动的农业增长战略与政策。"①除此之外,旅游业与制造业的发展也为泰国整体经济实力的强化提供了保障。为了配合出国导向型经济的发展,泰国逐步推进金融自由化改革,以便吸引外资。过度的金融自由化改革在为市场发展提供充分现金流的同时,也制造了虚拟经济过度发展的风险,银行呆账率的不断上升正是明证。以上诸多因素使得泰国面临在经济发展中失去自主权的风险。第三,仰仗国际投资。马来西

---

① 沈红芳:《亚洲金融危机:东亚模式转变的催化剂——对泰国与菲律宾的案例研究》,《世界经济》2001年第10期,第48页。

亚在东南亚国家中的经济表现向来较为稳定,"马来西亚一直实行谨慎的财政政策,从1993年至1997年财政持续盈余"①。政府对公共财政的有力控制以及经济发展政策的长远规划确保马来西亚经济的可持续发展。更值得一提的是,马来西亚金融系统发展适度,银行部门整体运行良好。但是,马来西亚无法摆脱东南亚经济发展的吸引投资倾向,国家资本的大量涌入促进国内资产泡沫加剧,经济短期繁荣之下面临泡沫破裂的风险。

二、亚洲金融危机的成因

亚洲金融危机表现形式的复合性意味着其生成原因的多元性。亚洲金融危机的发生是在亚洲国家特殊经济发展模式下,经济、国际环境与政治等多方面因素共同作用的结果。从危机的衍生逻辑来看,亚洲金融危机缘起于亚洲国家经济增长愿景与经济体系失衡所产生的根本性矛盾,而国际金融市场尤其是国际游资实力的不当介入成为危机的催化剂。资本主义全球市场发展中的不公平分配与亚洲诸国孱弱的政府调控能力成为危机蔓延的必要原因。

(一)经济原因:过度追求经济发展而丧失制度理性

如前所述,日本经济从崛起到泡沫化的过程中与亚洲市场发生着紧密的联系,日本制造产业的外移为东南亚等亚洲国家的经济发展提供了机遇。无独有偶,东南亚国家的人口红利也得到了西方资本主义强国的青睐,这也迎合了东南亚国家出国型经济导向的设立。地理区位与人口特征决定了亚洲国家先后踏上一条劳动密集型与出口导向型的发展进路,这种进路虽然符合亚洲国家的经济社会特征,但是也存在着诸多风险。一方面,部分国家在迎合经济短期繁荣的基础上并非重视自身经济结构的合理性。东南亚国

---

① 金中夏、曹莉:《韩国、马来西亚应对金融危机的不同选择》,《国际经济评论》1999年第75期,第14页。

家原本以农业发展为主,在外资主导下虽然形成了制造业体系,但是内部经济结构仍然处于失衡状态。换言之,东南亚国家的实体经济实力与经济发展基础仍然较为薄弱。另一方面,出口导向使得国家经济建设过度依赖外部投资与国际市场,经济脆弱性不断加剧。虽然在经济全球化的大势之下,各个国家积极参与其中并无可归责之处,但是过多依赖外部条件,必然将国家经济发展置于国家大环境之下。并且东南亚国家长期处于赤字状态,外债规模的不断积累使国家经济主权的完整性会因过度依附而丧失一部分自主性。

东南亚国家经济自主性的丧失集中表现在金融部门,为了更好地迎合国外投资,东南亚国家普遍采取宽松的外汇管理与金融自由化措施。开放、自由的金融市场无疑对吸引外资提供了便利,这也迎合了东南亚诸国的外向型发展战略。但是,金融自由化体制也在很大程度上影响着金融安全。以泰国为例,泰国于 20 世纪 90 年代初取消对资本市场管制,这一举措虽然可以激励更大范围的海外投资,但是也为国际游资势力的短期侵袭创造条件。金融市场的开放与自由并不是无底线的,而应是遵循经济市场发展的客观规律,追求短期经济效果下的肆意开放必然导致市场风险的反噬。此外,以泰国为代表的固定汇率制度的实施,锚定美元汇率,为吸引海外投资提供政府隐性担保,"在 1997 年危机爆发前,东亚吸引的外国资本几乎占全球新兴市场资本流入的一半"①。从外汇管理制度来看,绝大多数亚洲国家并没有重视到外汇管理制度的重要性,集中表现在缺乏较为充足的外汇储备。由此可以看出,亚洲金融危机发生的根源并不是金融自由化,而是未能在金融自由化的同时建构起有效的金融防范制度。东南亚国家过多重视金融深化引发的投资效应,但却因此丧失自己经济结构发展平衡与金融市场

---

① 杜晓蓉:《1997 年和 2008 年金融危机对东亚的传染性比较研究》,《经济经纬》2009 年第 3 期,第 34 页。

风险防范制度的建设,最终导致国家对经济发展的调控能力,尤其是风险抵御能力减弱。

(二)国际环境原因:国际金融市场风险的防御失位

从外部环境因素来看,东南亚国家的经济腾飞离不开经济全球化的深入,而亚洲金融危机的爆发也与国际金融市场的大环境有着密切联系。经济全球化是世界各国经济社会发展中无法回避的现实,对东南亚出口导向型国家更是对此持拥抱与接收的态度。无论是日本产业外移,抑或是西方经济大国的产业输入与国际直接投资,东南亚国家的经济发展在经济全球化的语境之下均得以实现。但是,对于这种现象,我们仍应持一种辩证的态度,并且亚洲金融危机的发生也将经济全球化的"阴暗面"呈现于世。具体而言,亚洲金融危机的发生存在两方面的外部因素:

第一,国际游资对东南亚国家的冲击。国际游资是带有鲜明投机倾向的、以追求短期利益最大化的国际资本表现形式。国际游资并非肇始于此次亚洲金融危机,早在"大萧条"时期已有出现。客观而言,国际游资的出现一方面有利于金融市场交易的深化与衍生,但是其短期与投机特质又决定了其无法从根本上帮助一国经济发展。国际游资是金融市场深化发展中亟待应对的一种国际性金融现象,部分国家往往因自己金融市场体系不健全、金融市场过度开放而受到国际游资的侵袭。在此次亚洲金融危机中,索罗斯财团作为国际游资代表做空泰铢受到国际舆论的口诛笔伐。在内部缺乏稳健财政政策与金融市场体系的前提下,国际游资实力的抵挡更加成为天方夜谭。

第二,发展中国家经济发展的非自主性。如前所述,虽然东南亚国家借助资本主义产业外移实现出口导向型经济的发展模式,但是这种模式本身就蕴含着世界经济市场发展中的不平等。换言之,东南亚国家始终处于世界经济发展链条的末端。无论是资金、技术还是产品层级,作为接收国的东南亚国家始终处于被动发展地位,其经济的自主性自然受到诸多限制。除此之外更为重要的是,亚洲金融危机发生之时,国际金融市场与国际货币体系仍然坚持大国导向,发展中国家无法在金融市场政策的变革中拥有足够的话语权。即便是作为亚洲国家工业化程度较高的韩国,也因汇率政策的缺位而使自己陷入此次危机中。

我们必须清醒地认识到,国际游资在国际金融市场的发展中并非一种新的现象,各国针对国际游资势力存在不同程度的防范。与此同时,国际贸易与货币市场发展中的不均等在当时业已成为一种常态,如果无法认清经济全球化的"双刃剑"属性,那么危机的发生就会成为必然。"打铁还需自身硬",对亚洲金融危机而言,国际游资等外部因素仅是催化剂,危机发生的根源还是在于东南亚以及亚洲国家经济模式的缺陷。

(三)政治原因:未能形成经济社会发展的权力保障

经济发展离不开有效的政治支撑,古典经济学理论倡导政府发挥好"守夜人"角色,但是在亚洲国家经济发展中,政府更多秉承凯恩斯的国家干预主义,即通过政治经济市场的权力集中,实现经济市场政策的上行下效。在此次亚洲金融危机的爆发中,除部分东南亚国家存在政权不稳定的情况,更多的政治原因在于权力行使与运用的问题。在此次亚洲金融危机爆发中,各国在政治层面均表现出干预失灵与干预过度等多元理念交融问题,具体来看:

第一,政府宏观导向错位导致经济产业失衡。从经济形态的形成来看,从政权上来讲,亚洲国家在外向型经济发展之初具备充分的自主权,而外向型经济导向的确立既表现出政府发展经济的渴望,也表达出政府宏观调控与微观干预的不成熟。国家的长期高负债运行,过度依赖国际投资,虽然可以造就经济的短期繁荣,但是不利于自身产业体系的完善。进言之,虽然产业外移帮助东南亚国家形成制造业体系,但是这无法掩盖东南亚国家薄弱的经济基础。缺乏系统的产业发展规划,无法形成经济发展的核心力成为东南亚经济发展模式的弊病。即便是"亚洲四小龙"之一的韩国,也出现了"经济政策失误,经济结构调整不力,对外贸易长期赤字,社会发展滞后于经济发展,大企业盲目扩大投资"的现象。①

第二,政府过度干预引发市场发展动力缺失。市场发展有其自身不可逾越的发展规律,政府在国家宏观经济导向的失位也意味着在经济发展微观领域的过多干预。在东南亚经济发展模式中,这种过度干预后果主要表现在:其一,资本积聚的非效率导向;其二,金融市场监管体系缺位。基于前者,资本的非理性积聚加剧资产泡沫化程度;基于后者,国家政府丧失了对金融风险基础的抵御与防范能力。对比而言,同期欧美国家虽然也在奉行自由金融市场体制,但是体制背后是庞杂的金融监管系统,而东南亚国家的金融监管部门与监管立法呈普遍缺位的态势,经济正常的幻想时期丧失制度发展的理性。

除此之外,亚洲金融危机引发因素还有文化传统与工业化基础薄弱等。对市场竞争、公司管理、技术创新等与亚洲传统文化存在隔阂乃至冲突的工业化理念的理解还需要较长时间。综上所述,亚洲金融危机从表现形式来看仍是自身原因占主导,国际因素为辅助的复合性经济危机。

(四)法律成因:监管体系缺失与风险防范能力不足

20世纪30年代,东南亚国家法律制度体系普遍停留于传统法律时代,对经济市场化与金融化发展缺少必要的前瞻性法律建构。在金融市场的建立与成熟运转中,以货币、汇率为代表的调控工具对国家金融市场秩序乃至经济秩序的稳定至关重要。必要的金融市场基础设施的建设是保障国家经济可持续发展的关键条件。反观东南亚国家普遍存在重经济效果、轻风险预防的特征,经济市场与法律制度的发展不协调为市场风险的生成提供制

① 金明善、张东明:《韩国金融危机探讨》,《当代亚太》2001年第1期,第32页。

度环境。更重要的是,在较为激进的经济发展环境下,权力的作用导向更多集中于短期经济效益指标的追逐,原有较为薄弱的金融市场监管机构既难以对金融市场体系的发展风险作出预判,更难以在危机面前具备充分的宏观调控能力。行政监管能力缺失使得东南亚国家不具备有效防范与应对金融市场风险的能力。除此之外,区域间监管与法律合作的缺位也是造成金融风险区域性蔓延的重要原因。东南亚国家间的地缘优势并未对区域金融体系稳定的提升产生助益,反而因经济风险与法律制度的趋同性而促成风险蔓延。

三、亚洲金融危机的演进

亚洲金融危机从 1997 年 7 月开始到 1998 年底、1999 年初硝烟散尽,前后经历不到两年的时间。但是,正是这两年将亚洲部分国家 40 余年的工业化进展几乎归零,亚洲经济发展遭受史无前例的重创。亚洲金融危机从爆发到深化,再到尾声,其影响力从一国迅速扩散到整个亚洲,并对世界金融市场发展产生影响。

(一)危机的爆发:从泰国到整个亚洲

1997 年 7 月 2 日,泰国宣布将本国汇率制度由固定汇率制调整至浮动汇率制,亚洲金融风暴由此拉开序幕。如前所述,泰国在吸引外资的背景下大力推行金融自由化改革,固定汇率制正是通过将泰铢与美元挂钩,通过政府信用担保国内海外借款。作为一种制度选择固定汇率制从本质而言有利于国际经济局势的稳定,客观上也促进了海外资本涌向泰国市场。但是,固定汇率制对实施国政府也提出了保持收支平衡、应对通货膨胀等体系性难题,而这些难题恰巧被当时的泰国政府所忽略,或者说,这些问题的发生已经不在泰国政府的掌控中。在国际短期资本的冲击下,泰国经济秉持的放任自由主义遭到毁灭性打击:外汇市场大量做空泰铢,使泰国外汇储备不断缩水。面对这一窘境,泰国政府没有选择也无法选择通过消耗美元储备实现外汇收支平衡,调整汇率制度成为一种必然。相比而言,浮动汇率制更趋市场化特征,战后国际经济复苏中得到多国青睐。但是,浮动汇率制的实施不但没有挽回市场信心,反而成为金融危机爆发的导火索。仅一个月时间,汇率战争就从泰国一国牵连马来西亚、菲律宾、印度尼西亚等国,迅猛的国际游资势力使得多国开启"货币保卫战"。但是,东南亚国家外强中干的经济发展特征使政府在危机面前丧失卓有成效的调控能力。

在东南亚国家危机爆发之后,东亚国家与地区也遭受着同样的经济冲击。1997年10月,仍然沉浸在庆祝回归氛围的中国香港遭遇国际游资侵袭。中国香港在经历了1996年股市与楼市的全线飘红之后,资产膨胀率与经济虚拟化程度较为严重,在同样实施联系汇率制的前提下,国际游资的冲击使中国香港股市大跌。除此之外,韩国与日本也因东南亚金融风暴的冲击而面临经济发展的窘境。虽然国际货币基金组织的救援使韩国暂时度过危机,但是在亚洲经济衰退的大势之下使韩国面临货币贬值、公司破产与裁员等多重困境。

(二)危机的发展:救助博弈

亚洲金融危机发生之后,泰国、印度尼西亚、韩国等国先后向国际货币基金组织请求援助,国际货币基金组织与世界银行同时成为全球两大金融机构,其作为技术与资金提供方,在多次经济危机中扮演重要的政策协调与救助角色。面对亚洲金融风暴急速发展的趋势,国际货币基金组织迅速做出多轮针对性救援,其中针对韩国的580亿美元救助计划造就国际货币基金组织成立以来金额最大的一次援助计划。因此,从形式上看,国际货币基金组织对亚洲金融风暴的蔓延起到一定的遏止作用,但是实质上看,救助中的条件博弈与国际货币基金组织对亚洲金融危机发展的错判反而成为危机扩大的重要原因。在救助中附条件是国际货币基金组织基于其功能定位所必然采取的协商措施,这些条件往往针对财政政策、经济机构调整与公共支出等多个方面。例如,在针对泰国的救助中,国际货币基金组织要求泰国政府完善金融监督与立法改革;在针对韩国的救助中,国际货币基金组织要求韩国政府在紧缩性财政政策之下提升金融与市场开放程度,有效限制政府对市场的干预。由此可以看出,国际货币基金组织的救助思路仍然在于通过紧缩财政实现政府收支平衡,并帮助救助国实现更大程度的金融开放,但是这些举措却引发了一系列连锁反应。

从救助效果来看,国际货币基金组织的救助并未停止救助国的经济衰退,反而引发更严重的社会问题。一方面,亚洲金融危机的发生与拉美等国经济危机的发生的背景相同,亚洲国家从经济表现上稍强于拉美国家,因此,在政府收支平衡的压力之下,财政紧缩不仅不利于危机缓和,反而会加剧国内经济萧条。换言之,此时亚洲国家更需要的是实体经济振兴,而非是单纯的经济紧缩。另一方面,亚洲国家经济发展中表现出较强的国家干预色彩,通过救助促进政府权力退出与市场开放势必引发社会动荡。例如,在对印度尼西亚的救助中,国际货币基金组织救助中有关提高燃油与交通费价格的规定就引发印度尼西亚当地多起动乱,而舆论普遍认为印度尼西亚政权的更替也与国际货币基金组织救助政策的"水土不服"有关。再如,韩国在接受国际货币基金组织救助中实际上让渡了一定程度的经济自主权,而过于直接的自由化与开放化对一直以国有资本为主导的韩国经济社会产生剧烈动荡。传统市场经济危机救助思路在亚洲市场遭遇滑铁卢,国家货币基金组织不得不承认其在亚洲金融危机中扮演着推波助澜的角色。①

---

① 2010 年国际货币基金组织(IMF)总裁多米尼柯·施特拉斯·卡恩(Dominique Strauss-Kahn)接受媒体采访时指出,"国际货币基金组织当年在处理亚洲金融风暴对策上存有'过错',加剧了亚洲国家的民生痛苦"。刘洪:《IMF 坦承当年处理亚洲金融风暴对策存过错》,新浪网,https://news.sina.com.cn/w/2010-07-12/151020660724.shtml。

(三)危机的尾声:国际游资抵御战

经过危机在亚洲的整体性蔓延以及国际货币基金组织的多轮救助后,亚洲金融危机的后期发展表现为国际游资势力的退场与亚洲金融危机世界影响的凸显。

在亚洲金融危机的过程中,国际游资势力扮演着重要的角色,面对短期资本的冲击,东南亚国家外汇体系的风险防范功能消失殆尽。而到危机发展的后期,国际游资势力对中国香港资本市场的冲击成为危机走向尾声的标志。"纯粹从经济基础来说,乍看上去,香港本不应该成为亚洲危机的受害者"[1],中国香港经济的发展具备较为扎实的经济基础,但是与此同时,房地产与股市的巨大泡沫也成为其发展的软肋。与泰国固定汇率制度不同的是,中国香港虽然也实行效果类似的联系汇率制度,但是香港特区政府建立了较为系统的汇率管控与调整机制。因此,在面对国际游资势力的侵袭之时,对比泰国的溃败,中国香港金融管理局凭借自身的外汇储备进行了有效的应对。

在亚洲金融危机的末端,与世界金融市场发展联系较深刻的事件莫过于日元的贬值与俄罗斯国内金融危机的爆发。日本作为当时亚洲经济的龙头,因与亚洲市场的紧密关联而产生危机传导效应。日本国内的经济泡沫也对亚洲金融危机的形成具有先导效应,而在此次亚洲金融危机中,受制于亚洲地区广泛的产业投资,日本经济尤其是银行业面临着较为严重的危机,二者相互作用使得危机在亚洲地区深化发展。有学者研究指出:"亚洲危机突出地显示了日元同美元的不稳定关系对亚洲贸易、金融,最后对整个实体经济的不利影响。"[2]除此之外,同期俄罗斯金融危机的爆发也被视为亚洲金融危机的衍生品之一。一方面,俄罗斯与韩国经济交往密切,韩国国内金融危机的发生使得俄罗斯的韩国资方回笼,而在国家金融市场普遍看低的前

---

[1] 沈联涛:《十年轮回:从亚洲到全球的金融危机》,杨宇光、刘敬国译,上海远东出版社,2016,第220页。

[2] 沈联涛:《十年轮回:从亚洲到全球的金融危机》,杨宇光、刘敬国译,上海远东出版社,2016,第65页。

提下,俄罗斯自身经济发展也存在着诸多制度性瓶颈;另一方面,俄罗斯也遭受国际游资实力的袭扰,俄罗斯同期面临着巨大的政治与经济危机。

综上所述,从演进过程来看,亚洲金融危机表现出以下特征:第一,由点及面,在亚洲范围急速扩散。亚洲金融危机从泰国始发到亚洲危机形成仅用了不到3个月的时间,亚洲区域经济的关联性与经济模式的趋同性加剧了危机的传染力。第二,由弱到强,发达国家遭遇危机反噬。亚洲金融危机初期波及东南亚、东亚等发展中国家,但是最终对发达国家发展和世界金融市场产生影响。其中,作为亚洲唯一发达国家的日本损失最惨重,日本与亚洲经济的高度关联使其难以从危机中全身而退。第三,由各自为战到一体思维,亚洲金融一体化进程开启。金融危机爆发之后,各个国家从各自国情出发力求自保,但是各自为战极易产生"集体非理性",在危机发生之后,亚洲范围内的一体化思路成为此次危机的重要反思之一。由此,通过亚洲金融危机进程的阐述,我们可以更清晰地理解前述背景、原因的必要性,以及对亚洲经济社会发展做出更明确、客观的诊断。

四、亚洲金融危机的治理

虽然亚洲金融危机从爆发到消退前后不过两年的时间,但是它对亚洲国家的影响远远不止于此,与此同时,亚洲金融危机治理也成为很长一段时间内亚洲国家经济发展的主要命题。具体而言,针对亚洲金融危机中凸显的亚洲国家经济基础差、防御风险能力差的现象,各国均进行了针对性的政策调试。这些调试在金融市场、政府职能以及立法等各个维度展开。

(一)金融市场体系改良与金融立法完善

作为亚洲金融危机的主战场,金融市场自然成为后危机时代治理的要点之一。在反思危机出现与蔓延中危机发生国金融系统的弱质性基础上,各国均采取金融市场体系改良与金融立法完善措施,具体包括以下三个方面：

第一，金融市场监管体系变革。金融监管体系混乱与金融监管乏力是造成亚洲金融危机衍生的重要原因。从中国香港与泰国的危机应对中不难看出，面对相类似的国际游资势力侵袭，中国香港金融管理局的应对措施显得更具成效性，而泰国金融监管部门更显得手足无措。有鉴于此，后危机时代亚洲各国均对国内金融监管体系进行完善，主要表现在促进监管集权与建设监管体系化两个方面，但在国别运行上又表现出不同的特征。例如，韩国于 1998 年成立金融监管委员会（Financial Supervisory Service），该委员会由关联政府核心部门人员组成，主要负责金融市场准入、运营与退出等各个环境的常态化监管活动，并针对亚洲金融危机治理重点负责韩国金融业的重整与发展事项。从监管特征上看，后危机时代韩国强化了金融监管部门的权力，针对金融市场衍生的复杂化确立了统一监管模式，赋予金融监管委员会审慎监管、规范运营、行政处罚等多维度权力，确保金融市场风险的有效防范。再如，"泰国政府和中央银行在 1997 年至 2001 年对金融部门进行了大规模重组"①。在金融危机发生之初，泰国主要通过成立金融重组局、企业债务重组委员会等职能部门应对国内经济社会面临的紧要问题。更深层次的金融体系变革为 2002 年金融部门整体规划委员会治下的金融系统整体变革方案。总体而言，泰国金融监管变革的导向主要是通过国际监管标准的借鉴，建构本国系统的金融立法与监管体系，并通过多轮次的债务重组逐渐消除金融危机的不良影响。

第二，金融市场机构发展指引。面对国内较为混乱的金融市场体系，危机发生国政府也进行了有针对性的部门重整，这些措施既表现在部门之间的重组，又表现在金融机构公司治理的强化。告别金融过度自由化，政府全面介入市场体系的发展成为这一时期亚洲金融危机国家治理的主体。从金

---

① 李峰：《亚洲金融危机以来泰国的金融部门改革》，《东南亚研究》2009 年第 3 期，第 11 页。

融部门重组来看。各国均重点对本国银行业体系进行有针对性的重组,例如,韩国政府一方面对一些问题金融机构进行批量式清理,另一方面又通过欧美金融市场变革模式的借鉴主导银行合并,通过政府参与下的"优胜劣汰"为市场发展主动构建环境载体。无独有偶,泰国也在金融危机的现实影响之下关闭大批金融机构。在清理之外,韩国与泰国均重视对现有市场主体的扶持:韩国"通过储蓄保险公司和资产管理公司向金融机构注入公共资金"①;而泰国则通过金融机构发展基金的设立为国内存款提供担保,以期达到市场稳定的愿景。其次,从金融公司治理来看,各国不仅重视市场主体的外部扶持,更加重视现代公司治理结构的制度渗入。从改善公司治理结构的角度出发,亚洲国家主要针对信息披露、关联交易、高管责任等重点问题环节进行专项整治。例如,韩国于1999年正式引入外部董事与外部审计委员会制度,而泰国也在危机之后强化金融机构职员的持股比例要求,以变革金融部门与企业之间不合理的关联交易。② 由表及里,后危机时代亚洲国家已逐渐重视金融市场体系稳定与金融部门规范运营的重要性。

第三,金融市场立法强化。以法律形式强化金融监管职能,规范市场主体规范运行成为亚洲金融危机治理的必然路径。危机发生后的几年内,修法成为亚洲国家经济发展中的高频词汇。泰国先后推出《金融机构法》《存款保险法》,修订《泰国银行法》从金融机构准入、运营监管退出的各个环节确保全时法律保障。韩国则修订《破产法》,而后颁布《金融控股公司法》,兑现国际货币基金组织关于债务重组、市场开放的救助条件。中国香港通过银行条例的修订,"实施'会计安排'和'中央即时支付结算系统'(RTGS)

---

① 彭兴韵、江松霖:《亚洲金融危机国家十年来的金融发展》,《世界经济与政治》2007年第11期,第74页

② 彭兴韵、江松霖:《亚洲金融危机国家十年来的金融发展》,《世界经济与政治》2007年第11期,第72-80页

对稳定港元起着良好的作用"①。印度尼西亚也通过银行法律的修订,提升国内行业的开放程度。

(二)政府干预职能升级与配套制度完善

更大程度、更为有效的政府干预是亚洲金融危机治理必不可少的要素,在政府与市场关系的维度下,亚洲各国一方面重塑市场机制,另一方面也重视政府调控职能的合理化塑造,政府职能升级成为必然的选择。具体来看,亚洲国家后危机时代的政府干预表现在经济政策、财政政策、汇率政策以及配套制度完善等四个方面。

第一,经济政策调试。后危机时代,亚洲国家开启以稳定与开放为主导的经济政策调试。以泰国、菲律宾、韩国为代表的亚洲国家纷纷放宽对外部资本的准入限制,市场的开放与自由度的提升一方面是为了迎合经济全球化趋势,通过国际资本涌入寻求经济复苏;另一方面也是为了迎合世界货币基金组织的救助条件。无论是被动开放还是主动开放,放宽外资限制在危机发生后的几年内确实可以为国家经济发展提供一定的资金与技术保障。此外,面对外向型经济模式的后发劣势,亚洲国家也注意到产业结构失衡、经济抗风险能力低等问题的诊治,一方面重视优势产业的复兴,另一方面也重视中小企业的扶持。确定长远、稳定的经济目标,加速国家经济结构重组是确保经济发展可持续的前提条件。

第二,财政政策紧缩。紧缩财政政策是应对金融危机、回拨政府收支的常规调控工具。"在削减预算支出方面,菲律宾决定削减25%,马来西亚削减18%,泰国削减20%,各国因此而停建和缓建了一批大型基础设施和其他项目。"②在大型基础性开支之外,仍有国家精打细算,在政府人员开支层面

---

① 韩秀云、王辉、吴栋:《东南亚金融危机与香港》,《清华大学学报(哲学社会科学版)》1997年第4期,第51页。

② 杜方利:《东亚发展模式与东亚金融危机》,《世界经济》1999年第2期,第56页。

做足文章。例如,韩国政府曾制定《克服经济难局对策》,其中要求政府机关与公职人员节俭开支,号召全体国民杜绝浪费、节约外汇,韩国长久以来的国民性传统在金融危机治理中得到体现。但是正如前文所述,这种紧缩财政政策的实施在有助于实现政府收支的账面平衡的同时,也容易滋生社会问题。

第三,汇率制度改革。亚洲金融危机始于东南亚国家不合理的汇率制度设计,汇率制度的变革自然成为后危机时代的治理主角。一方面,大部分国家开始放弃原有的固定汇率制,采取更市场化的浮动汇率制度,即便实施固定汇率的国家也建立起较为完善的管控制度;另一方面,东南亚各国加强外汇管制,重视本国外汇管理制度的完善以应对不期而至的外汇冲击。

第四,配套改革制度完善。除宏观经济层面改革外,政府职能的发挥仍应重视配套制度的完善。亚洲金融危机的发生不仅对亚洲各国政府职能定位提出新的思考,并且对部分国家与地区的政权更迭产生影响。毋庸置疑,经济发展离不开稳定的政治环境,在亚洲国家政权基本稳定之后,政府职能升级的配套制度完善仍应得到重视。以韩国为例,危机发生后韩国政府重视公共部门改革与企业财团改革:基于前者,韩国政府"重新确定政府的作用并改进公共管理机构的效率,核心是政府结构与绩效的灵活性和透明性,以创造性和竞争性替代官僚思维"[1];基于后者,有效清除过剩生产力,释放市场发展活力。

(三)亚洲金融危机中的中国

亚洲金融危机中,中国一直作为一种特殊主体在危机发生中扮演着重要角色,并在危机发生后迎来新一轮跨越式增长。就经济发展模式而言,中国在金融危机发展之前也较为依赖对外贸易,这一点与其他亚洲国家的发

---

[1] 王春法:《金融危机以来的韩国四大经济改革措施及其经济复兴》,《世界经济》2001 年第 5 期,第 53 页。

展模式趋同。但是,中国模式的不同之处表现在:首先,宏观规划长远。中国经济在认清自身问题的前提下努力实施经济转型,并且与东南亚国家不同,中国制造业的层次性、对外贸易的多元性为中国经济发展留有更多的余地与退路。其次,虽然中国的经济发展也吸引诸多外资,但是在金融市场的严管控尤其是存贷利率的管控之下,中国市场的高投资率以较强的储蓄率为保障,这也就决定了外部资本并不能在经济发展中占据主导地位,经济发展仍然建立在自主之上。最后,中国经济市场发展呈现出较为审慎的态度。亚洲金融危机发展之际,中国尚未成为世界贸易组织的成员国,这也就决定了中国尚未真正融入经济全球化进程。与此同时,我国金融市场部门表现出强烈的国有导向,政府对金融部门发展的直接介入确保了市场稳定以及货币政策的有效实施。因此,虽然中国与其他亚洲国家存在地理与人文的趋同性,但是在政府职能有效发挥的前提下,中国经济确实走出了一条不同于其他亚洲国家的特色道路。

亚洲金融危机爆发之后,除对中国香港、中国台湾等影响较大之外,“全身而退”与“经济腾飞”是世界舆论对危机中中国角色的高频词汇。客观而言,在经济全球化发展之下,受到国际贸易与投资市场的大环境影响,我国经济发展必然会受到影响,“1997 年东南亚金融危机爆发之后,中国经济增速连续两年下滑,然后企稳回升,经历了 21 世纪初将近十年的平稳增长期”[1],“亚洲金融危机对中国经济的冲击,与危机前外部需求对中国经济增长的拉动是分不开的”[2]。但是,从危机角度而言,我国并未发生像泰国、韩国、印度尼西亚等危机发生国一般的剧烈经济衰退。究其原因,主要存在以下三个方面的解释:

其一,政府职能的统筹发挥。与其他亚洲国家相类似,中国经济的发展

① 李成、刘生福:《外部冲击对我国经济的影响加剧了吗——基于亚洲金融危机和次贷危机后经济波动的比较》,《经济学家》2013 年第 1 期,第 30 页。
② 王一鸣:《改革开放以来我国宏观经济政策的演进与创新》,《管理世界》2018 年第 3 期,第 4 页。

也表现出较强的政府干预属性,但是与其他国家不同之处在于中国经济发展中的政府职能发挥具有更强的市场与稳定导向。从市场导向来看,在中国政府的主导之下,中国正在经历有条不紊的经济转型期,企业股份制改造、国企改革、资本市场建设等措施的实施旨在为市场发展注入制度活力。这些自上而下的布控反映着中国政府注意到经济发展建设中的关键环节。除此之外,从计划经济转向市场经济,中国政府对金融市场的发展一直秉持高度审慎的态度,国家外汇管制与金融市场管制政策相对较严。虽然这在整体性将中国金融市场与世界金融发展相分离,但是在客观上有利于保证为经济发展提供平稳的资本市场保证。

其二,经济发展的实体导向。虽然中国与其他亚洲国家一样接受了诸多海外产业投资,但是国外资本的导向多在于推动中国工业现代化进程。在政府的严格把控之下,一方面,中国产业结构层次较为丰富;另一方面,在虚拟经济与实体经济的二分中,中国仍然坚持实体振兴路线。由此,从亚洲金融危机发生的角度来看,中国并没有给国际游资势力可乘之机。客观而言,虽然我国以牺牲金融效率换取金融市场稳定,但是这在客观上保证了我国经济运行的平稳,更为重要的是,中国在广泛吸引外资之时并未丧失经济发展的主导权。此外,从经济方面探讨中国能在此次金融危机中未遭受实质性打击的重要原因在于中国经济的"软着陆"。与亚洲其他国家相类似,危机前中国经济也经历了较为快速的增长期,但是不同于东南亚国家资产膨胀与失业率提升,中国经济通过有力的财政政策确保各项经济指标保持在合理范畴之内,在降低 M2 与 CPI 的同时,有效维持 GDP 的平稳增速。经济"软着陆"的实现为夯实经济基础提供有效保障。

其三,对外开放程度。虽然中国的改革开放大幕于 1978 年开启,但是中国市场的对外开放存在较为清晰的层次性。一方面,中国政府出于对世界形势的准确判断,实施较为合理的外汇政策,确保人民币币值稳定;另一方面,金融市场的高度统筹也为国家经济发展提供有效保障。但是,在经济全球化发展大势之下,中国政府的态度仍然是迎接全球市场,尤其是此次金融危机之后,中国政府开始实质化推进"入世"进程。更加高水平的对外开放有利于中国经济的可持续发展。

五、亚洲金融危机的经验教训

亚洲金融危机的发生对20世纪90年代亚洲国家的经济发展造成了巨大的打击。但是,从另外一个侧面看,亚洲金融危机也为亚洲国家单一的外向型经济发展模式敲响了警钟。亚洲金融危机的发生使亚洲国家陷入经济发展可持续的思考中,无论是东亚模式还是东南亚模式,抑或是在危机中未遭受实质性打击的中国模式,亚洲经济仍需在经济全球化中思考如何在机遇与挑战、效率与公平、发展与风险之间寻求平衡。从本质上讲,危机受灾国潜在的虚拟经济导向与这些国家最初的实体振兴导向相背离,过于重视虚拟经济层面的短线运作最终使得国家产业结构失衡。因此,立足于虚拟经济与实体经济的二元结构,我们认为应当从以下三个方面对亚洲金融危机的发生进行深刻反思。

(一)市场维度:金融深化过度的风险抵御

亚洲金融危机在多国爆发的共同点在于亚洲国家普遍存在的金融过度深化与金融部门监管缺位。在金融市场短期逐利导向之下,亚洲多国成为国家资本投资广阔的蓝海,而这些国家短期内的经济腾飞也为投资者带来丰厚的回报。但是,过度仰仗金融投资也为亚洲国家带来了资产泡沫、通货膨胀等现实问题,缺乏实体经济支撑的虚拟经济潜在巨大的发展风险。而在国际游资势力面前,金融监管体系的缺乏又使得市场风险肆意蔓延,牺牲了金融市场的安全与稳定。综合而言,亚洲多国对内缺乏有效的金融监管,对外又未能基于国际形势的正确判断进而形成合理化的外汇管制政策。在资本的短时效应之下,国家实体经济面临蚕食风险。需要指出的是,金融深化过度不仅应当引起东南亚国家的重视,位列"亚洲四小龙"的中国香港、韩国与中国台湾同样面临着金融过度深化的风险。以中国香港为例,金融危机发生前香港楼市与股市的迅速膨胀实际上已经为危机的发生敲响警钟,应当警惕虚拟经济过度发展的风险蔓延。

客观而言,金融市场在国民经济发展体系中具有显著的功能性作用,它为经济发展提供资金渠道,注入发展活力。由此,就功能属性而言,以金融市场为代表的虚拟经济应当重视其辅助性功能的发挥。但是,仍应重视的问题在于,金融市场的短期逐利特征在金融衍生市场的主力之下极易产生虚假繁荣现象。进言之,在金融资本的助推之下,一个行业可以在短期内取得不错的经济数据,但是这个行业的发展合理性、空间局限性与时间阶段性又使得行业的发展并不能长期保持高回报率。由此,在长期合理规划与短期资本逐利的矛盾之下极易产生投机行为,更有甚者会对行业生态产生破坏,并造成社会资源的浪费。因此,有效发挥虚拟经济的作用一方面需要强化政府对市场发展的导向,有效平衡实体经济与虚拟经济的关系,另一方面还需健全金融监管机构,防止金融过度深化引发的"脱实向虚"问题。

预防金融过度深化的风险问题应当立足于金融市场发展的全过程监控。需要指出的是,这种监控并非政府对市场发展的不合理介入,而是在安全与稳定导向之下的必要干预。首先,针对虚拟经济发展中存在的"脱实向虚"现象,各国政府应当重视建立金融风险预警机制,通过市场评估有效掌握市场动态,并对风险的生成做出充分预判。其次,通过金融监管体系的完善,针对金融市场机构进行全时监管。金融监管应当根据市场混业经营的特征进行分业监管向功能监管变革,以防范风险生成为前提要件,有效解决市场问题。此外,仍应重视对不良债务、市场集中度提升等现实问题的解决,做好存量与增量问题的应对。最后,各国仍应建立金融风险应急处理机制,即便出现未能预见与防范的金融风险,应当在短期之内形成应急处理预案,通过内部资源协调与外部监管合作控制风险的传导与蔓延。

（二）国际维度：经济全球化下的安全理念

亚洲金融危机的发生表现出发展中国家在经济全球化进程中作为产业外移接收国所处的被动发展局面。此次金融危机受灾国均出现不同程度的依赖外部投资问题，如果国家经济的发展过度仰仗外部投资，势必会因外部环境的变化而产生反噬效应。由此，亚洲国家应当正视经济全球化进程中的利与弊，即经济全球化可以为亚洲国家发展提供市场机遇，但是其潜在的安全风险仍需多位应对。树立经济全球化下的安全理念，确保经济安全、金融安全与主权安全是亚洲金融危机的重要启示之一。

"一个国家的金融体系是否脆弱，关键要看它的掌控水平高低和抵御外部冲击能力的大小"[1]，经济全球化之下的首要安全在于有效管控资本市场与金融市场的开放。从亚洲金融危机来看，资本市场的不合理管控与过度自由化是造成危机的主要原因，而在国际货币基金组织与多国达成的放开资本市场条件也在救助国内部造成不同程度的社会抵触。由此看来，资本市场的放开应当是循序渐进的，而非一日之功。从效用上看，资本市场的开放有利于为经济发展提供资金保障，但是仍应注意其背后的安全风险。外部资本无节制地进入国内市场潜在资产泡沫、投机套利等多重市场风险，金融管制政策的节制与金融监管工具的应用是确保一国金融安全的必要措施。在经济全球化之下，此次危机向世界各国表明应当尤其注意对国际游资势力的应对，不断健全金融监管体系，有效防范风险生成。

经济全球化之下的安全理念维护应落实于立法层面，通过法律确定金融安全与经济安全原则。如前所述，后危机时代亚洲国家均对国内金融监管法规进行修订升级，强化监管职能，规范金融机构运营成为政策首选。我们既不能因金融危机的发生而放弃金融市场辅助职能的发挥，也不能放任金融自由化带来的安全冲击，唯一的良策是通过政府职能发挥，在经济发展

---

[1] 张宇润：《货币的法本质》，中国检察出版社，2010，第208页。

规划与立法稳健的护航之下,持续性提升国内金融监管水平。此外,实现经济安全还应重视实质层面的安全,即夯实经济基础、优化产业结构。东南亚国家普遍因虚拟经济发展导向而忽略自身实体经济产业结构的优化与完善,预防危机发生的根本仍然在于自身经济实力与经济抗风险能力的提升,标本兼治才能重新回到亚洲经济发展的黄金年代。

(三)政府维度:政府职能与区域经济合作

"亚洲金融危机20年后的审视表明,维护金融安全,不仅要加强国际经济政策协调,更要着力于实现各国持续、包容的经济增长。"[1]在危机的治理中,东南亚各国重视政府职能的调整,通过政治、经济、社会等多维调控工具的配合逐步稀释危机影响。例如,"在这次危机中泰国政府及时出台全额存款担保、扩大金融部门注资、部分金融机构国有化等政策,对稳定存款人信心、维持金融部门正常运转,具有决定性意义"[2]。政府职能应重视内部部门间的权力协调与外部民意的有效沟通,避免因政策合理性引发更大范围的社会问题发生。此次危机中世界货币基金组织的不适当救济政策就表明亚洲国家发展状况与其他大洲发展的本质不同正是在于政治与社会层面不同的价值形态。亚洲国家的经济实力与发展基础较之屡受救助的拉丁国家更强,因此,如果在救助过程中施以较为距离的救助条件,忽视亚洲国家的经济发展传统势必会造成水土不服,韩国与印度尼西亚的救济案例即是明证。由此,在未来的经济发展中,尤其是在市场开放过程中,亚洲国家政府应扮演更加强势的角色。

诚然,在此次金融危机的治理中,政府与金融机构成为危机损害的最终承受者,部分国家还因危机发生而造成政权更迭。从历史传统而言,虽然亚

洲国家一直存在广泛的经济联系,但是区域经济合作与金融合作相对于欧洲市场仍处于起步阶段。虽然亚洲金融危机的发生对亚洲国家经济实力造成了减损,但是它也为亚洲国家反思经济一体化进程提供了机遇。从东盟一体化到亚洲一体化,亚洲经济的广泛关联为经济的协同发展提供了契机。伴随金融危机后亚洲国家的经济复兴,亚洲经济体间贸易依存度不断提升。无论亚洲是否能成立像欧盟一样的一体化实体,金融危机的发生至少为亚洲金融安全风险防范的政策协同提供了新思路。

第三章　次级贷款危机

——2008 年全球经济危机

　　在 20 世纪 30 年代资本主义世界经济危机之后,虽然区域性经济危机发生较为频繁,拉美、亚洲各国均在不同时期出现不同程度的经济衰退,第二次世界大战的洗礼使得资本主义世界市场的发展重新洗牌,但是世界性的经济危机在"大萧条"之后并未在 20 世纪再次出现。"在 21 世纪的头 10 年中,美国处于变革的进程中,人们也面临着越来越大的压力"[1],一场名为"次贷危机"(Subprime Mortgage Crisis)的经济危机从美国爆发并席卷全球,经济危机的周期性规律又为世界经济发展给予深刻教训。与"大萧条"相同,此次危机的爆发始于美国,虚拟经济市场的风险积聚最终对实体经济的发展产生掣肘,在经济全球化更广泛的今天,全球性经济衰退不可避免地发生。"创新超越了私人和公共部门监管风险的能力或意愿。资产泡沫滋养了整个体系,直到 2008 年秋季市场崩盘。"[2]时至今日,虽然次贷危机已过十余年,但是对部分国家而言,它的影响仍未摆脱,金融危机的长期影响还引发了欧洲主权债务危机、拉美主权债务危机等关联区域性经济危机的爆发,由此,次贷危机的影响力可见一斑。

　　2008 年全球经济危机发生之后,各国政府与国际社会纷纷反思虚拟经

---

① 斯坦利·布德尔:《变化中的资本主义——美国商业发展史》,郭军译,中信出版社,2013,第 354 页。

② Michael S. Barr, "The Financial Crisis and the Path of Reform," *Yale Journal on Regulation* 29, No. 1 (Winter 2012): 91-120.

济发展中的风险应对,以金融部门为代表的虚拟经济立法理念呈现出多元变化。"过去 20 年的监管方式,在很大程度上依赖于私人部门的自我保护,帮助催生了金融领域的一系列创新和积极发展,但最终未能催生出更具弹性的金融市场。"①在经济与法律的发展博弈之间,效率与利益逐步让位于稳定与公平,宏观审慎监管在国家社会与各国政府的立法变迁中得到充分认可。世界范围内金融消费者保护、金融民主思潮的兴起或许证成世界正在向诺贝尔经济学家罗伯特·席勒构想的"好的社会"发展。本章立足次贷危机的发展史实,梳理 2008 年全球金融危机的背景、原因与演进过程,在虚拟经济有限发展法学理论的指引下分析政府与市场、经济与法律、虚拟经济与实体经济等多元比较范畴之间,次贷危机引发的思考与教训。

一、次级贷款危机的背景

次级贷款危机发生之前,美国经济社会经历了房地产泡沫的积聚期。在新自由主义思潮的影响下,美国政策经历了由严格向宽松的转变,市场自由空间的赋予为虚拟经济部门风险的发生埋下伏笔。"当人们普遍从经济衰退的恐慌中解脱出来时,在需求方面可能会产生一轮迅猛的增长"②,而虚拟经济与实体经济的分裂式发展也成为第二次世界大战后美国经济发展愈发突出的特点,这一点从美国民众与华尔街的对立中尤为明显地表现了出来。除此之外,以美国为先导的世界性经济危机频繁爆发也在某种程度上印证了经济周期理论,金融风险系统性的生成也成为解释本次全球经济危机发生的一个有力注脚。

---

① Brian J. M. Quinn, "The Failure of Private Ordering and the Financial Crisis of 2008," *New York University Journal of Law & Business* 5, No.2 (Summer 2009): 549-616.

② 约翰·肯尼斯·加尔布雷斯:《美国资本主义抗衡力量的概念》,王肖竹译,华夏出版社,2008,第 197 页。

（一）美国虚拟经济部门的快速发展

"二战以后至今,美国制造业的 GDP 占比下降一半以上,而金融与房地产占比已经超过制造业。"[1]以房地产与金融为代表的虚拟经济部门的快速发展成为次贷危机前美国经济社会发展的显著特征。如前所述,"大萧条"危机之后,罗斯福政府通过颁布《格拉斯-斯蒂格尔法案》实现银行与证券的分业经营,避免金融市场之间的风险传统引发政府不可控的市场危机爆发。但是,"政府换届或政权更迭有可能导致某些金融方案被彻底废止,或者止步不前"[2],凯恩斯主义下的国家干预政策并未在 20 世纪末得到有效的延续。在"里根经济学"的影响下,为了摆脱较高的通货膨胀率,20 世纪 80 年代里根政府倡导减少政府干预,缩减政府开支,为美国企业发展创造自由的市场竞争环境。而作为与企业可持续发展息息相关的资本市场,里根政府则是采取了与罗斯福政府相左的经济决策,废止《格拉斯-斯蒂格尔法案》,推行金融自由化改革成为这一时期的显著特征。实际上早在里根政府之前,金融市场的变化已经悄然发生:卡特政府于 1980 年通过《存款机构放松管制和货币控制法》放宽了对存款机构市场利率的管制,利率自由化成为美国金融自由化改革的开端。而在里根政府治下,这种自由化改革更是作为一种政策导向成为 20 世纪末美国金融市场立法变革的主流。1982 年《戈恩-圣杰曼法》打破银行与证券市场的"防火墙",储蓄机构成为有利于美联储管制之外可以进行资本市场操作的独立体系。1999 年《金融服务现代化法案》(*Financial Services Modernization Act of* 1999)的通过标志着美国金融市场由分业经营回归混业经营时代,金融市场的自由发展成为必然趋势。而早先颁布实施的《1987 年公平竞争银行法》与《1989 年金融机构改革、复兴

---

[1] 刘晓欣、熊丽:《从虚拟经济视角看 GDP 创造的逻辑、路径及隐患》,《经济学家》2021 年第 9 期第 31-40 页。

[2] 罗伯特·希勒:《新金融秩序》,束宇译,中信出版社,2014,第 15 页。

和实施法案》也为美国金融市场的资产证券化衍生发展提供了便利,有效应对储蓄机构发展的多维困境,巩固了储蓄机构的市场地位。伴随银行与证券市场的资金流通,美国金融市场部门的金融风险也因投机行为的增加而不断攀升。

在金融自由化改革的此机制下,美国社会的投资浪潮不断高涨,金融市场的繁荣也在客观上助长社会民众的投资热情,而房地产作为一种高回报投资品得到美国金融界、政界与社会民众的一致青睐。在 21 世纪初——次贷危机爆发的前五年,美国房地产市场发展异常繁荣,而铸造这种繁荣的正式金融市场与政府经济政策。一方面,银行通过降低贷款人审核标准,为更多的人提供房地产投资必要的融资工具,在房地产市场繁荣的背后是其发展的高杠杆率。次级抵押贷款的出现正是针对低收入、低信用群体发放的特殊类型贷款。然而,金融机构的谋利远不止于此,以资产证券化、债权担保凭证为代表的金融衍生品交易,更是成为当时金融市场的重要卖点。信贷资产与证券资产的高度融合使得一套房产之上存在不计其数的金融衍生链条,房地产业的兴衰愈发成为经济发展的晴雨表。另一方面,美国政府在次贷危机前保持低利率政策已为金融投资领域的发展奠定政策基础,长期的低利率政策也在客观上助长了房地产业的投资繁荣。

(二)美国新自由主义经济政策

新自由主义是经济自由主义影响下,从经济思想理论最终进化为政治思想理论的典型代表。从根源而言,对政府与市场关系的命题,资本主义国家对自由主义的憧憬远远多过干预主义的希冀,正如"对立法的常见指责是国家并不创造财富,因为只有私人行为才能生产财富"[1]。"大萧条"危机过后,虽然凯恩斯主义下国家干预介入经济发展帮助罗斯福政府顺利度过了资本主义世界的首次世界性经济危机,但是自由主义思潮的根深蒂固使资

[1] 约翰・R.康芒斯:《资本主义的法律基础》,戴昕等译,华夏出版社,2009,第 299 页。

本主义国家的发展终归要回归自由主义发展道路。从古典自由主义到新自由主义,西方自由主义思潮的发展表现出自由主义与干预主义的融合,即在肯定国家干预下的自由主义政策推行。换言之,自由主义不再是古典自由主义之下的绝对放任,而是基于政府权力实施的相对自由。但是,虽然国家干预程度的表现不同,但是自由主义所倡导的市场自由竞争、个人主义与政府权力的滞后性仍是其本质特征。在"因权而兴、弄权而盛、滥权而衰"的权力逻辑之下,[1]新自由主义之下市场发展更容易引发经济危机的全面爆发。[2]

"自由也是资本的性格,也是资本主义法权关系的基本要求"[3],回顾此次次贷危机前美国经济社会发展政策的演变历程,新自由主义思潮一方面表现为金融市场的自由化改革,即通过一系列法案的出台推翻罗斯福新政时期的分业经营理念,通过金融市场混业经营的发展为经济注入更大的"数据"动力。但是,分业经营与混业经营作为金融市场发展的两种态势本身并无对错、好坏之分,无论政府选择何种发展模式,配置相应的监管措施才是更合理的发展向度。但是,在新自由主义"小政府、大市场"的倡导下,金融监管工具有监管法律规范体系的发展并未与金融市场混业经营同步。混业经营之下的金融市场风险防控失位将会在更大的范围内引发危机的积聚爆发。另一方面,新自由主义的结构性危机也容易引发社会矛盾的积聚。新自由主义的政治主张看似为民粹主义下的社会平权服务,但其本质上仍然为垄断资产阶级所服务。社会分层的积聚演化引发社会贫富差距加大,而新自由主义下的社会福利领域的权力退出也在客观上激化社会矛盾的生成。

---

① 王学军:《美国新自由主义兴衰的权力逻辑》,《红旗文稿》2017 年第 15 期,第 34-36 页。

② 大卫·科茨:《新自由主义时代的终结?——美国资本主义的危机与重构》,陈晓芳、车艳秋译,《国外理论动态》2019 年第 1 期。

③ 张宇润:《货币的法本质》,中国检察出版社,2010,第 183 页。

(三)经济全球化下的世界经济

在世界发展经历长期"冷战"之后,经济全球化逐渐得到世界各国政府的发展和认同。1997 年亚洲金融危机的爆发虽然表现出经济全球化发展进程中发展中国家的制度劣势,但是在全球化的不可逆浪潮之下,伴随贸易自由化、生产国家化、资本全球化的推动,全球化的形成使各国经济发展面临机遇与挑战并存的境地。从经济危机发生的视角来看,有两方面值得关注的因素成为危机在全球范围内急速蔓延的催化剂。

一方面,国际货币体系潜在的结构性矛盾为危机扩散埋下伏笔。在"金本位制"解体之后,国际货币体系在短期内并未形成较为统一的收支结算机制,而第二次世界大战后"布雷顿森林体系"的确立使得美元成为国际货币体系的中心。在"布雷顿森林体系"之下,国际货币管理体系与美元本位的国际汇率制度逐渐清晰,这为战后资本主义国家的经济发展与合作奠定了基础。但是,"布雷顿森林体系"并未从根本上解决资本主义国家之间的发展不均衡问题,经济实力的差距、缺乏弹性的国际汇兑机制与金汇兑制的先天矛盾使得"布雷顿森林体系"在确立之初就面临着解体的风险。伴随美国战后经济危机的周期性产生与国际政治经济形势在 20 世纪 70 年代的剧烈变革,"布雷顿森林体系"最终因美元贬值、国际黄金储备下降、贸易保护主义抬头等多元因素影响而解体。在"布雷顿森林体系"解体之后,1976 年国际货币基金组织主导下《牙买加协议》《IMF 协定第二修正案》的签订为国际社会确立新的"牙买加体系"。虽然在"牙买加体系"之下,国际储备日趋多元化,浮动汇率的合法化地位得到认可,但是国际货币体系仍然处于美元主导之下。换言之,美国经济社会的发展状况对全球经济社会的发展具有巨大的影响力。

另一方面,国际金融监管体系并未重视金融市场风险生成的系统性。放眼国际,巴塞尔银行监管委员会(以下简称"巴塞尔委员会")是具有国际权威的国际银行业监管协调机构,虽然巴塞尔委员会本身并不具有法定效力,但巴塞尔委员会国际性监管指引的陆续出台反映出国际金融监管体系的变革趋势。在此次危机发生之前,1983 年"巴塞尔协议Ⅰ"将国际金融监管体系的首要核心确立为资本充足监管,即商业银行的运营应当建立在充足资本之上;此后 2004 年出台的"巴塞尔协议Ⅱ"更是将国际资本监管规则丰富为最低资本、资本充足与信息披露三大支柱。实际上,从巴塞尔协议的更迭中不难发现,国际社会业已重视到金融业风险演变中的新变化,强调在传统资本充足之外,政府监管职能的有效发挥。但是,"巴塞尔协议Ⅱ"也存在"资本监管要求不充分、风险类型覆盖不全面、资本规则具有亲经济周期性"等现实困境。[①] 因此,国际监管体系的演变仍未从根本上重视金融市场风险演变的系统性,次贷危机的发生使原有国际规则面临挑战。

二、次级贷款危机的成因

关于次贷危机成因的研究并未像"大萧条"一般形成多元化结论,经济学、政治学与法学理论的日趋成熟使得对危机原因的解读立足于政府与市场、法律与经济、社会与发展等关联范畴之下。次贷危机的发生并不只是金融市场失灵引发的经济社会连锁震荡,其背后存在着美国与世界经济发展的多元因素。从根源上看,次贷危机的发生原因是美国高度衍生房地产金融市场的泡沫破裂,而从其本质来看,却是金融监管失位与国际货币体系的缺陷导致危机在短时间内蔓延全球。除此之外,美国社会长期存在的社会分配不均、弱势群体保护不足也引发金融危机在更大的范围内扩散为社会危机。因此,政治、经济、法律与社会等多方面的原因交织使得次贷危机成为迄今为止影响力较大的全球性经济波动。

---

① 宿营:《后危机时代国际金融监管理念的变革》,武汉大学博士论文,2011。

（一）经济原因：虚拟经济膨胀引发经济社会危机

2008 年,全球经济衰退的主因源于美国虚拟经济部门的过度膨胀,尤以房地产和金融业为代表。金融市场的高度衍生化发展在助长经济社会投资的同时,也引发资产泡沫的膨胀。具体来看,是多方主体的共同作用导致了房地产领域的泡沫增长:

其一,美国住房抵押贷款机构的信贷门槛低。房地美((Freddie Mac)和房利美(Fannie Mae)是次贷危机期间两家曝光率较高的住房抵押贷款机构。从早期的政府注资到后期的私有化经营,房地美和房利美作为美国房地产市场规模较大的住房抵押贷款机构在日常经营之外,也肩负诸多社会公共目标。社会责任的赋予也使房地美和房利美享受诸多政府管制的宽松政策,而美国政府的隐性担保无疑是其市场运作的最佳背书,低廉的融资成本是其在市场得天独厚的竞争优势。一方面,房地美和房利美在贷款一端通过较低的门槛限制,在美国政府刺激房产投资的热潮之下,发放大量次级抵押贷款。换言之,原本在正规体系之内无法顺利获得贷款的群体因投资热潮的到来享受贷款的期待利益。另一方面,房地美和房利美在金融市场的利益导向下也成为信贷资产衍生工具的推动者,巨大的贷款资产体量成为其进行资本市场运作,谋求更大利益的基础,较为宽松的监管政策也为其最大化谋利提供了便利。在信贷端与投资端的双重激励之下,房地产市场的投机行为不断加剧,住房抵押贷款机构的公共目标逐渐被市场逐利导向所淹没。

其二,金融衍生工具的高度泛滥。"如果没有衍生品交易市场,全球金融体系就不可能像今天这样一体化。"①金融衍生工具是在基础金融产品上,依据目标变量而形成的次级金融产品。"在虚拟经济中,借助衍生产品的金

---

① 弗兰克·J.法博齐、弗兰科·莫迪利亚尼、弗兰克·J.琼斯:《金融市场与金融机构基础》,孔爱国等译,机械工业出版社,2014,第 10 页。

融杠杆效应,股东可以数倍、数十倍地放大经营风险而只须承担有限责任"①,"它使虚拟资本的市场价值越来越看不到现实资本的影子"。② 从性质而言,金融衍生工具存在的动因是在实现降低交易风险,寻求市场套利,但是在利益最大化的导向下金融衍生工具的过度泛滥也会引发信用、流动性、法律等多重风险的叠加。在次贷危机中提及较多的金融衍生工具为资产证券化与担保债务凭证,两者均是通过对房地产基础信贷资产的衍生,借助证券化流通寻求远期交易利益。"数百年的投资银行业历史经历了股市崩盘、大萧条、两次世界大战、几次国内衰退和国际货币危机的混乱,然而'美国制造'的抵押贷款市场在短短 6 个月的时间内,就将 5 家最著名的独立投资银行中的 3 家分拆(雷曼兄弟、美林和贝尔斯登)。"③实际上,金融衍生工具作为金融市场创新的一种表现本无可厚非,但是过度发展容易引发虚拟经济风险的叠加。正如美国联邦储备委员会前主席伯南克所指出的那样,"导致金融危机爆发的重要原因不仅仅在于房价的起落,更在于随房价变化而变化的住房抵押贷款产品及相关衍生产品的广泛使用"④。经济学学者研究显示,"每年大约 0.3% 的房屋拥有者停止了还贷,他们的房子也就丧失了抵押品赎回权……这一数字在 2006 年翻倍到 0.6%,2007 年再次翻倍"⑤。金融衍生工具与传统金融市场的单向交易风险传播不同,它加剧了风险的系统性,衍生交易设计任何一环的问题都会引发市场的系统性震荡。并且,次贷危机中作为金融衍生工具基础资产的房地产信贷本身就已经存

---

① 罗培新:《政治、法律与现实之逻辑断裂——美国金融风暴之反思》,《华东政法大学学报》2009 年第 2 期,第 119 页。

② 洪银兴:《虚拟经济及其引发金融危机的政治经济学分析》,《经济学家》2009 年第 11 期,第 7 页。

③ Eamonn K. Moran, "Wall Street Meets Main Street: Understanding the Financial Crisis," *North Carolina Banking Institute* 13, No.1 (Mar. 2009): 5-102.

④ 本·伯南克:《金融的本质:伯南克四讲美联储》,巴曙松、陈剑译,中信出版社,2014,第 61 页。

⑤ 罗伊·勒罗伊·米勒、丹尼尔·K.本杰明、道格拉斯·C.诺思:《公共问题经济学(第十七版)》,冯文成译,中国人民大学出版社,2014,第 139 页。

在巨大的泡沫风险,当贷款者因利率提升无力偿还贷款,在其之上的衍生工具势必会引发"蝴蝶效应"。并且,在次贷危机的投资浪潮中,金融衍生工具的设计远超出原有的合理性,市场短期流动性激增使投资银行不再墨守成规,急切寻求利益最大化。

其三,信用评级机构的职能失位。在金融衍生链条中,信用评级机构从形式上承担起对证券化资产的评级分类工作,但从实质上看,信用级别的赋予使得信用评级机构担负了巨大的信用评价责任。作为资本市场反映资产质量的重要信息,本应对资产级别进行客观、公允评价的信用评价级别,也因俘获、信息不充分等因素无法对金融衍生市场的发展提供有力的制度保障,而仰仗信用评级的投资者也会因此丧失资本运作的基础理性。以次级抵押贷款为基础证券的资产证券化产品的较高评级成为此次危机爆发的直接原因之一。相关信用评级监管措施的缺位也为信用评级机构的肆意发展提供了土壤。

其四,机构投资者的多重风险叠加。在次贷危机中,机构投资者作为市场投机行为的发起者在融资端与投资端均表现出逐利导向下的风险防范缺失。以投资银行为代表的机构投资者从次级抵押贷款的衍生运作出发,迎合了住房抵押贷款机构降低门槛标准后的套利需求。而资产证券化产品在市场上的有效营运更需要借助机构投资者的包装与销售。"'有限度地亏,无限度地赢',这条原则在一个由正反馈环趋势主宰的市场起作用",①无论是住房抵押贷款机构还是信用评级机构,机构投资者在危机的爆发中无疑是最积极一环。机构投资者道德风险的先天存在也导致了在次贷危机之后美国民众对华尔街金融从业群体的愤慨。金融效率与逐利的过度推崇使得机构投资者忽略了应有的信息披露与风险告知,而大型投资银行的破产也成为此次危机的直接导火索。

---

① 拉斯·特维德:《金融心理学》,周为群译,中信出版社,2013,第 207 页。

由此,以上主要原因使美国房地产领域投资与投机行为呈现虚假繁荣态势,个人债务激增、资产泡沫的破裂最终引发经济社会的整体性衰退。

(二)政治原因:经济调控不合理与资本主义经济周期

"自经济大衰退爆发以来,大家不但对全球经济体系而且对许多西方民主国家的政治体制的运行方式都不再抱有任何幻想了。"[1]在新自由主义思潮影响之下,美国政府恢复了自由放任的经济政策,房地产与金融领域的政府监管逐渐放松。金融市场的混业经营在提升资金流动性的前提下也助长了市场系统性风险。而此次次贷危机的爆发也表现在形式与实质两方面的政治缘由。

从形式上看,美国政府经济调控的错误决策引发经济市场的发展失序。"大萧条"危机之后,美国国家层面的社会福利与保障体系逐渐构建,除此之外更为重要的是美国政府将房地产作为社会公共目标实现的重要领域,并以此采取了相适应的配套经济调控措施。实际上,前述影响次贷危机的住房抵押贷款机构——房地美和房利美均处于美国政府的隐性担保之中,从二者的发展历程来看,美国政府希望通过特殊住房抵押贷款机构的设立对中低收入群体进行定向资金帮扶。1977年通过的《社区再投资法案》确立了满足中低收入群体金融信贷需求的基本方针,这一金融逻辑的运用在罗斯福新政中的农村金融领域也有过类似的尝试。就目的效果而言,美国政府的做法无可厚非,但是从实践运营而言,社会公共目标的实现夹杂过多的利益逐利导向。作为私营企业的"两房"虽然肩负社会公共目标的行使,但是在营利性压力之下,资产证券化成为化解风险、寻求套利的必要保障。并且,美国政府较为宽松的金融管制政策也为市场衍生的运行提供了便利。因此,政策运行最终的效果是,美国政府不仅没有从根本上解决中低收入群体的住房问题,反而因投机行为的广泛存在而导致社会经济的集体性衰退,

---

[1] 约瑟夫·E.斯蒂格利茨:《不平等的代价》,张子源译,机械工业出版社,2014,第107页。

个人债务的激增也使原本极不稳定中产阶级群体面临破产的巨大风险。

从实质上看,资本主义的不稳定性与经济周期规律使美国经济发展面临诸多困境。"战后美国大致发生了11次经济危机"①,美国学者研究指出,"次贷危机凸显资本主义制度的内在不稳定性,资本主义是一个定期制造无辜受害者的动态过程,他们要么丢掉就业机会,要么坐视生计受到威胁"②。次贷危机的发生从效果上看无疑让美国的大国形象受损,但是追根溯源,资本主义内在的社会分配不均、政府职能俘获等现实问题的存在终究成为全球经济发展的不稳定因素。此外,更为重要的是资本主义经济周期理论的提出也将经济危机的爆发诠释为一种难以避免的周期性灾难。

(三)法律原因:金融监管失位与政府职能不到位

"现有的监管结构为私人利益创造了强大的动机,以保护破坏稳定的监管。"③次贷危机发生之前,美国金融监管法律经历了由分业经营、严格管制向混业经营、自由竞争的转变,在金融自由化政策导向下,立法文件的更迭反映出美国政府希望通过金融市场的繁荣带动经济社会的整体进步,进而消除过高的通货膨胀率与政府财政负担。客观而言,流动性的紧缩与释放本身并无对错之分,而缺少与之相匹配的金融监管法律规范体系则是危机发生的法律溯源导向。"金融环境的变化会推动金融机构进行具有营利性的创新"④,在金融自由化导向之下,美国金融市场创新频繁,资产证券化、担保债务凭证等新兴市场衍生工具的创造远远超出对期货、期权等对一般金融衍生工具的理解。金融创新的复杂性使得金融交易链条相互交织,金融

---

① 关权、王汉儒:《战后美国经济周期演化的经济学分析——对次贷危机的另一种解释》,《世界近代史研究》第六辑,第121页。
② 南希・博索尔、弗拉西斯・福山:《后华盛顿共识:次贷危机之后的发展》,《经济社会体制比较》2011年第4期,第66页。
③ Kris James Mitchener, "Are Prudential Supervision and Regulation Pillars of Financial Stability: Evidence from the Great Depression," *The Journal of Law and Economics* 50, No.2 (May 2007):273-302.
④ 弗雷德里克・S.米什金:《货币金融学》,郑艳文、荆国勇译,中国人民大学出版社,2011,第266页。

市场风险的系统性提升,正如凯瑟琳法官指出的那样,"碎片化的节点使得金融创新面临系统性风险"①。然而,与金融系统性相对应的是美国金融监管的碎片化特征,即金融监管权分配的"条块分割"使得新型金融创新产品面临监管重叠、监管失位等多重现象,而最终产生的监管不及时将引发市场系统性风险爆发。"许多投资银行在缺乏足够监管的情况下变得具有系统重要性;对大型银行控股公司、商业银行和储蓄机构的机构监管逐步弱化,允许它们从事风险较大的活动;抵押贷款标准恶化,抵押贷款相关资产的证券化几乎没有受到监管审查;前述发展变化,导致房地产泡沫的破裂演变成一场重大的金融危机"。②对金融创新的监管不力在某种程度上也受到自由主义思潮的影响,金融市场效率优先于公平理念的确立使得金融监管体系的发展远远落后于金融创新的节奏,而对信用评级机构、机构投资者信息披露的常态化监管不严格,更是加剧了市场风险的积聚。

此外,次贷危机中法律失位的另一大表现在于政府职能失位。"大萧条"期间美国确立了美联储对美国金融市场监管与货币政策制定的权威,但是在次贷危机之前,美联储长期维持经济社会发展的低利率,这在客观上对资产泡沫的形成产生助推效应。在低息货币调控政策的影响下,社会民众接受政府释放的增加流动性信号,大量资金无度涌入房地产金融市场,在投机行为的加持之下美国经济发展可以呈现短期繁荣现象,但是长此以往,低利率政策的不可持续势必会对经济发展造成反噬。而次贷危机的发生正是美国利率政策的上涨引发个人债务激增,信贷市场违约率提升,进而引发市场危机的连锁反应。在投机蔓延的金融市场,美国政府并未发挥应有的金融稳定职能。

---

① Kathryn Judge, "Fragmentation Nodes: a Study in Financial Innovation, Complexity, and Systemic Risk," *Stanford Law Review* 64, No.3 (Mar. 2012):658.

② Brooksley Born, "Deregulation: A Major Cause of the Financial Crisis," *Harvard Law & Policy Review* 5, No.2 (Summer 2011):231-244.

（四）社会原因：超前消费理念助长危机发生

次贷危机的发展并非政府无度放任市场自由的结果，房地产泡沫的爆发与政府力推的房地产市场发展政策息息相关。1977 年《社区再投资法案》以扶持弱势群体为禀赋，赋予受监管机构对中低收入群体信贷需求的满足。从颁布实施到次贷危机前夕，《社区再投资法案》经过数次修改，包括增强住房抵押贷款的流动性动议、信息披露与考核指标激励等。从效果上看，修改后的《社区再投资法案》表现出美国政府对房地产市场发展的信心，也希望借此实现平等、自由等多元价值目标。但是，《社区再投资法案》虽然有效解决了中低收入群体的金融信贷排斥，但是整个体系的运行面临巨额的成本，当住房抵押贷款结构寻求通过资产证券化提升流动性之时，风险的积聚成为一种必然。更加值得关注的是，在政府法案的推动之下，美国民众的超前消费理念成为影响次贷危机进程的重要的原因。

"简单的金融创新不仅把更多的'大件'带进普通美国家庭，而且也降低了高收入跟中低收入家庭的差别，使那些'大件'不再是富人独有的。"[1]实际上，次级抵押贷款的出现本身就是一种超前消费理念的实践。从银行放贷角度而言，如果严格依照贷款登记划分，次级抵押贷款不应成为市场发展的主力军。但是，政府的激励政策与投资银行证券化的引诱使得次级抵押贷款成为市场发展的红海。此外，"储蓄少、贷款多"一直是美国社会超前消费的特征表达。虽然超前消费一定程度上反映出美国民众对个人与社会经济发展的良好态势，但是从另一个层面来看，超前消费也容易产生风险的杠杆叠加，尤其对房地产这种大规模消费而言。在超前消费理念的刺激下，原本美国政府希望通过次级抵押贷款实现中低收入群体"住"的基本要求，但是效果上却满足了投机群体对房地产市场的"炒"的需求。由此，也反映出在资本市场之上缺乏对投资者有效的素养与投资建议的指引，而当危机发

---

① 陈志武：《金融的逻辑》，五洲传播出版社，2011，第 177 页。

生,最终反受其害的也必然是消费个体。

三、次级贷款危机的演进

次贷危机的过程演进集中于 2007 年与 2008 年,经历了从虚拟经济到实体经济、从美国到全世界的风险传导。金融风险的系统化与经济全球化进程的深入加快了危机在全球范围内的传播速度。具体而言,我们可以将次贷危机的演进表现出如下特征。

(一)爆发阶段:房地产金融市场流动性问题凸显

2007 年 2 月,汇丰银行宣布北美住房按揭贷款业务遭受巨额损失开启次贷危机的大幕,房地产金融市场的流动性问题在短期内引发美国多家抵押贷款机构与投资银行出现破产倒闭与巨额亏损的问题。其中不乏花旗银行、贝尔斯登、美林证券、摩根大通等世界知名金融机构,金融风险的系统性传播在危机爆发之初显现无遗。与此同时,欧洲短期资本市场也因美国次级贷款市场的问题频现而发生银行挤兑现象,流动性危机迅速在欧美金融市场蔓延。在危机爆发之初,不同于以往经济危机金融监管机构的职能之后,欧美等国金融监管机构第一时间纷纷采取救助措施。其中,美联储从 2007 年 9 月开始进入新一轮降息周期,以期为市场注入足够的流动性。无独有偶,美国、欧盟、英国等国家央行也开始联手向短期拆解市场注资,一场关于流动性的战争在世界范围内打响。更加值得一提的是,房地产金融市场流动行为问题的爆发也引发了社会问题的出现,投资者的恐慌情绪与违约者失去住房引发的社会恐慌情绪迅速蔓延。布什政府先后推出"救生索计划"与一揽子经济刺激方案,以期实现对贷款违约者的救助以及通过供需关系调节,强化市场的流动性。

(二)扩散阶段:虚拟经济部门的整体性衰退

相关数据显示,"美国房地产价格中值从 2006 年接近 22.2 万美元的峰

值降至 2008 年 11 月的略低于 18.1 万美元"。经过初期流动性危机与信用
违约危机的发酵,房地美与房利美作为次级抵押贷款的主要发放者开始成
为危机的主角。2007 年 8 月,美国政府决定接管房地美与房利美,"两房"面
临的巨额亏损成为美国经济复苏的一道鸿沟。与此同时,雷曼兄弟的破产
更使次贷危机的发展进入白热化,享誉盛名的华尔基五大投资银行均未能
在此次危机中充分自保,而 2008 年 9 月倒闭的华盛顿互惠银行则造就了美
国金融史上最大规模的银行倒闭。在此阶段,银行、证券、保险等金融部门
均遭受巨大打击,美国金融市场面临整体性瘫痪的局面。相关数据统计显
示,"在 2008—2009 年,GDP 增长率从过去 17 年的 5.4% 下降到-3%。这导
致失业率急剧上升,并使前一年已经开始的金融危机急剧恶化"①。与此同
时,欧洲、亚洲等国均在次贷危机的影响下面临虚拟经济风险传导,日本、德
国、新加坡、英国等政府陆续出台风险应对措施,但这些措施未能从根本上
避免虚拟经济部门萎靡引发的企业破产率、社会失业率提升等实体经济问
题的产生。可以说,次贷危机已经由虚拟经济部门扩散到汽车、通信等实体
经济部门,金融市场的急速跌落成为世界经济衰退的主要影响。

(三)扩张阶段:救济与全球经济衰退

次贷危机的发展伴随着世界各国救治方案的陆续出台。② 2008 年 9 月,
美国公布 7000 亿美元巨额救市方案,而对美国国际集团、华盛顿互惠银行
的接管也使美国政府面临巨大的财政负担。在危机发生的两年内,美联储
经过多轮降息试图阻止因流动性不足引发的金融市场危机,宽松的货币政
策与有效的公开市场操作虽然缓解了美国国内的经济危机,但是对全球性
经济衰退反而产生负面影响,美元主导下的国家货币体系也面临着解体的

① Scott B. Sumner, "Ten Lessons from the Economic Crisis of 2008," *The Cato journal* 39, No.2 (2019):
449-460.

② Christopher A. Richardson, "An Economic View of the Housing Crisis," *connecticut law review* 41, No.4
(May 2009):1133-1142.

风险。实际上,次贷危机的影响远非在一两年之内,因全球经济衰退引发的国家救市潮使得多数国家背上巨额的财政负担,"在 2008 年和 2009 年初,全球股市价值下跌了 35 万亿美元",①而 2009 年欧洲主权债务危机的爆发也被视为此次次贷危机的"余震"。

四、次级贷款危机的治理

在次贷危机演进的过程中,各国政府与国际社会纷纷针对流动性危机出台救助措施,"当经济陷入一片混乱时,降低利率或许能拯救银行,但显然没有重新激活经济"②,并且"用宽松的货币政策解决危机的结果常常是积累更大的危机"③。因此,在应急性救助之外,各国政府也纷纷开始重新审视虚拟经济发展中的制度建设。在此次次级贷款危机的治理中,"主要发达经济体从提高金融监管工具的前瞻性、建设更具'超机构性'的金融监管架构、进一步拓展金融监管涵盖范围等方面进行了大幅度的金融监管改革"④,立法变迁反映出各国对虚拟经济发展的认知逐渐由放任走向干预,宏观审慎原则的确立为虚拟经济的可持续发展提供制度环境,而"宏微观审慎与微观审慎有机结合的监管安排无疑成为后危机时代国际金融监管立法变革的主旋律"⑤。除此之外,对金融消费者权益、"大到不能倒"等金融市场深化中的特殊问题,各国也采取相关措施进行积极应对。在法律与经济发展的逻辑下,虚拟经济的立法变迁成为此次次贷危机治理的主流。

---

① Arthur E. Wilmarth Jr., "The Dark Side of Universal Banking: Financial Conglomerates and the Origins of the Subprime Financial Crisis," *Connecticut Law Review* 41, No. 4 (May 2009): 963-1050.

② 约瑟夫·E.斯蒂格利茨:《不平等的代价》,张子源译,机械工业出版社,2014,第 220 页。

③ 张维迎:《市场的逻辑》,上海人民出版社,2012,第 346 页。

④ 张雪兰、何德旭:《次贷危机之后全球金融监管改革的趋势与挑战》,《国外社会科学》2016 年第 1 期,第 94 页。

⑤ 余绍山、陈斌彬:《从微观审慎到宏观审慎:后危机时代国际金融监管法制的转型及启示》,《东南学术》2013 年第 3 期,第 50 页。

(一)次级贷款危机中的美国虚拟经济立法变迁

在次贷危机衍生期间,美国经历了布什与奥巴马两任总统的治理阶段,其中布什任期内于 2008 年 3 月通过《经济稳定紧急法案》(*Emergency Economic Stabilization Act*),开启 7000 亿元的政府救市方案。但是更彻底的立法变迁则发生在奥巴马政府于 2009 年至 2012 年先后颁布实施的《2009 美国复兴与再投资法案》(*American Recovery and Reinvestment Act of* 2009)、《多德-弗兰克华尔街改革和消费者保护法》(*Dodd-Frank Wall Street Reform and Consumer Protection Act*,以下简称"多德-弗兰克法案")、《2010 小企业就业法案》(*Small Business Jobs of* 2010)以及《工商初创企业促进法案》(*Jumpstart Our Business Startups Ac*,以下简称"JOBS 法案"),其中尤以《多德-弗兰克法案》与《JOBS 法案》对虚拟经济发展的影响较为深远。

具体来看,布什政府颁布的《经济稳定紧急法案》是次贷危机扩散时期,美国金融市场多家大型金融机构面临破产局势之下的应急之策。从内容来看,《经济稳定紧急法案》明确了对市场进行流动性支持的工具选择与责任主体,通过金融稳定监督委员会、问题资产救助计划以及专职监督小组的设立确保经济稳定措施的有效落实。《经济稳定紧急法案》的出台完成危机救助中的集权、监督等重要环节问题,但对金融监管领域并未进行有效深入的改革,也未明确应当及时采取的国际监管救治合作。因此,《经济稳定紧急法案》仅是次贷危机急速蔓延之时的"止血之策",并非治理的改变之法。

2010 年 7 月出台的《多德-弗兰克方案》被视为次贷危机治理中最具代表性的金融市场立法变迁。《多德-弗兰克方案》的出台实施历经一年时间的政治博弈,在奥巴马政府努力变革金融市场监管体系的决心之下最终问世。社会舆论对《多德-弗兰克法案》的解读往往集中于法案条文所确立的"三大支柱":"大到不能倒"、金融消费者保护以及"沃克尔规则"。

首先,《多德-弗兰克法案》为了应对次贷危机中频繁出现的巨型金融机构破产引发的市场系统性震荡问题,对金融监管职权进行重组,明确赋予金融监管机构分拆跨境金融机构的权力。从具体条文实施来看,《多德-弗兰克法案》一方面通过设立金融稳定监督委员会总揽系统性金融风险的防范与治理,全面统筹与金融市场系统性风险相关的监管协调与系统重要性金融机构认定工作;另一方面,强化美联储对金融市场监管的权力,实行更宏观的金融审慎监管。"无论是工业化国家还是新兴市场国家,'大而不倒'问题是各国金融体系中的普遍性问题,'大而不倒'机构创造'道德风险'的本能来自赢利目标,关乎一个机构的生存问题,监管当局需要随时把握住系统重要性机构的整体运营情况"①。可以说,《多德-弗兰克方案》的出台,使原本在危机中仅有的注资救助措施衍生出更多在本质上可以应对"大到不能倒"问题的治理工具。

其次,《多德-弗兰克法案》在现有金融监管体系之上设立金融消费者保护局(CFPA)独立负责与金融市场消费者利益保护相关的工作实施。可以说,美国政府已经认识到金融教育与传统消费交易的特殊性,在金融风险系统性衍生的影响下,金融创新的发展不能过度凌驾于消费者与社会整体利益之上,金融市场更为具体、更为严格的信息披露与主体监管在《多德-弗兰克法案》中得以成型。这也是在美国金融立法中首次突破"买者自负"原则,对金融消费者实施倾斜性保护。

最后,"沃克尔规则"主要针对证券市场的投机交易开展的对金融衍生品市场的监管标准提升。美国原有金融监管体系忽视了对金融衍生品市场的监管,而此次危机的发生源头正是在于信贷资产的无度衍生。"沃克尔规则"的确立使美国金融市场的衍生交易更趋规范性,严监管之下大型金融机构的法律责任与社会责任成为市场运行的重要指针。实际上,除"三大支

---

① 王信、周晴:《"大而不倒"问题的解决方案——以次贷危机中的美国金融机构为例》,《经济社会体制比较》2010年第6期,第165页。

柱"之外,《多德-弗兰克方案》还对次贷危机出现的信用评级、对冲基金、银行高管薪酬等问题进行较为详尽的规定。可以说,《多德-弗兰克法案》作为次贷危机发生后全球最具代表的虚拟经济立法变革,反映出次贷危机发生后国际金融监管标准的提升以及国家政府对金融市场稳定的根本诉求。在此之后,宏观审慎监管、金融消费者保护、系统重要性金融机构治理等核心命题成为各国金融监管立法变革中的主要方向。

虽然在次贷危机进程中受到舆论广泛关注的是以贝尔斯登、雷曼兄弟为代表的大型金融机构,但是在虚拟经济领域之外,实体经济部门的中小企业更是受到金融寒冬的影响而面临经营困境。次贷危机的发生为美国经济的发展敲响金融公平的警钟,2010年9月出台的《小企业就业法案》就通过为美国小企业制定专项信贷支持项目提供经济复苏的定向帮助。在经济危机中对特殊行业进行有针对性扶持的做法在经济危机的治理中较为常见,例如"大萧条"危机爆发后,罗斯福新政就处于农业部门领域的特殊信贷需求而采取有针对性的农村金融信贷支撑服务。《小企业就业法案》的出台正式着眼于微型企业的金融排斥问题,通过小企业信贷计划与小企业贷款金融等融资项目的实力,为经济社会发展注入动力。而法案实施中的"财政政策与金融政策密切配合、政府扶持与市场机制有机结合、民间资本的广泛参与以及政府监督管理的有效实施"也为各国微型企业的信贷扶持提供了借鉴模板。虚拟经济对实体经济的支撑作用在后危机时代逐渐得到矫正。

在《小企业就业方案》之后,当次贷危机的影响逐渐缓和,更为彻底的虚拟经济与实体经济结合立法变迁发生于2012年的《JOBS法案》。《JOBS法案》的出台主要针对初创企业与微型企业的融资问题。次贷危机发生之后,在《多德-弗兰克方案》等金融市场监管系统性改革之下,美国国内微型企业融资路径并不通畅,为了解决就业、创新与经济可持续发展等问题,奥巴马政府希望通过《JOBS法案》的出台激励微型企业的发展。《JOBS法案》从制度设计上主要有针对性地解决两方面的问题:第一,为微型企业上市融资提供更便捷的程序,减轻信息披露义务;第二,促进私募融资改革,为企业小额融资的开展放宽法律限制。由此,《JOBS 方案》是根据次贷危机后美国国内经济形势的变化对前期《多德-弗兰克方案》确立的"严监管"原则的部分修正。

(二)次级贷款危机中的欧洲虚拟经济立法变迁

次贷危机对欧洲的影响从危机发生一直到欧洲主权债务危机的全面爆发,在对次贷危机的反思中,欧洲社会也对虚拟经济立法进行较为全面的反思。其中较具代表性的是英国金融服务法域 2010 与 2012 的两次修订以及欧盟《泛欧金融监管改革法》的出台实施。

英国《2010 金融服务法案》的出台重点对金融消费者保护做出具体的立法筹划,其中一方面授权英国金融服务管理局(Financial Service Authority,FSA)进行具体的金融消费者保护立法与执法工作,另一方面也通过成立消费者金融教育机构(Consumer Financial Education Body,CFEB)为金融消费者提供更全面的投资教育与风险释明工作。次贷危机后,英国金融监管体系更彻底、更系统的变革则属《2012 金融服务法案》的出台。《2012 金融服务方案》改变了英国金融市场监管体系中英格兰银行、财政部与金融服务管理局的"三足鼎立",撤销"金融服务管理局",新设"金融行为监管局"(Financial Conduct Authority,FCA)负责金融市场的常态化运行监管,并在英格兰银行之下设立金融政策委员会(Financial Policy Committee,FPC)与审慎监管局(Prudential Regulation Authority,PRA),前者基于系统性金融风险负责实施英国金融市场的宏观审慎金融,而后者主要进行机构导向的微观审慎监管。在《多德-弗兰克方案》中流露出的金融消费者保护、宏观审慎与系统性重要金融机构治理同样在英国金融监管体系的变革中得到充分体现。

实际上,金融市场监管体系中的宏观审慎与微观审慎相结合不仅体现在欧美虚拟经济立法变迁中,欧盟主导下于 2010 年 9 月颁布的《泛欧金融监管改革法》也对这一理念进行落实。根据《泛欧金融监管改革法》的设计，欧盟金融监管体系由宏观维度的欧洲系统性风险委员会和微观维度的欧洲银行管理局、欧洲证券和市场管理局、欧洲保险和职业年金管理局组成，其中欧洲系统性风险委员会由成员国央行行长组成，以求在欧洲层面实现货币政策与金融宏观审慎的高度协调。与此同时，宏观审慎机构的建立也有利于危机风险应对中的政策协调，欧洲经济一体化进程进一步深化。

（三）次级贷款危机中的国际虚拟经济规制变迁

"'美国制造'次贷危机的影响范围，已经成为一个涉及多国央行与财政部门的国际问题，并对以巴塞尔金融论坛和巴塞尔协议为基础的国际金融监管协调模式产生冲击。"[①]次贷危机的发生反映出国际层面对金融系统性风险预防的协调机制的缺失，而在次贷危机治理中，各国政府也寻求国际层面的监管合作与标准统一，集中表现在金融稳定理事会主导下的国际监管协调与巴塞尔委员会主导的宏观审慎标准更新。

金融稳定理事会（Financial Stability Board，FSB）由金融稳定论坛（Financial Stability Foru，FSF）演变而来，于 2009 年在 G20 体系上改组成立。G20 伦敦峰会之后，金融稳定理事会立足国际金融宏观审慎监管标准的制订，通过《关于降低系统重要性金融机构道德风险的指导意见》《促进遵守国际标规意见》等多份文件，通过金融监管国际资源，为各国金融监管体系的完善提供改革模板。巴塞尔委员会也在金融稳定理事会的监管基调之下发布《巴塞尔协议Ⅲ》，从最低资本要求、监督检查程序及市场约束三个方面强化银行业的风险防控。总体而言，后危机时代国际社会关于金融监管体系的建构主要表现在金融危机中突出的系统性重要金融机构与宏观审慎监管。金融市场风险系统性的国际认同为更加广泛的国际金融监管合作奠定了必

---

① Kenneth W. Dam, "The Subprime Crisis and Financial Regulation: International and Comparative Perspectives, " *Chicago Journal of International Law* 10, No.2(winter 2010) :581-638.

要基础。

五、次贷危机的反思：金融监管与金融创新的逻辑澄清

2008 年全球经济危机的发生表现出虚拟经济过度发展下，法律规则与政府职能匹配缺位下的经济社会变迁的结构性缺陷。次贷危机的爆发为国际社会反思国内虚拟经济与实体经济的发展关系，变革金融监管体系提供了良好机遇。此次危机之后，一种稳定、宏观审慎的虚拟经济立法理念在全球范围内逐渐达成共识。但是，实现虚拟经济与实体经济发展的平衡仍需进行多方面的反思，从次贷危机的发展与治理出发，我们认为，应当着眼于金融创新与金融监管的逻辑澄清。

（一）金融创新：天使还是魔鬼？

金融创新，是在现有金融业的发展基础之上，出于营利性动机，通过资源的调配，实现金融工具与金融体制不同层面、不同程度的变革。金融创新立足于金融市场，既可以是供求变化引发的联动反应，又可以是冲破管制藩篱的非常规探索。创新的概念本身并不蕴含界限、外延之意。因此，金融创新具有广阔的伸展领域与发展空间：它既可以是金融业务、金融技术和金融工具微观层面的定向突破，又可以是金融机构与金融市场制度安排宏观层面的高瞻远瞩。然而，在肯定金融创新的历史推动作用之时，我们也不能忘却金融创新对社会发展产生的诸多危机与挑战。"对于金融创新而言，最紧迫的与规制相关的两件事在于系统性风险与不断增长的复杂性。"[1]无论是20 世纪 90 年代的东南亚金融危机，还是 21 世纪初的全球金融危机，高利润追逐下的大肆创新接连使社会陷入崩盘的边缘。正如国外学者指出的那样，"金融部门打着创新的幌子，将风险堆积在一个又一个错误的风险之上；

---

[1] Kathryn Judge, "Fragmentation Nodes: A Study in Financial Innovation, Complexity, and Systemic Risk," *Stanford Law Review* 64, No.3 (Mar. 2012):657-726.

金融创新超越了经理、董事、监管机构、评级机构和整个市场的理解和反应能力"[1]。这使我们不得不反思,金融是否需要创新？我们需要怎样的创新？对于前者,答案是肯定的。一方面,金融创新虽然极易引发系统性风险,但社会的进步不会因风险的存在而踟蹰不前,换言之,在高风险、高利润的标尺下,没有人会因风险的存在而停止追求的脚步。另一方面,人类智慧已经探求出一套合理的制度,可以将金融创新的风险控制在合理的范围之内,这就是金融监管制度存在的必要。因此,金融创新对社会效用的增减取决于金融监管措施是否得当。有效的金融监管不仅是必要的,而且可以促进金融创新的良性发展。

(二)金融创新与金融监管的关系之辩

对金融创新与金融监管的关系来讲,创新更多针对的是现有状态的变革,而监管重在稳定状态的维持。金融监管并非皆因创新的存在而存在,对创新的监管并非金融监管的全部内容。我们认为,在创新与监管的关系中,金融监管是更为本位、更为基础、更富有决定性的概念。具体缘由在于:首先,金融监管事关金融业、社会的稳定大局。当今社会的发展离不开强大的金融体制的支持,而金融监管者深谙风险与机遇并存之道。金融监管的直接目的在于控制风险、维持金融业的稳定发展。无论是社会主义国家还是资本主义国家,市场经济的稳定运行是其不变的追求,而金融监管者对金融稳定大局的维持扮演着无可比拟的角色。从事前准入门槛的设定,到事中具体行为、风险的监控以及事后的惩戒、评价机制,在金融业发展的每一个阶段都会出现金融监管者的身影。其次,金融创新发生于现有的监管框架之上。"从广义上讲,创新与复杂性相结合造成了公共规制与私人部门之间

---

[1] Michael S. Barr, "The Financial Crisis and the Path of Reform," *Yale Journal on Regulation* 29, No. 1 (Winter 2012):91-120.

信息与专业知识的明显不对称,加剧了金融市场的交易成本。"①某种意义上,金融创新是天生的"反动派"。它们试图挣脱监管束缚,寻求更为极端的金融自由与金融效率,追逐无穷无尽的资本利润。金融创新立基于现有金融体制、金融市场的发展,面对着金融监管框架,伺机做出决策。最后,金融监管直接决定金融创新的效果。极端地看,如果把金融创新作为金融监管的上位概念,直接后果就是监管要随创新而变,不必对创新进行评估。如果监管是创新的上位概念,那么创新要在监管的框架中规规矩矩,有意义或无意义的肆意创新都会被扼杀。现实中,监管可以成为金融创新的缘由,而金融创新又会诱发金融监管。更重要的是,由于金融监管具有至高无上的权力,这种权力的行使涉及金融业发展的方方面面,因此金融监管对金融创新的发展具有决定作用。同时,金融监管好与坏、及时与否,事关创新能否有效推动金融业发展的同时,带动社会前进。

如果创新的追求与监管的禀赋不谋而合,那么这种均衡状态有利于金融业的稳定发展。如果创新意在突破现有的监管,那么监管之于创新会形成巨大的阻力。无论创新挣脱监管,还是监管压制创新,它们之间"胜负"的标准如何定夺? 如果我们将标准定位为金融稳定,那么问题仍然没有解决,仅会使其进入虚无的境遇。如果将标准定位为金融效率,问题似乎可以得到一定程度的解决。该交易成本的存在是影响金融效率的关键环节,而金融创新往往会降低交易成本。如科斯定理解释的那样,如果都不存在交易成本,那么社会将会有效运行,但凡存在些许的交易成本,那么监管成为必然。但是在这一点上,二者总会在某些环节产生矛盾。降低交易成本背后蕴含的经济效率的追求不一定是监管者或金融业追求的唯一目标。多元的理念造就了多元的金融监管。进一步思考,降低交易成本毋庸置疑有利于

---

① Dan Awrey, "Regulating Financial Innovation: A More Principles-based Proposal," *Brooklyn Journal of Corporate*, *Financial & Commercial Law* 5, No. 2 (Spring 2011):273-316.

金融业的发展,但是肆无忌惮地降低,在不可能接近零成本的前提下,混乱成为发展的必然。因此,通过交易成本的增减判断金融创新与金融监管的关系有一定的局限性。如果将标准定位为金融公平,那么金融创新一方面可以打着"公平"的旗号,行利己之事,例如当下种种农村金融机构支农目标的异化;另一方面也可以无视公平,这种创新会被压制,当创新被压制,社会稳定可以维持,但是金融业和社会的跨越式发展将成为泡影。

(三) 中国语境下金融创新的监管矫正

对于任何行业或产业而言,发展是永恒的第一要务。金融业的发展在每个阶段、每个时间点都为金融参与者尤其是金融监管者提出了新的命题。稳定对金融监管赋予的特殊意义是毋庸置疑的,但是金融发展同样是金融监管必须承受之重。我国经过数年演变,由混业监管过渡到分业监管,形成金融领域"一行两会"的监管格局。分业监管的设立旨在针对不同领域的不同问题形成针对性的破解,最终促进银行、保险、证券市场的有效发展。当下,我国已经建立了较完善的资本融通市场,下一步的发展目标在于扩大资本市场的开放性,逐渐实现金融民主化与金融市场化的历史使命。新时期的金融发展的具体目标或许可以成为金融创新与金融监管博弈的标尺。

我国的金融业起步较晚,在创新发展中也产生了不同于发达国家的轨迹。改革开放以来,金融体制改革越来越成为社会发展与进步的核心要务。建设与国际接轨的资本市场与金融体制有利于更好地进行经济全球化与经济金融化探索。一系列金融创新形式通过自上而下的方式推广开来,然而效果并非十分乐观。互联网金融不同于既往的自上而下的金融创新,它更多的是一种自下而上的创新传导,并诱发监管。对这种源于社会普遍的金融创新需求的挑战,我国的金融监管当局多有忌惮。相对而言,自上而下的政府主导一方面有利于集中力量办大事,另一方面也为金融创新打上了深深的中国烙印。理论上的完美架构与现实中的南辕北辙形成了我国政府主导金融创新发展的"两层皮"。

从监管效果上看,首先,对金融创新的严格监管有利于维护金融稳定。这也是为何2008年金融危机时,全球金融市场难以招架金融衍生品引发的系统性风险,唯独我国可以几近全身而退。防患于未然,倾力于源头的监管对稳定有着不可磨灭的作用。其次,稳定的背后也折射出我国资本市场开放性不高,难以与国际接轨等后续性发展瓶颈。这些问题的核心在于我国金融内生性创新供血不足,与外生性创新输血不畅。21世纪以来,我国金融市场仍未探索出较富有实效的金融创新工具或金融创新成果。最后,更需要指出的是,金融监管虽然抑制了自上而下的金融创新,但是并不能从根本抹杀源于社会底层对于金融创新的普遍需求,互联网金融正是其中之一。"引导互联网更全面地从虚拟走向现实,创造出更多的经济价值并解决中国面临的经济问题。"①这种自下而上的金融创新对现有的监管体系是一种挑战。进而言之,对自下而上的创新,抑或海外引渡而来的创新,中国的金融监管者多有忌惮。

"2008年金融危机是对现代监管型国家遭遇的第一次系统性的、严重的挑战"②,金融民主化与金融市场化是金融危机后世界金融市场变革的主要趋势。在此趋势下,对金融创新的监管边界应当在民主促进与市场机制维护两个方面。具体而言,对金融监管抑或其他任何类型的监管来说,监管的边界重在指明在常规性监管之外,监管者应当做什么,不应当做什么,也就是有所为有所不为的问题。考虑到金融创新的特殊性,以及我国金融监管的特殊国情,我们认为应从以下两个方面进行思考。

---

① 杨秀云、赵勐、平新乔:《从"虚拟"到"现实":互联网重塑经济的理论逻辑》,《经济社会体制比较》2019年第5期,第159页。

② Adam J. Levitin, "The Politics of Financial Regulation and the Regulation of Financial Politics: A Review Essay," *Harvard Law Review* 127, No.7 (May 2014):1991-2069.

1.基于系统性风险的专业应对

"针对传统金融监管缺位而导致金融体系产生系统性风险这一重大命题已经成为国际组织对金融监管体制改革新框架的构建依据。"[①]金融创新极易引发不同领域、不同程度的风险。由于金融系统内部的环环相扣,金融危机的传导性由此增加。某个环节微乎其微的风险环节,都有可能引发系统性风险,进而导致整个金融系统的毁灭。回顾 2008 年全球金融危机,正是对具有高杠杆特性的金融衍生品的监管失位,致使区域金融市场的某一环节失控,进而引发全球金融体系的连锁反应。因此,对金融创新的监管着力点在于系统性风险的防范。对于容易引发事关金融市场发展关键环节应当做到有效的风险监控。相应的措施在于提升监管机构的专业性。

现有的金融监管分业监管模式,对各个方向上的市场建设与运行保有了极强的专业性。然而,与之形成鲜明对比的是,金融创新从来不会局限于市场的划分,冲破资本市场之间的界限,扩大资本市场的融合性成为金融创新的重要旨趣。金融创新新形势的出现为金融监管尤其是分业监管提出了难题。具有专业性金融监管人员的监管机构同样具有经济学的"经济人"属性。在具体的金融创新监管事实与现有的监管架构面前也会扮演富于理性的角色:在分业监管的前提下容易出现监管缺位引发的监管空白以及监管重合引发的部门推搡。这既不利于对金融创新的全面把握,又不利于对金融创新的有效应对。因此,在分业监管的大前提下,需要考虑更专业的应对金融创新的组织人员与组织机构。只有真正了解金融创新,才能做出正确的预判,形成卓有成效的监管。

2.尊重市场,破除金融垄断思维

"市场通常是组织经济活动的一种好方法。"[②]市场的运行规律揭示了

---

① 张宗新:《金融创新、监管协同与系统性风险控制》,《浙江工商大学学报》2010 年第 6 期。

② 格里高利·曼昆:《经济学原理》,梁小民等译,北京大学出版社,2012,第 4 页。

市场可以通过供求关系以及价格调节市场内部的资源分配,使经济富有效率的发展,古典经济学派坚信价格体系是最好的资源配置方法。金融市场作为一种市场机制,是金融参与者参与稀缺金融资源分配的活动。金融创新旨在通过更细致的资源组合,追求高效率与高利润。对前途未知的金融创新,我们认为,可以通过准入机制的有效监管,让创新飞一会儿,其原因在于:一方面,市场对创新有一个反应的时间。无论是好是坏,是高效还是低效,金融创新需要时间传导到相关市场的各个方面。另一方面,市场自身会对创新有所甄别。市场的机构既是创新繁衍的土壤,又是创新需要挣脱的藩篱。如果一项金融创新在开始就被市场所抛弃,那么监管也就毫无价值,徒增监管成本。因此,对金融创新,监管讲究的是适时出击。

金融垄断是我国金融市场老生常谈的话题。数据统计显示,四大行在我国金融市场的存贷款占有率和理财市场占有率均高达70%,但是形成鲜明对比的是,中间业务比重远低于国外同档次银行。商业银行的中间业务设计支付结算、银行卡、代理、担保、承诺等极具市场化特色的业务。这些业务的比重在某种程度上彰显了商业银行的市场化属性。四大行的传统垄断地位会对金融创新,尤其是自下而上的创新产生极强的遏制。垄断行为理论认为,认定垄断的关键不在于垄断地位,更多的在于是否基于垄断地位行使了垄断行为。这就不难理解为何当四大行围剿支付宝之际,社会舆论一片哗然。如果监管者的监管思维止步于垄断地位的维护,那么就不会有对社会发展有利的金融创新。监管者的决策标尺应该在于促进金融市场化的形成,而非通过各种手段维护既有的金融垄断利益。

六、次贷危机的反思: 金融深化的形式与实质

历次金融危机的发生都建立在金融深化发展的基础上,效率与秩序、创新与安全是金融深化进程中不可回避的现实命题。2008年次贷危机发生的重要原因是以金融衍生品为代表的金融过度深化,而对危机的反思,我们并

不是因风险的存在而拒绝深化，而是应当思考金融深化进程中如何更好地为实体经济与社会发展服务。我们认为，从形式上看，金融深化中应重视金融消费者权益的保护；从实质上看，金融深化不应仅是"大鱼吃小鱼"，而应重视金融市场不同主体的需求满足，形成多层次、体系性的金融市场，即重视微型金融机构的发展。

(一)形式：金融消费者权益的普遍保护

金融市场的发展始终是机遇与风险并存的，金融经营者在促成金融市场增量攀升的同时也会对市场产生风险传导，而在法人有限责任时代下，作为交易相对方的金融消费者主体地方得到了政府与社会的强烈关切。从舆论造势到权利落地，金融消费者保护已成显象之势。微型金融机构的发展内嵌对于特定金融消费者群体的保护，这种保护逻辑与主流趋势不尽相同，却都承载着金融民主与金融普惠的发展理念。

消费者概念本身源于商品市场的发展，作为商品交易中与经营者相对的一方，消费者的主体地位无须多言。然而消费者保护理念的形成更多是基于对商品交易的深化理解以及消费者弱势地位的理论挖掘。与此同理，金融消费者的主体发现同样伴随着金融市场交易理解的深化，"金融产品的日益抽象化、复杂化和金融交易模式的日益综合化、专业化，导致金融市场投资者的身份转化与角色嬗变"①。从"投资者"到"消费者"，主体角色之转变引发权利义务杠杆之倾斜。2008年全球性金融危机发生之后，金融投资者保护不力成为社会舆论对既有金融市场的普遍诟病。在金融创新和金融监管的循环命题中，金融消费者成为金融市场可持续发展急需正视的关键一环。2010年，美国《多德-弗兰克法案》通过设立消费者金融保护局将金融消费者保护作为金融监管政策变革的核心，并由此掀开了金融消费者保护的世界浪潮。总揽而言，金融消费者的要旨在于对正在处于金融交易中，与

① 陈洁：《投资者到金融消费者的角色嬗变》，《法学研究》2011年第5期，第84页。

金融机构经营者相对的消费者进行有针对性的保护,以预防和缓释金融交易双方信息不对称引发的权益损害。但是,除正在交易中的金融消费者群体外,在尚未进行金融交易或者意图开展金融交易的消费者群体中同样存在着个性鲜明的消费者群体,亦即小微金融消费者群体。小微金融消费者群体因其地理位置和自身条件的局限性,一方面获取金融服务的成本远高于其他消费者群体;另一方面既有金融机构出于交易效率与安全考量对其普遍采取合理性"排斥"。因此,小微金融消费者亟待主体权益的普遍满足与有效保护。

消费者权利是从消费者弱势地位出发的倾斜式保护,其内容随着商品交易和市场经济的发展而逐渐丰富。1962年美国总统肯尼迪率先明确了安全、知情、选择和建议四大消费者的根本权利。1993年颁布的《中华人民共和国消费者权益保护法》(以下简称《消费者权益保护法》)规定了知悉、选择、安全、公平交易、依法求偿、受教育、建立消费者组织、监督批评和受尊重等九大法定权利,就权利数量而言居于世界前列。在2013年《消费者权益保护法》修订过程中,消费者权利的细化以及消费者角色的多元化得到了立法的重视与回应,部分新型消费者权利得到了认可。但是,对金融消费者而言,法律属性与权利内容仍然是亟待明确的问题。

金融消费者的权利诉求源于金融市场的专业性和消费者的弱势性以及普惠金融和金融民主理念的普遍的认同。金融市场的专业性意味着金融市场交易双方存在着极大程度的信息偏在,正是这种信息偏在造就了金融消费者的弱势地位。金融危机的发生在放大金融市场风险性的同时,也展现了既有监管体制对消费者利益的保护不足。单纯的投资者视野的交易安全防范难以招架复杂金融风险的强烈冲击以及金融机构自身的道德风险。金融普惠与金融民主理念的形成则在更大程度上为金融消费者的权益保护疾呼。诺贝尔经济学奖获得者罗伯特·希勒认为,"金融体系是一项新发明,而塑造这种体系的过程还远没有结束……在这个过程中最重要的是对金融体系进行扩大化、民主化和人性化的改造……"①。作为金融弱势领域与金融弱势群体，小微金融消费者的权利诉求较之普通投资者彰显出更多对金融排斥与金融抑制的无奈。作为金融普惠和金融民主的关键内涵，"金融参与权、公平交易权和受教育权等金融消费者的权利与普惠金融的发展紧密相关"②。

金融危机发生以来，金融消费者保护已经在世界范围内达成共识，各国政府坚信"即使只是加强金融消费者保护的某一方面，也能显著降低金融危机的发生概率"③。通过金融机构自身的运行机制的健全以及责任意识的提升维护金融消费者权益是最有效和最直接的救济路径。"直到危机爆发，金融服务机构也不认为有必要向消费者证明自己是值得信任的。"④笔者认为，金融消费者保护经历了从金融机构社会责任向金融机构法律责任的转变。在金融机构社会责任背景下，金融消费者保护得到了重视，但是金融消费者具体享有哪些权利，程序上存在着何种救济机制都取决于金融机构的自知自觉。金融机构自身的"经济人理性"决定了其交易选择中的逐利倾向，因此，金融交易中的道德风险与排斥现象没有得到根本解决。而在金融机构法律责任的语境下，金融消费者的某些方面的权益得到了法律的认可，国家和政府依靠政策与法律驱动，通过有针对性的金融机构的发展，逐步、系统地实现对金融消费者特殊权益的救济。

（二）实质：金融排斥下的微型金融机构

微型金融机构（Micro-Finance Institutions，MFIs）作为小微群体融资难题

---

① 罗伯特·希勒：《金融与好的社会》，束宇译，中信出版社，2012，第 2 页。
② 胡文涛：《普惠金融发展研究：以金融消费者保护为视角》，《经济社会体制比较》2015 年第 1 期，第 91 页。
③ 戴国强、陈晨：《金融消费者保护与金融危机——基于全球 142 个经济体的实证研究》，《财经研究》2015 年第 3 期，第 100 页。
④ 雷吉·德·范尼克斯、罗杰·佩弗雷里：《重塑金融服务业——消费者对未来银行和保险业的期待》，中国工商银行城市金融研究所译，中国金融出版社，2014，第 38 页。

的系统性解决方案业已在全球范围内取得了瞩目的成效。然而,伴随发展而来的种种可持续困境成为微型金融机构急需突破的转型瓶颈。在可能预估的诸多改良路径中,从小微群体出发的金融消费者路径一直未能得到政府的充分重视。作为发展微型金融机构的逻辑起点,金融消费者或许可以为微型金融机构的可持续发展提供有益的改良向度。

1.微型金融机构的发展逻辑

微型金融机构的设立与发展有其特定的历史背景和现实诉求,它是政府主动发起的有关金融市场中供需不足、信息不对称等问题的针对性治理。从政府的认识论角度而言,微型金融机构的发展逻辑包括对现有问题的主观认知、既有解决方案的综合对比以及解决路径的主观选择,在一系列综合评价之后形成了微型金融机构的发展思路以及通过微型金融机构发展所预期实现的主观目标。

(1)认知:微型金融的需求与供给

特殊群体、特别领域金融产品与服务的供需不足是各国政府在推进金融社会化与市场化进程中面临的普遍性问题,这同时成了微型金融机构的逻辑起点与发展假设。金融需求程度的满足与否从一个侧面反映出一国金融市场的竞争与开放程度。然而,在主流金融市场之外,往往存在着金融发展过程中的弱势领域,这些弱势领域往往成了金融市场化的"最后一公里",微型金融即是弱势金融领域的典型代表。"划清微型金融的边界是非常困难的,广义上讲微型金融是扩大低收入群体金融支持的活动,但是许多国家将其限定为一定范围的目标群体。"[1]我们通常从两个维度审视对金融有着强烈需求的微型金融领域:一是具有鲜明个体特征的小微企业;二是具有普遍发展诉求的农村金融。

---

① Eugenia Macchiavello, "Microfinance Regulation and Supervision: A Multi-faced Prism of Structures, Levels and Issues," *New York University Journal of Law and Business* 9, No.1 (Fall 2012): 125-198.

　　小微企业,顾名思义是从企业规模出发,依照企业的"大小"进行分类①,其弱势特征正是源于小规模。企业规模不仅是一种单纯的统计学维度,经济学学者研究显示,企业规模与企业的生产率、创新能力、融资能力以及社会活动能力都有较为直接的关系。② 全国工商总局《全国小型微型企业发展情况报告》显示,"我国中小企业创造的最终产品和服务价值相当于国内生产总值(GDP)总量的60%,纳税占国家税收总额的50%,完成了65%的发明专利和80%以上的新产品开发"③。然而,2015年第一季度的《中国小微企业发展报告》显示,"近四成小微企业营业额环比下降,可持续发展不容乐观"④。究其原因,一方面在于小微企业自身的经营能力,另一方面则更多地在于现有市场环境,尤其是金融市场融资环境对小微企业的支持不足。与小微企业不同,农村金融是金融弱势领域的常态表现,农村金融的弱势源于客观的地理因素与历史的经济因素。农业经济独特的自然属性与市场属性决定了农村金融需求的多样性和复杂性。

　　市场经济中的任何交易都不是绝对平等的,金融机构虽然对社会个体提供平等的金融服务机会,但是在平等中蕴含了出于交易安全与经济效率考量的多重评价。从现有金融市场供给结构来看,微型金融从形式上受到了平等对待,但实质上因交易成本的广泛存在使其面临巨大的供给难度。

---

① 在我国,2002年颁布的《中华人民共和国中小企业促进法》明确了中小企业对于社会经济发展的重要意义与划分标准,2011年工业和信息化部、国家统计局、国家发改委和财政部委联合发布的《中小企业划型标准规定》明确了将中小企业细化为中型、小型和微型三类。

② 一个反面的例证在于,美国反垄断执法初期,"一刀切"地从企业规模的相关维度——市场结构出发展开了对于大企业的执法,政府主导拆分了诸如标准石油公司等具有市场支配地位的庞大规模企业,以确保相关市场足够的竞争程度。

③ 工商总局:《全国小型微型企业发展情况报告》[EB/OL],http://www.gov.cn/xinwen/2014-03/31/content_2650031.htm.2014-03-31.

④ 汇付天下、西南财经大学:《中国小微企业发展报告·2015年第一季度》[EB/OL],http://www.chinapnr.com/news/wp-content/uploads/Chinas-small-micro-enterprise-development-report-2015Q1.pdf.2015-04-30.

从小微个体自身而言,自身的弱质与弱势使其事前缺乏足够的担保运作能力,事后存在较弱的风险抵抗能力。从金融机构而言,信息不对称的广泛存在使金融机构对金融服务相对人的常规风险评估面临高昂的信息搜寻费用。"交易成本的存在不仅会影响交易量和资源使用的边际效率,更会影响合约的安排选择。"①从金融机构的"经济人理性"视角审视,在"规模决定能力"的不同类型企业面前,金融机构选择大企业、大客户是符合理性的,同样是符合市场运行规律的。由此看来,"嫌贫爱富"何尝不是符合金融效率精神的合理性"排斥"。然而,正是这种个体的理性行为,叠加形成了集体的非理性,微型金融的供给面临极大的现实困境。

(2)借鉴:微型金融的全球化实践

微型金融是世界各国经济发展中面临的普遍性问题,"各国政府对于微型金融机构规制探索的热情高涨缔造了微型金融机构规制与监管国际模式的发展"②,他国的发展经验为我国微型金融问题的应对提供了借鉴的模板。就发达国家而言,"美国的小额信贷成型于20世纪80年代,而微型金融机构以非营利贷款机构的角色扩张于20世纪90年代,在全部50个州以及国家协会和行业协会"③。美国的发展立足于既有金融市场中较为完善的信贷担保机制,充分发挥通过小企业管理局(Small Business Administration,SBA)的政策性金融中介功能,在《中小企业法》《机会均等法》等多部相关法规的推动下,细分市场,满足不同类型、不同类型企业的不同信贷需求。在农村金融领域,更是通过专业性农村金融机构的运作和农业信贷法律法规的不断完善实现了农村信贷需求的对应供给。除此之外,日本统筹设立日本政策金融公库(Japan Finance Corporation,JFC)直接为中小企业和农村金融提

---

① 张五常:《经济解释:张五常经济论文选》,商务印书馆,2000。

② Kenneth Kaoma Mwenda, "The Regulation of Micro-finance Institutions for Rural Finance: an International and Comparative," *Journal of International Banking Law* 17,(2002):351.

③ Molly Richardson, "Increasing Microlending Potential in the United States through a Strategic Approach to Regulatory Reform," *Journal of Corporation Law* 34,No.3(Spring 2009):923-942.

供金融支持,扩展其外源性融资渠道;德国通过财政杠杆的有效运用,充分发挥财政补贴的调节作用,允许政府对小微企业融资的提供直接担保,实现小微融资渠道的畅通。就发展中国家而言,近年来面向农村和弱势群体的小额信贷机构探索取得了举世瞩目的进步。在亚洲,穆罕默德·尤努斯(Muhammad Yunus)基于反贫困理念发起的格莱珉银行(Grameen Bank)形成了对贫困农户提供小额贷款的"孟加拉模式";在非洲,小额信贷的推广更多依靠非政府组织(Non-Governmental Organizations,NGO)的推动;在拉丁美洲,依靠既有的丰富民间资金优势形成了独具一格的由非营利机构组成的小额信贷机构。"虽然不同国家的金融体系存在明显差异,但一些有效经验对促进我国小微企业融资具有一定的借鉴作用。"[1]

(3)吸收:微型金融的理念与载体

在既有问题与潜在的应对路径面前,领导层的主观选择决定了微型金融问题的解决方向。通过微型金融机构建设应对小微融资难题包含了以下的主观吸收与选择。

第一,相比于依靠市场的自发性调节,政府的主动干预更适合我国小微融资难题的缓解。实践中,因经济机制与社会体制的差异形成了两条不同的改造路径:自下而上的市场调节与自上而下的政府干预。实际上,路径的选择,抑或路径的折中与否是由一国金融体制、市场体制与政治体制决定的。在发达国家的实践中,美国的发展立足于完善的市场机制,选择了市场主导的调试路径,而德国与日本倾向于"政府+市场"的调整模式,即在尊重市场规律前提下的政府干预。反观亚非拉国家的探索,其政权自身的不稳定性导致市场经济结构的不健全,因此基本上是一种自下而上的倒逼模式。我国金融市场历来处于政府严格管制之下,这样一来市场创新程度更多受到了监管层的左右。自下而上的发展不仅难以对现有小微问题的解决产生

---

① 张菊朋:《小微企业融资的实际态势与中长期境况》,《改革》2013 年第 9 期,第 123 页。

实质性影响,反而会加剧风险的集聚,民间金融的困境即是例证。因此,我国微型金融难题的破解需要政府自上而下的宏观干预。

第二,微型金融的问题应对暗含了政府对于金融民主、平等发展趋势的吸纳。就世界金融市场的纵向发展而言,金融体制与金融市场的不断发展不仅促进了国际经济社会的发展,同时为其带来了难以预估的风险。2008年金融危机发生后,在"大而不能倒"与小微企业"破产潮"的鲜明对比中,既有执着于效率的金融市场发展与监管理念得到了质疑。诺贝尔经济学奖获得者罗伯特·希勒认为,"金融体系是一项新发明,而塑造这种体系的过程还远没有结束……在这个过程中最重要的是对金融体系进行扩大化、民主化和人性化的改造……"①从《多德-弗兰克法案》的内容来看,对于金融消费者的平等对待以及金融服务平等获取权的赋予成为世界金融发展的一种趋势。金融危机虽然未对中国产生实质性影响,但是也为监管层敲响了警钟。"以农民为代表的低收入个人主体和以小微企业为代表的中小企业主体等大量消费者被排斥于主流金融服务之外,背离了公平正义,影响了社会和谐,不利于社会的可持续发展。"②我国金融市场的发展应当在确保稳定的前提下,逐步与世界接轨,缓解金融差异程度。

第三,相比于政策性金融机构,商业性微型金融机构是政府倾向的变革载体。发展中国家的小额信贷模式的探索多基于微型金融机构的尝试,而发达国家多通过政策性金融机构的宏观布局与市场的微观创新相结合。对我国而言,农村金融领域多次尝试通过政策性金融机构的运作,以期实现金融服务的全面供给,但是现实效果并不好。相比于巨大的微型金融需求,微型金融难题并不是某一政策性金融机构,抑或依靠既有金融机构下沉所能解决的。因此,政府的思路在于以微型金融机构应对微型金融难题,以小支

---

① 罗伯特·希勒:《金融与好的社会》,束宇译,中信出版社,2012,第2页。
② 于春敏:《论金融消费者的公平金融服务获得权》,《财经科学》2012年第7期,第34页。

小,力求通过规模类型的金融与实体对接,实现金融机构发展与实体经济支持的双赢。

2.微型金融机构的矫正向度

从发展逻辑的主观确定到发展政策的客观落实,微型金融机构事前与事后、主观与客观的对比或许可以发现一些对微型金融机构可持续发展,抑或对造成现有客观困境原因的初步认知。对这些关键环节的把握可以为微型金融机构的发展提供矫正方向。

(1)亟待厘清的关系

第一,微型金融机构与微型金融。金融机构作为金融市场发展与金融活动开展的重要载体,在金融创新和金融发展中都扮演着重要的角色。同时,金融机构也是金融调控与监管的重要标的之一,传统"机构+产品"的金融监管模式界定就表达出金融机构对金融稳定与金融发展的重要性。作为金融体系中不可或缺的发展单位,金融机构的细微变化都会牵动着金融市场发展的脉搏。但是就经济发展,尤其是扶贫、扶小等带有社会性的目标实现过程中,我们往往走进了"金融机构万能主义"的误区。微型金融发展的既有困境并非微型金融机构所能承受之重,通过微型金融机构的发展促进微型金融增量供给毋庸置疑是一个值得信赖的发展趋向,然而金融机构的作用毕竟仅类似于"细胞"的载体作用,解决微型金融难题更重要的是对小微企业与农村地区经济发展的可持续支撑。除此之外,我们仍应清醒认识到的是,决定产业部门与融资部门合约达成的关键在于效率与成本的考量,而非机构规模的一一对应。如果希望通过微型金融机构实现微型金融的对口支援,就应当一方面赋予微型金融机构实质性的、有利于合约达成的、降低交易成本的制度支撑,另一方面应对微型金融的受众群体施以足够的教育与引导。

第二,微型金融机构与政府。依靠政策驱动的微型金融机构从实质上讲与政府的主观预设目标存在较远的距离,究其原因可能存在的两点在于:

一是处于严格管制下的金融市场对微型金融发展的金融抑制一直未有改善;二是政府与微型金融机构运行者的主观目标发生了错位。美国经济学家麦金农通过大量调研,论证了发展中广泛存在的政府通过金融政策的实施对金融市场发展的抑制。对我国而言,无论是商业银行还是其他金融机构都处于严格的金融审慎监管之下。对微型金融机构而言,"微型金融监管中存在着准入条件单一、监管标准重安全轻效率的监管价值取向以及地方政府金融管理权责不对称等问题"①。除此之外,虽然政府的政策性期待大于盈利性保障,但是微型金融机构的投资者与运营者更看重的是通过微型金融机构的设立,突破现有金融牌照的管制,最终期待的首要目标仍然是盈利与商业可持续。"在实现社会性目标和财政收支平衡目标之间,为了实现自身的金融可持续性,微型金融机构往往会发生使命偏移,倾向于盈利性目标的实现。"②这种政府与微型金融机构的排序错位,究其原因在于政府对于微型金融机构的金融机构本质,抑或商业本质的认识不清,刻意地将政策性金融机构的发展路径移植到商业性金融机构的发展中。

第三,微型金融机构与市场。各国发展经验证成,微型金融问题并不能单纯靠市场本身解决,正如前文所述,现有大中金融机构对微型金融领域的排斥是具有合理性的,从某种程度上符合市场规律与金融效率。从这个角度而言,微型金融机构的发展既可以理解为弥补市场失灵的政府干预措施,又可以理解为一种逆市场规律行为。从相关市场来看,除农村金融较为明显的地域性,小微企业融资的小额信贷市场的现有竞争是非常充分的,不存在声称对小微企业拒绝提供金融产品与金融服务的金融机构,导致最终交易结果具有较强倾向性的原因在于交易成本与经济效率。因此,微型金融

---

① 李凌:《论双层监管体制下微型金融监管制度创新》,《中南财经政法大学学报》2014 年第 3 期,第 93 页。

② Todd Arena, "Social Corporate Governance and the Problem of Mission Drift in Socially-Oriented Microfinance Institutions," *Columbia Journal of Law and Social Problems* 41, No.3(Spring 2008) :269-316.

机构的发展仍应立足于现有信贷市场与金融资源。在实际的操作中,微型金融机构的设立受政策导向,资本大部分来源于既有成熟的金融机构,并且政府本身倾向于通过既有金融机构的参与,以便将其纳入现有监管体系中。毋庸置疑,"微型金融机构的稳定和持续性营利有赖于商业合作关系的建立,好的商业合作关系会促进微型金融产业扩大范围,实现显著增长"①,但是这种合作关系不仅仅限于商业银行与微型金融机构之间的合作。国务院于 2010 年发布《关于鼓励和引导民间投资健康发展的若干意见》,强调发挥民间资本对社会发展的重要性,但是,在微型金融机构的具体实践中,民间资本仍然是监管层所忌惮的,被排斥于现有正规小额信贷市场的发展之外。

(2)必要的制度矫正

第一,交易成本矫正:金融的基础化。对于交易成本的制度矫正应当着眼于金融基础设施,尤其是微型金融基础设施的完善。金融基础设施的完善与否对于微型金融的运作与可持续发展起到了决定性作用,它在某种程度上决定了微型金融的交易成本,进而决定了最终交易合约的形成。小微融资问题的解决并非仅需要金融机构的对应供给,更重要的是优质微型金融机构的多样化发展,这种发展需要建立在一定的金融基础设施上。这些相关的、矫正信贷双方信息不对称的金融基础设施在于:其一,征信体系。目前与信贷相关的征信体系主要是自 20 世纪末中国人民银行主导建设的企业与个人信息用基础数据库。但是,我国征信体系条块界限明显,信用信息的共享并不顺畅。2013 年颁布并实施的《征信业管理条例》明确了征信机构的设置与征信业务规则,对微型金融信用体系的完善是一个利好消息。最大程度地将现存小微企业接入征信体系,不仅有利于降低信贷中的信息搜集成本,而且有利于对一定区域、一定产业中小微企业发展现状的整体把

① Alexandra O'Rourke, "Public-Private Partnerships: The Key to Sustainable Microfinancing," *Law and Business Review of the Americas* 12, No.2(Spring 2006):179-200.

握。其二,支付结算体系。受制于地理位置,组织体系与支付工具,微型金融弱势地区的支付结算体系与既有的支付结算体系形成了城乡二元特色。金融垄断的广泛存在也制约微型金融领域支付结算体系的完善,例如在银行卡支付结算领域处于市场垄断地位的银联对于村镇银行的准入有着诸多限制,这使村镇银行不得不尝试着建设自身的支付结算体系。实际上,互联网技术的应用为微型金融领域支付结算系统的完善提供了发展向度,在既有支付体系之内,依靠第三方支付完善微型金融机构的结算体系或许是一条值得信赖的发展道路。其三,担保体系。缺乏有效的担保是微型金融难以获得信贷支持的主要原因。微型金融难题的破解以及微型金融机构的发展有赖于担保法律制度的创新。实际上,从我国担保法律制度的发展方向来看,既有的法律制度为担保体系的创新留有了足够空间,然后金融机构出于风险规避的考虑,更多遵循了传统的担保方式。对于微型金融,我们既可以借鉴国外的政府担保模式,又可以通过担保方式的创新实现贷款的易得性。

第二,发展环境矫正:金融市场化。金融市场化建设意味着将微型金融机构作为整个金融市场体系的有机组成部分,为其实现商业可持续与政策性支农支小提供自由的空间与倾斜的制度支持,进而促成客观环境对金融发展机构以及微型金融机构的比较优势。如前所述,现有的小微信贷市场并非无人问津,竞争市场内部异常激烈。并且,出于商业可持续的考量,微型金融机构还要尽可能争取到"大客户"的信贷资源。决定优质信贷相对人在大中金融机构与微型金融机构之间抉择的是金融市场的价格——贷款利率。就目前我国利率管制现状而言,微型金融机构有较为明显的比较优势,利率市场化或利率的局部市场化是促成微型金融机构比较优势的可行方法之一。此外,金融市场化也意味着对金融市场资源的充分利用。民间资本作为微型金融重要资金来源,其作用既没有得到应有的肯定,又缺乏必要的政策支持。"我们没有理由继续让从事小微活动的民间小额信贷组织成为金融市场的'山寨'机构。"①微型金融机构的发展应立足于民间资本的发掘,通过民间资本的筹集实现微型金融问题的缓释。巨大的潜在民间资本的正规化也有利于社会秩序的稳定。

第三,金融监管矫正:金融法治化。依靠政策驱动,我们实现了一定程度上微型金融机构的物理覆盖,然而金融的可持续发展离不开金融法治化建设,法治先行也是国外微型金融机构发展值得借鉴的经验。"有必要通过法律制度的创新,促使现有资本市场不仅为满足商业银行中介的需求,而且扩大小额信贷的贷款规模,并期待其能超越商业银行的资金规模实现商业可持续。"②应当明确的是,只要促进微型金融机构商业可持续目标的实现,才能对其政策性目标的实现有所希冀。换言之,微型金融机构首先是金融机构,从法律上讲是具有独立的法人属性,其次才是政策性目标的实现考量。由此,金融法治化对微型金融可持续发展的助力体现在:一是明确主体的权利义务。通过法律明确微型金融机构的权利与义务,通过权利的赋予认可其金融机构的主体地位,通过义务的附加实现政策性目标。需要特别注意的是,应当重视权利与义务的对等性。对微型金融机构支农支小的艰巨义务而言,应当赋予其多维的发展的权利,不必将其限制在某一特定区域,或者限制吸储能力。二是通过金融消费者保护强化主体法律责任。微型金融机构的发展从本质上讲是维护金融消费服务的平等权,加强作为交易相对方金融消费者的权益保护有助于明确微型金融机构的业务指向,不断促进其完善内部治理机制。三是探索金融监管的法治化。现有"低准入,严监管"的发展方针虽然相对于以往的发展政策有了较为突出的演变,但是既有稳定之上的监管惯性仍然不利于微型金融机构进行富有针对性的创

---

① Matthew A. Pierce, "Regulation of Microfinance in the United States: Following a Peruvian Model," *North Carolina Banking Institute* 17, (2013): 201-220.

② Steven L. Schwarcz, "Disintermediating Avarice: A Legal Framework for Commercially Sustainable Microfinance.," *University of Illinois Law Review* 2011, No.4 (2011): 1165-1200.

新。应当通过法律制度约束金融监管主体的行为,明确金融监管的导向与边界,肯定互联网对微型金融发展模式的改造,为微型金融机构在市场中施展拳脚留下足够的创新空间。

七、次贷危机的反思：金融机构的社会责任

在人类步入 21 世纪的第一个十年中,"金融危机"是一个不折不扣的时代标签——它标示着金融动荡中民众的辗转不安与社会的起伏不定。资本主义经济的周期性规律提醒着我们,每次金融危机之后的数年对各国都是一个发展契机。于乱世而思辨,后金融危机时代人们在动荡中思考着该以怎样的方式迎接新的社会周期,其中泼墨甚广的一项议题就是对于经济增长与社会发展关系的反思。学者们常常在增长的极限与社会的底线之间进行博弈——企业社会责任恰是这些辩证关系的一种代表。"我们国家二十多年来进入一个新的转型期,有些领域进展迅猛,有些领域相对滞后,当然走在最前面的是物质层面的经济发展。"[1]在我国大部分地区秉承"GDP 主义"[2]的今天,经济增速的背后是难以启齿的制度缺失与重重矛盾。在问题面前,有识之士针砭时弊唤醒社会转型的新知,企业社会责任的议题多次见诸纸端。[3] 这些讨论背后所体现的要旨在于将一种社会责任的思想推向实处,推向亟待应对的社会现实。无论选择何种路径,企业社会责任都面临着一个由臆想到现实的落地过程。

---

① 资中筠:《关于企业社会责任》,载《感时忧世(资中筠自选集)》,广西师范大学出版社,2011。

② "GDP 主义"是指一国的经济发展的增长主要以 GDP 指标加以衡量,并以其作为该国作主要的政策素材。我国长期以来将 GDP 作为衡量国民经济发展的重要指标,同时也以其作为衡量官员业绩的考量标准。

③ 例如,富士康"连跳门"事件发生后,舆论对于企业在员工利益维护方面的话题关注较多;"地沟油"事件后,食品安全归责提上议程;"吴英案"后对于商业银行放贷标准、商业银行社会责任的讨论一直持续到今等。

（一）企业社会责任的时代任务

"企业和市场是组织相同交易活动的可替代模式"，以价格替代机制为显著特征的现代企业"在一个较大组织中扮演着一个单细胞的角色，几乎意识不到自己在发挥着更大的作用"①。"公司不断成了财产保有的方式，而且成了组织经济生活的手段，……它结合了若干属性和权力，已经有资格被视为一种主要的社会制度。"②企业源于社会并反作用于社会，企业制度的发展壮大使之不断汇聚能量，客观上对市场、对社会产生了难以预期的影响。早在 19 世纪初，经济学家们就预料到企业制度的广阔前景并表示了他们的担心："公司制度将处于这样一种地位，它即使不会吞没全部储蓄，至少也会吸收其相当大的部分，而投资者别无选择。"③作为一个内部经济共同体，企业汇聚了不同的利益主体，"它可能利用自己的经济行为，作为旨在取得其他方面的成就的手段……或者有一些经济上的成就与经济以外的成就相结合在一起。"④或是相关不相关的或是有意无意的，但是他们的的确确对社会产生了影响。我们常用外部性理论理解这些"经济上的成就"与"经济以外的成就"，并且企业社会责任的视域更多是关注那些"经济以外的成就"。当"经济以外的成就"对社会造成了不良的影响，亦即产生了负外部性时，法律就会成为保卫社会的一道屏障。而更多的人们出于"利他主义"思维模式对企业能在问题产生之前做出反向决策、企业能主动地回报社会服务，社会有强烈的期许。以往我国学界对企业社会责任思想的关注着墨颇多的是对于企业社会责任合理性的证成，基于当下的种种社会现实，我们认为处于社会

---

① 罗纳德·哈里·科斯：《企业的性质（1937）》，载《企业的性质：起源、演变和发展》，商务印书馆，2007。

② 阿道夫·A.伯利、加德纳·C.米恩斯：《现代公司与私有财产》，甘华鸣等译，商务印书馆，2007，第 3 页。

③ 同上书，第 76 页。

④ 马克斯·韦伯：《经济与社会》（上卷），林荣远译，商务印书馆，2006，第 376 页。

转型期的企业社会责任应跨越合理性的责难,大步伐地推进基础实践的落实。在此,我们不讨论"企业该不该对社会负责"这一持续了近百年的命题,因为事实上社会确实需要企业的付出与贡献,这样的思维尤其符合社会主义中国的社会价值观。

我们将企业社会责任作为一个法律问题进行考察。"从古至今,每个人类社会都有一套推广、变革、管理以及执行人们生活所需的规则的机制①,这种机制立基于不同社会的不同情境——历史法学派代表人物萨维尼称为"民族精神"。我国企业社会责任的建设同样需要与"民族精神"相结合。费孝通认为,"从基层上看,中国社会是乡土性的"②,这种"熟悉的社会"不同于"权力的社会"。社会在发展进步,"民族精神"同样需要去伪存真。面对现代化,中国同样有理由走上一条先进的法治道路。"我们不应当把中国的现代化过程或法治过程视为一个对西方正统理论的适应与改造,把中国的现实问题都视为没有实践或理论价值的问题。"③企业社会责任需要应对中国的现实问题做出紧迫的调整。"社会转型"是当前我国重要的现实问题。"社会转型"的一个重要内涵在于降低经济发展带来的社会负外部性影响,而企业是首当其冲的调整对象。如果说完善法治建设是实现社会平稳转型的重要途径,那么企业社会责任不得不说是社会转型期对企业进行调整控制的一个利器。企业社会责任与社会一般,同样处于一个转型的十字路口,如何与社会的发展同步运作是其应当考虑的重要议题。发展企业社会责任既是出于自身的"历史包袱"进而寻求突破的迫切,也是时代背景下对中国现实问题考量后的不二决策。前期大量的研究成果逐渐使人们对企业社会责任的认识趋于同步、理性。在社会转型的大背景下,将显学式的社会责任落到实处、推向法治建设才是真正的时代任务。

---

① 史蒂夫·瓦戈:《法律与社会》(第9版),梁坤、邢朝国译,中国人民大学出版社,2011,第1页。

② 费孝通:《乡土中国》,人民出版社,2008,第5页。

③ 苏力:《送法下乡:中国基层司法制度研究》,中国政法大学出版社,2000,第13页。

（二）金融机构社会责任的建设路径

对金融机构而言,在社会主义市场经济高速发展的今日,虚拟经济与实体经济的平衡发展决定了虚拟经济应在我国经济社会发展中发挥充分的辅助与支持功能。社会转型期,不应否认以互联网金融为代表的"类金融机构"的创新行为,也不应过多向具有市场属性的金融机构强加社会公共目标实现的任务。通过金融机构社会责任的建设,明确在金融市场"经营者-消费者"的基本关系逻辑之下金融机构应当履行信息披露与金融教育义务是金融机构社会责任发展的题下之意。目前,我国金融市场深化运行,金融市场结构仍然存在诸多发展困境,通过社会责任法律化命题的讨论激励金融机构开展普惠性金融业务也应成为金融机构社会责任发展的重要导向。具体而言,金融机构社会责任的建设路径包括:

第一,金融机构社会责任的政府倡导。政府与企业从形态上看是有本质差异的两个独立个体:企业在私而政府为公,企业最大限度追逐利润而政府维持社会稳定。市场经济的发展使二者历史性地走到了一起。在经济社会中,政府对企业的影响是不言而喻的。有学者认为,"从某种意义上讲,政府是一个超级企业(但不是一种非常特殊的企业),因为它能通过行政决定影响生产要素的使用"[1]。实际上"政府在影响私人生产的同时,其自身也直接参与了生产。政府通过法律体系和法律机制、直接和间接补贴、信贷活动、提供公共服务等方式影响了私人生产"[2]。金融机构社会责任的倡导应明确政府的主要责任,换言之,政府作为金融市场监管的法律责任主体也应成为社会责任推进的主导者。在金融市场发展的常态化监管之外,政府应重视具有"事前"特征的企业合规指引,引导金融机构规范运行,实现对金融

---

[1]　罗纳德·哈里·科斯:《企业、市场与法律》,盛洪、陈郁译,上海人民出版社,2009,第 115 页。

[2]　斯蒂格利茨:《政府为什么干预经济:政府在市场经济中的角色》,赫特杰编、郑秉文译,中国物资出版社,1998,第 34 页。

市场风险的"软控制"。

第二,多元政策目标下的金融机构社会责任倡导。从次贷危机的衍生过程来看,金融市场从最初市场投机行为的推动者,到最后受危机影响而接受政府救助乃至走向破产,逐利导向下的风险过度衍生使金融机构的发展背离其市场主体本质。次贷危机过后,美国民众对华尔街的声讨之声从未停止。我们认为,金融机构的社会责任倡导应当与国家经济运行的多元政策目标相结合。以我国金融市场发展为例,一方面应当鼓励金融机构在符合经济效益的前提之下推广普惠金融业务,减少金融排斥引发的金融消费者保护权益受损;另一方面在金融创新领域,尤其是存在明显金融监管空白的创新领域,鼓励金融机构与金融市场行业协会自下而上地形成市场竞争与运行规则,在共治共享的语境下促成金融创新功能的有效发挥,防止风险的肆意生成。

第三,金融市场交易逻辑下的金融机构社会责任倡导。社会责任的落实应当回归具体的市场交易逻辑,在法律义务与责任之外,可以通过道德义务的倡导实现市场交易双方地位的平等。金融市场交易的复杂性在客观上扩大了经营者与消费者之间的信息不对称。次贷危机中,投资银行对投资者存在不同程度的投资引诱与风险规避,这些行为在客观上助长了非理性投资,而以信息披露、金融消费者权益保护为代表的法律制度虽然具有一定的威慑效果,但是其运行也存在诸多成本考量。因此,大力推行金融素养培育在具体市场交易逻辑下的实施可以成为金融机构社会责任倡导的路径之一。

第四章 欧洲主权债务危机

作为资本主义世界经济发展的两极之一,欧洲经济发展表现出不同于其他区域经济体的发展个性。虽然历史上欧洲经济发展过程中也曾在不同的阶段形成不同的经济高地,但是伴随一体化进程的实质化推进,世界经济发展的欧洲模式逐渐形成。诚然,欧洲经济社会乃至政治社会的一体化并未从根本上消除成员国经济发展中的潜在风险,并且欧洲市场也未能在全球性经济危机中因统一体的存在有所幸免。欧洲主权债务危机正是 2008 年全球经济危机发生之后,以希腊信贷评级调低为导火索,波及德国、意大利、西班牙与匈牙利等多国的经济社会发展危机。

主权债务危机使欧洲"必须面临主权偿付能力、流动性问题和银行业危机等三重挑战"[①]。回顾欧洲主权债务危机的发展进程不难发现,虚拟经济与实体经济的割裂式发展是欧洲主权债务危机发生的重要原因。"作为一国融资能力最为重要的载体,主权债务也就不可避免地成为大国间权力博弈的重要领域"[②],过分仰仗虚拟机经济带动国家经济数据的纸面提升,这本身就会对社会进步产生极大的反噬效应。虚拟经济的过度发展如何衍生区域性经济体危机发生、经济一体化进程应如何处理区域经济体的产业结构

---

① Rainer Kulms, "The Euro Zone and Sovereign Debt, " *NUJS Law Review* 5, No. 3 (Jul.-Sep. 2012) :325-350.

② 丁一凡、赵柯:《主权债务,融资能力与国家兴衰——应对全球债务格局之变》,《欧洲研究》2014 年第 1 期,第 38 页。

均衡,虚拟经济立法如何应对区域经济体危机,这是本章亟待解决的问题。

一、欧洲主权债务危机的衍生背景

欧洲主权债务危机的发生是在欧洲经济一体化有条不紊推进过程中面临的一项重大挑战,欧洲一体化进程是探讨欧洲主权债务危机以及欧洲经济市场问题不能回避的重要问题之一。此外,学界普遍认为欧洲主权债务危机是 2008 年全球次贷危机的衍生品,次贷危机对欧洲主权债务危机的发生具有较客观的影响效果。因此,在探讨欧洲主权债务危机的既成事实之前,应当对欧洲一体化进程与次贷危机中的欧洲表现作必要的背景论述。

(一)政治经济一体化难以掩盖区域内部发展不均衡

政治经济一体化无疑是欧洲最具代表性的"世界名片",不可不谓世界历史发展进程中区域一体化的不二高度。

欧洲一体化进程大事记

时间	事件
1951 年	法国、联邦德国、意大利、荷兰、比利时和卢森堡签署《巴黎条约》,建立欧洲煤钢共同体
1954 年	欧洲防务共同体的建立以失败告终
1957 年	法国、联邦德国、意大利、荷兰、比利时和卢森堡签署《罗马条约》,建立欧洲经济共同体和欧洲原子能共同体
1965 年	法国、联邦德国、意大利、荷兰、比利时和卢森堡签署《布鲁塞尔条约》,决定将欧洲煤钢共同体、欧洲经济共同体和欧洲原子能共同体合并,统称"欧洲共同体"
1973 年	丹麦、爱尔兰和英国加入
1980 年	希腊加入

续表

时间	事件
1986 年	葡萄牙、西班牙加入
1986 年	《单一欧洲协定》签订,建立单一欧洲市场
1992 年	《欧洲联盟条约》,即《马斯特里赫特条约》正式签订,欧洲共同体更名欧洲联盟
1995 年	奥地利、芬兰、瑞典加入
1997 年	《阿姆斯特丹条约》签署,《稳定与增长公约》通过
2000 年	《尼斯条约》签署
2002 年	欧元开始在 12 个成员国发行
2004 年	马耳他、塞浦路斯、波兰、匈牙利、捷克、斯洛伐克、斯洛文尼亚、爱沙尼亚、拉脱维亚、立陶宛加入
2004 年	《欧洲宪法条约》签署
2006 年	保加利亚、罗马尼亚加入
2007 年	《里斯本条约》签署

　　从历史的发展来看,欧洲一体化进程发源于经济市场,升华于政治领域。1951 年,欧洲煤钢共同体的形成开启了欧洲的一体化纵向演进,而 1957年《罗马条约》(*Treaty of Rome*)的签订更是通过关税壁垒的形式消除而打通了一体化的"任督二脉"。更为重要的是,欧洲经济共同体的成立使欧洲市场不仅停留于具体的经济市场局部同盟,反而形成联结程度更为广泛、经济合作更深入的货币同盟。1970 年,"魏尔纳报告"(Werner Report)详细阐述了欧洲共同体实现欧洲货币一体化的"三阶段"战略,这标志着成员国政府有信心在十年内通过各国货币经济政策的协调,建立欧洲范围内的货币储

备基金,最终实现欧共体区域内经济要素的自由流动,达致货币一体化。但是,历史发展表明,欧洲货币一体化的十年并非一如计划的风平浪静,战后资本主义经济危机的频繁发生对欧洲市场,尤其是欧洲各国货币体系产生了较大冲击,部分成员国因危机治理的战略性退出动议使得欧洲共同体组织本身面临着解体的风险。令人欣慰的是,欧洲共同体在度过危机之后反而形成了更紧密的经济联系,增强区域内的风险抵御能力也成为1979年欧洲货币体系的现实动因。1989年,"德洛尔计划"(Delors Plan)作为新一阶段欧洲经济一体化进程的方案,承继了"魏尔纳报告"的"三阶段"思路,提出在二十年时间内逐步实现区域货币一体化。除核心目标之外,"德洛尔计划"认清欧洲经济市场发展的内部不均衡现实,强调建设一种更符合欧洲实际、更具欧洲特色的货币一体化进程,建设统一的欧洲中央银行体系成为这一计划的亮点之一。1992年,《马斯特里赫特条约》(Maastricht Treaty)的签订标志着欧元区的建设进入实质性推进阶段。通过消除内部成员国之间市场与经济要素流通的障碍,欧洲统一市场初具雏形,而1996年《稳定与增长公约》(Growth and Stability Pact)的签订"标志着欧元区政策框架基本成型"[1]。最终,欧洲货币一体化进程于1999年迈出坚实的一步,欧元的发放与欧洲统一货币政策联动机制正式形成。

值得一提的是,欧洲经济一体化进程的发展并未因欧元区的形成而停滞不前,相关调制政策与配套制度陆续出台。2009年,《里斯本条约》(Lisbon Treaty)作为新欧盟宪章开始施行,"欧盟取代欧洲共同体并承继原欧洲共同体的所有权利和义务,真正成为一个法律意义上的实体"[2]。《里斯本条约》赋予成员国退出欧元区的权利,这也被学界解读为"通过赋予成员

---

[1] 刘洪钟、杨功研:《超越紧缩——探索欧洲主权债务危机的终结之道》,《世界经济研究》2012年第4期,第18页。

[2] 姚铃:《欧盟经济一体化的新发展》,《国际贸易》2010年第10期,第50页。

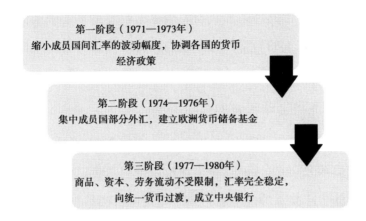

第一阶段（1971—1973年）
缩小成员国间汇率的波动幅度，协调各国的货币
经济政策

第二阶段（1974—1976年）
集中成员国部分外汇，建立欧洲货币储备基金

第三阶段（1977—1980年）
商品、资本、劳务流动不受限制，汇率完全稳定，
向统一货币过渡，成立中央银行

"魏尔纳报告"三阶段论

国更多的自主权以彰显和巩固欧洲一体化的政治与民主基础"[1]。实际上，虽然从"欧共体"向"欧盟"的演进过程中，欧洲市场有效抵御了多次资本主义战后经济危机的冲击，并且欧洲经济一体化也赋予了更多防范和抵御经济社会风险的可能，但是这并未从根本上消除欧盟成员国内部的不均衡发展问题。换言之，欧盟成员国在经济基础、经济实力以及经济政策的差异性始终是欧洲经济一体化能否最终达成效果的关键之所在。事实上，欧洲作为世界经济的重要版图，既有名列"八国集团"（Group of Eight）的英国、德国、法国与意大利等经济强国，也有西班牙、葡萄牙与荷兰等资本主义传统强国，但更多是以希腊、爱尔兰与卢森堡等经济数据表现较为一般的国家，欧洲成员国之间的经济实力差距由此可见一斑。虽然欧洲中央银行的制度设计有利于区域内货币政策的统一，但是具体政策的制定与运行是否符合成员国国情，尤其是能否应对各国非均衡的发展现状始终要打上一个问号。并且，经济与货币之下的金融市场本身就潜在"系统性金融风险"，经济共同体"硬币的反面"或许可能因部分成员国风险处理不当而导致区域性的风险干预失位。综上所述，欧洲一体化进程的发展确实在人类历史长河中写下

---

[1] 贺力平:《希腊债务危机的国际影响与借鉴》,《经济学动态》2010年第7期,第109页。

了浓墨重彩的一笔,但其体系形成与发展也面临着诸多不确定性与不稳定性,区域统一货币政策的科学性与区域内经济政策推行的联动性程度决定着欧洲经济一体化未来的走向与进程。

（二）次贷危机全球影响的纵向衍生

在欧美大国崛起的过程中,金融扮演了重要角色,无独有偶,伴随经济全球化进程的深入,金融风险也会因此而产生更深远、更广泛的影响,2008年次贷危机的全球波及即是例证。第三方调研机构数据披露显示,即便是在金融危机发生十年之后的今日,"欧洲各国经济状况虽有所好转,但是仍然增长乏力,GDP 增速过缓,失业率居高不下,收入分配差距仍然处于较高水准"①。为何一场源自美国的经济危机在多年之后的大洋彼岸仍然余温未散,经济全球化与金融全球化的深入发展无疑是根本性原因。

在这场危机爆发之前,欧洲各国与美国无疑是世界经济发展的执牛耳者,而在金融范畴之内,纽约、巴黎、伦敦与法兰克福等多座世界金融中心被涵盖在内,足以彰显欧美在世界经济版图扩张中的重要地位。百余年来,欧洲市场内部伴随战争与工业革命的洗礼,区域金融中心几度易主,不稳定的市场机制也使世界金融体系由英国"金本位制"走向以美元为主的布雷顿森林体系。但是,反思中的欧洲并未停滞不前,英国、德国与荷兰等国依靠自身的经济实力与较稳定的政治环境实现经济与金融市场的复苏,多元化的欧洲金融市场逐渐形成。在金融创新和区位地理特征的影响下,欧洲市场的统一化更是为欧洲金融一体化奠定基础。伴随欧洲经济一体化进程的推进,欧洲金融一体化随之深入,欧洲金融市场结构向着更趋稳定、更趋统一的目标前行,而欧洲金融监管动向与美国一道成为世界金融监管变革的驱动力量。相比于美国的创新与先进,欧洲金融市场发展素以稳健和规范著称,但欧美之间广泛的金融联

---

① 刘宏松:《金融危机已过十年,欧洲仍未走出危机》,第一财经网,https://www.yicai.com/news/100043542.html。

系使欧洲未能在2008年次贷危机中全身而退,反而因此产生诸多发展掣肘,并在很长一段时间内仍然生存于危机阴影之下。

回顾历史不难发现,全球次贷危机前,欧洲市场同样经历了房地产行业繁荣的持续期间,虚拟经济在欧洲范围内对实体经济发展不可不谓产生压倒性优势。虽然在稳健的金融监管政策下,欧洲银行并未像美国金融市场一般出现金融衍生品泛滥的现象,但是欧洲次级贷款市场的发展同样衍生出诸多系统性金融风险。更重要的是,在欧美经济发展广泛关联的今日,美国次贷危机的高度衍生化使许多欧洲金融机构成为次贷链条上的关键一环,美国国内次贷危机的爆发在第一时间影响着欧洲资本市场的发展。虽然次贷危机发生之后,欧洲银行采取了多轮救市措施,但欧洲市场内部先天性的非均衡发展与经济一体化规则的不完善仍然使欧洲在次贷危机中损失惨重。

经历了次贷危机的发展教训之后,以英国为代表的资本主义传统强国开始反思虚拟经济导向与立法的不足,在系统性金融风险理论的指引之下,开始探索一种更审慎、更趋严格的金融监管架构。强化与统一金融监管职能、保护金融消费者合法权益以及发展宏观审慎监管职能机构成为次贷危机"英国方案"的典型特征。反观欧洲金融市场层面,宏观审慎监管机制也得到了欧盟议会的认可。2010年通过的金融监管法案为欧洲金融监管重述系统性风险应对体系:在微观层面通过欧洲银行业监管局、欧洲证券和市场监管局和欧洲保险和养老金监管局;在宏观层面建设欧洲系统性风险委员会。可以说,欧洲及其内部传统资本主义强国在经济危机中进行了较为深刻的反思,但是经济数据表现较为普通的国家仅能盲从外部宏观制度环境的变化。究其原因有二:一方面,这些国家单独抵御风险能力一般,需要更多依赖一体化进程的有益成果;另一方面,这些国家未能结合自身实际,换言之也没有足够的能力进行自身金融市场体系的独特化完善。但是,金融风险的系统性特征又使这些原本并非金融市场关键环节的区域与国家,对整个欧洲与区域金融市场发展产生重要影响。换言之,2008 年金融危机的余温并未因欧洲集体层面的调试而消减,"政府的拯救措施也降低了企业界自救的积极性,导致更多的投资行为和更多的坏账"[1],反而在更长远的时期内影响着部分欧洲国家的发展,最终成为欧洲一体化进程的掣肘。

二、欧洲主权债务危机的成因

欧洲主权债务危机的发生表现出不同于传统资本主义经济危机的特征,它是在政治、经济与社会等多维原因共同作用下的时代产物。欧洲社会独有的经济社会发展特征,辅之世界经济格局一盘棋下的风险联动导致欧洲社会内部危机四伏。从政治上看,欧洲国家一向秉持的高福利政策为国家的可持续发展埋下巨大的财政负担,而其背后的民粹主义也引发欧洲社会各界的深刻反思;从经济上看,单纯仰仗虚拟经济驱动,不重视实体经济的现实积淀,最终使得欧洲部分国家经济发展失衡、经济结构僵化,赤字严重,而面对这些现实问题,政府的临时救济措施也缺乏足够的远见;从国家社会发展的外部环境来看,次贷危机后全球经济市场的表现低迷与欧盟成员国内部的经济发展不均衡也在一定程度上成为欧洲主权债务危机发生的催化剂。

(一)欧洲主权债务危机的政治原因

完备的社会福利制度一直以来既为欧洲社会披上"高福利"标签,也为欧洲经济发展带来较严重的财政负担。[2] 作为现代西方经济学理论的重要

---

① 张维迎:《市场的逻辑》,上海人民出版社,2012,第330页。

② 有学者研究指出:"具有悠久历史的欧洲社会保障制度在欧债危机中,一方面充分发挥了保障就业、减缓冲击、维持消费水平、烫平经济波动的重要作用;另一方面也暴露出一系列长期的结构性问题,如推高政府财政赤字和公共债务,挤出研发、教育投入,以及导致劳动力市场僵化等。"(丁纯、陈飞:《主权债务危机中欧洲社会保障制度的表现、成因与改革——聚焦北欧、莱茵、盎格鲁-撒克逊和地中海模式》,《欧洲研究》2012 年第6期,第1页)。

组成部分,福利经济理论(Theory of Welfare Economics)强调享有国家公权的政府应最大化地促进和提升社会整体福利,以制度为导向提升国家公民的关联福利保障。[1] 与此相对,福利国家论作为一种更早、更为传统的类似理论在政治学领域也占有一席之地。[2] 欧洲国家普遍推行较高水平的普惠性社会福利,尤其是以芬兰、瑞典、丹麦为典型代表。这种高水平的普惠性社会福利制度被冠以"从摇篮到坟墓"全方位保障的美誉,范围涉及教育、医疗、住房与养老等与个人生存相关的方方面面。这些政策的推行并非执政者的肆意妄为,它是建立在欧洲部分国家经济高质量发展、存在较为明显的人口红利基础上,国家政府针对当前情况而做出的合理化决策。但是,伴随人口红利的逐渐消失,人口老龄化趋势的加剧在客观上加剧了国家政府的财政负担,并且这种高福利制度推行本身就会引发较高的社会道德风险,在高福利的感召之下,就业、教育等具有社会价值的选项被排除在社会个体的发展目标之外。由此看来,欧洲国家普遍的高福利制度亟待做出调整,但是事实并非如此。

"长期的高福利造成国民缺乏生产积极性、进取心和创新精神,国家对本国生产状况和经济结构变化放任自流,导致经济呆滞、收入萎缩。"[3]一种更畸形的表现是,普惠性社会福利制度本应是一种政府决策的选项,但它却因欧洲范围内的广泛推行而成为政府执政能力的考量范围。以希腊、卢森堡等为代表的欧洲主权债务危机国家,在长期居高不下的失业率面前,仍然被迫推行社会的高福利政策,致使政府财政负担呈梯级上涨。换言之,政府已经被高福利政策所绑架,而放弃高福利政策极有可能意味着政权的不稳定,这背后的根本原因还可以追溯至资本主义国家广泛存在的民粹主义

---

[1]　李特尔:《福利经济学评述》,陈彪如译,商务印书馆,2014。

[2]　鲍莫尔:《福利经济及国家理论》,郭家麟、郑孝齐译,商务印书馆,2013。

[3]　王志伟:《欧元区的经济困境:主权债务危机及其出路》,《山东大学学报(哲学社会科学版)》2012年第1期,第3页。

(Populism)现象。与福利经济学和福利国家论的论点相类似,民粹主义标榜"平民政治",强调政府对大众福利提升的有效预期。实践中,民粹主义并非自下而上的权利诉求,更多表现为执政党自上而下的发展承诺。因此,在西方国家的政党争斗中,民粹主义是在短时间迎合民众、获取支持率的不二选择。但是,政党迎合民众普惠性诉求的代价也是相当惨重的,高福利社会体制下的财政负担与人口老龄化一道为国家执政党提出了种种难以调和的矛盾。"在资本主义制度下,建设所谓的高福利制度不可能通过提高资本所得税去筹集,只能靠发行国家债券以借新债还旧债这种'寅吃卯粮''吃子孙'的方式去筹集。"[1]"负债累累的政府是一个权力难以扩张的政府"[2],一种更值得关注的现象是,在高福利的幻象之下,政府公共部门臃肿,政府职能不到位现象屡屡发生,国家政府只顾眼前"执政利益",忽视长远的"社会利益"也是高福利政策推行下的重要问题表现,这也在某种程度上威胁着欧洲社会的民主与经济基础。综上所述,政治维度不良思潮向经济社会传导形成的发展风险构成欧债危机发生的政治原因。

(二)欧洲主权债务危机的经济原因

欧洲主权债务危机的主因仍要回归经济层面,欧盟与欧洲主权债务国家的经济结构缺陷和经济调控政策失灵是造成欧洲主权债务危机在欧元区扩展的主要原因。

其一,经济产业结构僵化是欧洲主权债务危机国家的常态化表现。不同于英国、德国等资本主义传统强国较为完备的产业结构设计,欧盟部分成员国内部的产业结构较为单一,经济实力存在明显不足。以希腊为例,希腊的产业结构主要包括旅游与船舶运输,工业产值占比非常低。单一的产业

---

[1] 何秉孟:《重识"第三条道路"——金融危机后美欧的政治思潮与经济选择》,《国外社会科学》2014年第6期,第5页。

[2] 陈志武:《金融的逻辑》,五洲传播出版社,2011,第19页。

结构一方面使希腊不具备较为充分的经济竞争实力,另一方面,也预示着自身抵御经济危机的能力较差。从希腊较为依仗的旅游业来看,2008 年全球经济危机的爆发在客观上无疑会对居民个人出行产生重要的影响,旅行人数递减这一较为单一的社会现实就会对希腊经济产生质的冲击。并且,"希腊历届政府都未能克服普遍存在的问题,包括竞争力低下、贸易和投资失衡,以及财政管理不善,这些问题使希腊经济处于脆弱的国际地位"①。而希腊长期以来推行高福利政策,政府赤字发展较为严重,在高昂的社会福利补贴之下,政府财力已难以维系。由此,政府在收与支两端均面临着财政危机,寻求其他途径的经济救助成为一种必然的选择。

　　其二,虚拟经济与实体经济二元分类下的经济发展导向失衡为欧洲国家带来诸多发展隐患。一国经济发展导向是否平衡决定着国家经济社会的发展质量,在虚拟经济与实体经济的二分法之下,现代国家多容易步入过度发展虚拟经济的循环,最终引发经济发展导向的失衡。在虚拟经济的巨大利诱面前,缺乏足够实体经济支撑与经济实力的欧陆国家就会对自身的发展产生反噬效应,欧洲主权债务危机正是如此。欧债危机发起国家"表现出典型的南欧国家的金融化症状,这些症状与较发达经济体的金融化过程模式有显著差异"②。在金融危机发生前夕,全球投资市场发展普遍向好,以希腊、西班牙、葡萄牙为代表的欧陆国家也成为投资者理想的目的地,这在客观上促进当地房地产、旅游与金融业的发展。无独有偶,在此趋势之下,这些国家也纷纷走上了虚拟经济导向的发展路径,单纯依靠房地产与旅游的经济发展模式显然不具备经济可持续性。脱离实体经济发展支撑的发展导向,在短期虚假的数据繁荣之后,势必会引发新一轮的发展危机。欧洲主权

①　Featherstone, Kevin, "The JCMS Annual Lecture: The Greek Sovereign Debt Crisis and EMU: A Failing State in a Skewed Regime," *Jcms Journal of Common Market Studies* 49, No.2 (2011):193-217.

②　Barradas, Ricardo, et al, "Financialization in the European Periphery and the Sovereign Debt Crisis: The Portuguese Case," *Journal of Economic Issues* 52, No.4 (2018):1056-1083.

债务危机正是由于经济导向的失衡,在全球金融危机的影响之下,缺乏足够的风险应对能力。

其三,成员国层面的经济调控政策失灵未能及时应对主权债务危机的发生。欧洲主权债务危机的爆发是以希腊国内主权债务危机为起点,进而波及欧洲多国的区域性经济危机。金融市场风险的系统性再次由欧洲主权债务危机的高波及度而得到证成。在政府与市场关系的维度下,政府经济调控政策失位是欧洲主权债务危机发生与扩散的主要原因。具体而言,在欧洲主权危机发生之前,成员国内部长期依靠赤字财政、财务管理制度松懈,最终使政府经济调控职能无法得到正常发挥,对金融衍生品监管普遍存在失位现象。更重要的是,在 2008 年全球经济危机爆发之后,欧陆国家多通过扩大支出实现对经济社会发展的刺激,"2008 年秋季欧洲国家对当地银行系统进行了大规模的救助,仅爱尔兰银行一家就花掉了爱尔兰国内生产总值的 11%,而 2008 年至 2013 年期间,欧盟金融机构使用的政府援助总额增至 1.5 万亿欧元"[1]。但是这种救助与缓解经济衰退的措施本身就会加重政府赤字,客观上为欧洲主权债务危机的爆发埋下伏笔。缺少调控能力的政府与缺乏经济实力的危机应对政策使得部分欧陆国家面临沉重的债务负担,这也直接引发债务危机的发生。

(三)欧洲主权债务危机的社会原因

欧洲主权债务危机因欧洲社会独一无二的一体化进程而具备了更多值得深究的原因。概览而言,欧洲主权债务危机的社会原因存在两种可归责的言说场域,一为世界经济大格局,二为欧洲经济市场内部。

其一,从世界经济大格局看,2008 年全球次贷危机的爆发无疑是欧洲主权债务危机爆发的前置性条件,学界与社会舆论更多将欧洲主权债务危机

---

[1] Kräussl, Roman, T. Lehnert, and D. Stefanova, "The European Sovereign Debt Crisis: What Have We Learned?" *Journal of Empirical Finance* 38, (2016):363-373.

视为 2008 年全球次贷危机的"余震"。从关联性上考虑,希腊、爱尔兰、西班牙等欧洲主权债务危机波及国正是由于在全球次贷危机风险应对中,高强度经济方案引发的高昂财政负担而最终导致国家主权债务危机的出现。"欧洲主权债务危机不仅是次贷危机全球蔓延的局部动荡,更是一场世界货币体系重构的前兆"①,欧洲市场与美国市场的大量经济关联使得次贷危机的阴影至今仍未在欧洲市场完全消散。此外,从国际大背景看,更重要的论点在于,"国际经济环境、国际贸易环境与国际性组织的不恰当干预都对主权债务危机产生重要影响"②,国家金融寡头机构的投机行为使得部分欧陆国家在自身经济实力薄弱的前提下,难以抵挡沉重的财务负担,最终导致危机爆发。因此,正如亚洲金融风暴、拉美主权债务危机一般,国际寡头经济势力的投机行为也是造成欧洲主权债务危机发生的重要原因。

其二,有学者指出,"将此次危机过多归咎于次贷危机产物,却有流于表面、推卸责任之嫌,不利于债务危机的真正解决"③。从欧洲经济市场看,欧盟一体化进程也成为欧洲主权债务危机的重要诱因"欧元体制设计中与生俱来的缺陷就是统一了货币政策而没有统一的财政政策"④,从理论上看,欧洲经济一体化进程的推进有利于欧洲市场作为一个整体增强风险抵御能力,但是实践中并非如此。欧洲一体化进程本身就存在着诸多利益博弈,在博弈的背后仍然是经济实力占据主导力量。虽然货币一体化进程的推进使得成员国处于欧元区的庇护之下,但是这并不能掩盖成员国内部的经济差异,"一体化进程加大了核心与边缘成员的差异,却未建立起区域层面的风

① 刘元春、蔡彤娟:《论欧元区主权债务危机的根源与救助机制》,《经济学动态》2010 年第 6 期,第 4 页。

② 马宇、程道金:《主权债务危机影响因素的实证研究及启示——对新兴经济体与发达经济体的比较》,《经济学家》2014 年第 8 期,第 80 页。

③ 瞿旭、王隆隆、苏斌:《欧元区主权债务危机根源研究:综述与启示》,《经济学动态》2012 年第 2 期,第 88 页。

④ 周茂荣:《论欧洲主权债务危机下欧盟的经济治理改革》,《广东社会科学》2012 年第 6 期,第 19 页。

险分担机制,最终导致危机爆发"①。换言之,欧盟内部仍然存在着"南北差异"的问题,即发达国家与发展中国家经济实力的不匹配,因此,有学者指出"欧债危机的本质是局部的主权债务的信用危机,而非是发达国家的全面主权债务危机"②。统一的货币政策并未从实质上推动成员国尤其是主权债务危机发生国家内部经济发展结构与战略导向的根本转变,反而会因这些国家发展不均衡而产生"木桶效应"。此外,更重要的是,欧盟内部经济市场制度的推行也面临着实质性障碍。以《马斯特里赫特条约》为例,作为欧盟货币一体化进程的标志,它对成员国赤字率、债务率做出较为明确的准入门槛,但实际上这一目标并未达成。③ 由此看来,在国家利益广泛博弈的欧洲一体化进程中,法律制度与财政政策的不可调和性未能成为预防主权债务危机发生的有效制度屏障。

三、欧洲主权债务危机的演进

从演进流程来看,欧洲主权债务危机与其他区域性、全球性经济危机的趋同性表现由小及大的逐步扩散。从最初的希腊国内危机,波及比利亚、西班牙等欧洲国家,最后对德国、法国、意大利等欧洲经济强国产生影响。值得关注的是,欧洲主权债务危机的特殊之处表现在,在欧洲经济一体化进程中,始终注意对金融风险的防范,并且 2008 年金融危机的余温仍未彻底退去。危机从发生到蔓延,再到最后波及整个欧洲,欧盟的财政与救市政策扮演着重要角色,但并未从根本上阻止和减弱经济危机的传播。具体而言,我们可以将欧洲危机的演进分为四个主要阶段:

---

① 万志宏、陈汉鹏:《从主权债务危机看欧元区的内在稳定性》,《南开学报(哲学社会科学版)》2015 年第 6 期,第 18 页。

② 李稻葵、张双长:《欧洲债务危机:预判与对策》,《经济学动态》2010 年第 7 期,第 12 页。

③ 《马斯特里赫特条约》对欧盟成员国的财政赤字与公共债务分别规定了 3% 和 60% 的警戒线,但是实际上这一警戒线并未在欧盟实际运行中得到严格遵守。

(一)危机的引线:希腊主权债务危机

本阶段最明显的标志莫过全球三大评级机构——标准普尔(Standard & Poor's)、穆迪(Moody's)与惠誉(Fitch Rating)相继下调希腊主权信用评级。主权信用评级是反映一国政府的债务偿还能力与意愿的重要指标,虽然评级指标的设置与信用评级机构的俘获是学界热议的焦点,但毋庸置疑的是,主权信用评级的急速下调一方面反映出国家的经济发展现状,另一方面也会对全球投资趋势产生重要的影响。究其原因,主要在于希腊政府先于评级机构下调评级之前,于 2009 年 10 月对外发布当年财政赤字 GDP 占比将超过 12%,这一指标远远超过《马斯特里赫特条约》设定的财政赤字红线,而信用评级的下调正是在表达全球经济市场对希腊经济发展的担忧,"希腊不得不从一个承诺遵守税收义务的国家,转移到一个不再履行这些义务的政权"①。在危机的发起阶段,希腊的经济问题并非没有得到欧盟领导层的重视,2010 年 2 月,欧盟特别峰会临时就希腊债务危机进行主题讨论,虽然欧盟国家领导人对救助希腊达成初步共识,但是仍然停留于"宣示"层面,并未采取实质性的救助措施。更具讽刺意味的是,在欧盟还在为如何救济希腊踟蹰不前之时,标准普尔再次下调希腊主权信用评级。同期,希腊国家内部民众矛盾不断激化,爆发全国性的罢工潮,国内救市政策因诸多原因未能及时出台,希腊面临着较严重的内忧外患。

在此期间,希腊相继向欧盟和国际货币基金组织等国际组织求援,希望通过国际救助机制的启动缓解内部危机,防止危机区域扩散。欧洲财长会议也在危机持续发展深入之时与国际货币基金组织一道达成一项总额高达

---

① Elena Raluca MOISESCU, and Andrei GIURESCU, "Sovereign debt crisis—From challenges to solutions," *Theoretical and Applied Economics*, No. 1 (2016):195-202.

7500 亿欧元的救助方案。① 与此同时,在经济救助之外,欧盟委员会也针对希腊政府内部财政政策与政府机构职能发挥问题进行反思,希望通过加强内外政策协调,最大程度地减少危机的影响。但是,也有学者研究指出,欧债危机期间,"国际货币基金组织、欧盟委员会、欧洲央行等机构发布的政策声明的正面效应可以被公众抗议和地方政府对国际组织公告的负面效应所抵消"②,国际组织的介入并未从根本上遏制危机的蔓延。

(二)危机的扩散:"欧陆五国"推向历史前端

希腊国内的主权危机在短时间内引发欧洲市场的小范围波及,欧洲主权债务危机在本阶段逐渐由希腊一国波及葡萄牙、意大利、西班牙和爱尔兰等欧盟成员国中经济实力相对较弱的国家。③ 相关数据研究显示,"在危机发生的大部分时期,危机在边缘国家(葡萄牙、爱尔兰、希腊)之间蔓延"④。从历史渊源来看,这五个国家在经济社会发展中表现出多种趋同特征:均曾经在房地产、旅游等产业的主导之下忽视国内经济产业的均衡发展、政府财政赤字与负债严重;均为欧元区经济实力较弱的国家、国内社会福利政策始终保持较高的水平。由此,在金融市场系统性风险的影响之下,希腊主权债务危机在第一时间传导至其他四个国家,主权债务危机在欧洲传播成为一种不可逆的趋势。值得一提的是,虽然希腊是欧洲主权债务危机的发起国,但是纵观欧洲主权债务危机的发展,意大利则是受到主权债务危机最为严

---

① 据媒体披露,7500 亿欧元救助机制旨在帮助受主权债务危机影响的欧元区国家。救助机制由三部分资金组成:第一,由欧元区国家协议提供的 4400 亿欧元;第二,欧委会依据《里斯本条约》在公开市场筹集 600 亿欧元;第三,国家货币基金组织提供 2500 亿欧元贷款。

② Gogstad, Marianne, A. M. Kutan, and Y. G. Muradoglu, "Do international institutions affect financial markets?: evidence from the Greek Sovereign Debt Crisis," *The European Journal of Finance*, (2017):1-26.

③ 此次受主权债务危机影响较大,并且在欧洲经济发展中一直处于劣势的葡萄牙(Portugal)、意大利(Italy)、爱尔兰(Ireland)、希腊(Greece)、西班牙(Spain),等国因其英文国名首字母组合为"PIIGS",被舆论戏称为"欧猪五国",本文统称"欧陆五国"。

④ Pereira, Ines Prates, and S. Lagoa, "Flight-to-quality and contagion in the European sovereign debt crisis: The cases of Portugal and Greece," *Journal of Financial Economic Policy* 11, No.2 (2019):193-217.

重的国家①,一场危机使得意大利从国际投资市场的宠儿变为弃儿,政府债务余额与 GDP 占比一直居高不下。

在此期间,意大利与西班牙等欧洲主权债务危机主风险国家纷纷出台财务紧缩计划力求自保,爱尔兰也成为继希腊之后第二个向欧盟与国际组织求援的国家,欧洲主权债务危机逐步走向深化阶段,欧盟层面也进行了较为细致与紧急的风险应对磋商。但是危机的扩散使得欧盟委员会的一次次努力化为泡影,与欧盟危机治理政策相呼应的确是主权债务危机波及国的频繁增加。

(三)危机的蔓延:欧洲危机与银行业挑战

从希腊到"欧陆五国",欧洲主权债务危机的蔓延并未停歇,德国、法国等欧元区内经济实力较强的经济体也最终难以逃出经济危机蔓延的区域性魔咒。在经济危机的波及下,德国与法国政府主动寻求政府财政收支平衡:德国出台 4 年期 800 亿欧元的财政紧缩计划,而法国则将视线触及退休制度改革,提出延缓退休政策。这些尝试对预防和延缓危机扩散无疑是有益的,但是与此同时也会在各国内部引发巨大阻力。反观欧洲层面,主权债务危机愈发演变为银行业危机,本次经济危机的复合性特征暴露无遗。以希腊为例,虽然欧盟委员会与国际货币基金组织实施了较为及时的救治,但是真金白银并未换来危机发展的延缓,政府偿还能力的客观下降导致欧洲银行业市场的连锁反应,欧元区汇率不断创下历史新低。

面对紧迫的情况,欧盟委员会的治理从未停歇,这期间较为重要的事件当属布鲁塞尔峰会。2010 年 12 月 16 日,欧盟成员国领导人在比利时布鲁塞尔峰会就通过修改欧盟公约建立欧洲市场内部经济危机的永久性应对机

---

① 相关统计数据显示,"2010 年底,意大利政府债务余额高达 1.861 万亿欧元,规模仅次于德国 2.058 万亿欧元"。范建军:《欧洲主权债务危机爆发的原因、进程和应对之策(上)》,《中国经济时报》2013 年 1 月 3 日第 5 版。

制达成一致,拟通过金融稳定机制的设立,协调各国财政政策,确保欧洲市场经济、就业、财政与社会的协同发展。随后一年内的欧盟救助方案也依照金融稳定与经济发展的原则,既重视危机减缓,又重视国家内部治理的改善建议,金融稳定在欧洲层面达成共识。

时至今日,虽然距离欧洲主权债务危机的发生已十年之余,但部分欧洲国家仍然未从根本上摆脱经济危机的阴影。从危机的演进中我们不难发现,经济基础弱、经济实力发展不均衡始终是制约欧洲经济一体化的重要一环。诚然,欧盟的及时救助也表明经济一体化进程之下的职能发挥,但更根本的救助仍需落脚于金融稳定、经济结构等原生性问题。

四、欧洲主权债务危机的治理

欧洲主权债务危机治理不同于其他经济危机演变的重要表现在于,不同于其他经济危机的突发与宏观调控政策的踟蹰,欧洲主权债务危机是一场在预料之内,并不断伴随欧盟委员会治理变迁的经济史实。虽然欧盟委员会对主权债务危机的治理政策并未从根本上阻止或者减缓危机在整个欧洲经济体的蔓延,但是,从欧盟委员会的治理政策中仍然可以探究出当下危机治理的理念变迁。区域经济一体化进程,尤其是货币一体化能否从根本上为区域经济体实现经济稳定成为欧盟经济一体化不可回避的命题。欧洲主权债务危机的治理也为世界各国区域一体化经济建设提供了借鉴模板。具体而言,欧洲主权债务危机的治理涉及微观、中观与宏观等多位层面,形成了较为系统的治理体系。

(一)微观层面:实施定向救助计划

欧洲主权债务危机最早开始的治理正是在希腊一国发生主权债务危机之后,当希腊向欧盟委员会求援之时,欧盟委员会立刻进行的多轮定向救助计划。从性质上看,定向救助计划主要是针对主权债务危机引发的政府财政不平衡,希望通过扩大政府可控资金量,帮助希腊政府实现国内危机应对财政与市场政策的有效推行。在这项微观的定向救助中存在如下值得关注的环节:

第一,通过贷款形式救助。现代市场经济发展中的国际救助不同于国际援助,它并不是无底线、无回报的单方面救援,更多是一种短期内现金流的供给。从形式上看,国际组织的救助为解决危机发生国的燃眉之急有雪中送炭的功效,但从实质上分析,这种直接的经济救助一直饱受舆论诟病。联想到2008年次贷危机中国际社会针对各自国家内部的多轮救市方案,这种危机治理逻辑虽然运用比较广泛,但是对危机的扩展与蔓延难以起到根本性减缓作用。并且实践发展证明,如果在危机治理中没有发挥充分的职能,那么贷款性质的救助又会徒增政府的财政负担,危机治理容易步入无限资金救助的死循环。

第二,换取充分的政府承诺。为了确保区域与国际救助的现实意义,定向救助计划往往会附带相当程度的政府承诺,在此次针对希腊的国际救助中,希腊政府的承诺主要在于政府财政预算削减与当下债务重组。换言之,定向救助的逻辑仍关注政府收支的"加减法",即通过资金救助增加政府可支配财政,通过财政政策变革减少不必要的支出,开源与节流共举以期实现国内经济形势的扭转。实际上,危机发生之后推出财政紧缩政策是各国政府应对危机的常态,而国际救助为了确保危机治理效果往往会要求被救助国政策进行类似承诺,其最终目标仍然在于防止危机更大程度地蔓延。

第三,减记债务。希腊主权债务危机的根源正是由于希腊政府面临即将到期的高昂国债,所以减记债务从效果上来看可以直接缓解希腊政府的债务负担。诚然,减记债务并非经济危机治理中的一种常见措施,因为减记债务本身存在诸多可商榷之处。首先,减记债务需要经过债权人的同意,因为这种行为本身正是一种债务违约行为,债权双方具有明显的不合理性,更是对国家信用的一种减损。其次,减记债务的施行不易广泛,如果欧盟委会在希腊问题处理上选择减记债务,那么危机深化后意大利、西班牙、爱尔兰等国家的危机治理是否享受同等待遇,答案显然是否定的。因此,减记债务确实是一种较为极端、少见且显失公平的危机治理措施。再次,减记债务政策的使用也会对整个欧洲信用产生影响,势必影响国际社会对欧洲市场的投资信心,而这也会对欧洲银行业的流动性产生较大的制约。最后,减记债务虽然在预期效果上具有阻止危机蔓延的功效,但是这在主观上容易助长"不劳而获"的心态,使得危机发生国不能与危机发生密切相关的高福利政策、政府职能等问题进行深入反思。正是考虑到减记债务的复杂性影响,欧盟委员会组织了关于希腊减记债务议题的多轮磋商,希腊政府终以退出欧元区为筹码使得此议题在成员国中达成一致。

综上所述,微观层面关于欧洲主权债务危机的治理措施表现出较强的针对性,但是债务减记、贷款救助等措施的实施一方面并未减缓危机的蔓延,另一方面也为希腊和整个欧洲经济危机治理政策的延续性提出难题。

(二)中观层面:改良金融财政政策

"仅是救助机制不能根本解决欧债危机和回复经济发展"①,并且根据《里斯本条约》不得救助成员国的规定,欧洲央行最后贷款人职能的发挥受到限制②,经济危机的治理仍要重视政策维度的具体调整,欧洲主权债务危机治理中存在两种维度的政策调整,一种是国家维度,一种是欧盟维度。在国家维度,如前所述,各国均采取不同程度的财政紧缩计划,尤以法国变革国内退休制度为典型。而在欧盟维度,金融、财政与货币政策的调整成为主权债务危机治理的关键所在。具体而言,中观层面欧洲主权债务危机治理集中金融财政政策的改良,具体体现在:

第一,欧洲央行主导下的多轮次市场调控。"危机的彻底解决要求欧元

---

① 杨秋菊、邓小华:《欧元诞生、欧债危机及纾困博弈路径》,《财经科学》2015年第9期,第1页。

② 徐明棋:《欧洲主权债务危机与欧洲中央银行制度上的缺陷》,《社会科学》2012年第1期,第36页。

区国家继续以'友好型增长'方式进行财政整顿"①,欧洲中央银行依据《马斯特里赫特条约》负责欧元区范围内金融与货币政策的实施,欧洲主权债务危机发生后,欧洲央行进行了多轮次的市场调控。一方面,欧洲央行通过利率调控,调节欧洲市场内欧元的流动性,试图对经济发展产生激活效用;另一方面,欧洲央行通过在公开市场收购希腊国债、降低银行贷款抵押门槛等措施,维持主权债务危机发生国的信用能力。此外,欧洲央行还通过世界范围内的政策系统,寻求国际市场对欧洲市场的流动性注入,以缓解各国债务危机。

第二,欧洲金融市场体制性变革。实际上,欧洲金融市场的体制性变革肇始于2008年全球次贷危机,以英国、德国为代表的欧盟成员国开始宏观审慎与稳定导向的金融监管体制变革,而欧洲主权债务危机的发生无疑加快了这一进程。在欧盟层面,主权债务危机的发生促进欧盟金融监管机构的整合与统一,在稳定与审慎需求下寻求构建更具实体性的统一金融监管机构,协调各国金融监管政策,确保欧洲经济稳定发展。除机构变革升级外,针对区域内金融衍生品交易,欧盟也出台一揽子立法建议,以风险防范为导向,实施全过程监管。

第三,欧洲各国的财政政策改良。改良财政政策无疑是针对此次经济危机的重要手段,各国政府普遍缺乏经济调控能力的一剂良药。除定向贷款救助中的各国政府承诺之外,欧盟委员会也思考在更好的维度实现各国财政政策的科学化与合理化,防止同类危机的再次出现。实际上,希腊、意大利、西班牙、德国、法国等国在危机发生第一时间出台的财政紧缩计划正

---

① 吴志成、朱旭:《欧盟对欧洲主权债务危机的救助》,《南京大学学报(哲学人文科学社会科学版)》2013年第2期,第58页。

是这一特征的表现。① 主权债务危机的发生无疑为各国反思赤字财政发展导向提出警醒。

综上所述,中观层面主权债务危机的治理主要是欧盟金融监管机构在公开市场与各国财政政策维度进行的调控与改革。相对而言,这些市场化政策的推行有利于危机缓解,但是与此同时仍应注意的是,截至目前,欧洲金融市场监管体制的变革与各国财政政策改革仍处于进行时。欧盟委员会能否贯彻稳定与审慎导向,各国政府能否从根本上改良经济结果,其中势必面临着巨大的制度变迁成本。

(三) 宏观层面:建设欧洲稳定机制

主权债务危机的发生使欧洲社会陷入经济社会发展的反思中,宏观层面的制度变革成为一种必然。"欧盟各成员国在渐进一体化过程中的发展差异和有限经济主权让渡,使得欧盟难以统一协调危机救助。"②2011 年 3月,在欧盟针对主权债务危机通过的"一揽子"治理方案中,欧洲稳定机制被舆论解读为欧洲经济一体化进程的坚实一步。危机中的欧洲稳定机制包括三方面的内容:第一,为欧盟成员国提供定向金融救助,尽可能为危机发生国提供可支配现金流;第二,建立欧洲市场金融稳定长效机制,在更长的时间跨度中为欧盟经济一体化发展提供金融调控政策保障;第三,强化欧洲金融监管制度,完善相关配套制度,在欧洲范围内确立金融稳定导向。

欧洲稳定机制"它在国际法上具有独立的法律人格,具有在严格条件下对陷入困境的欧元区国家及银行提供资金援助的职能,在现阶段担负着阻

① 值得一提的是,在主权债务危机席卷欧洲大陆之时,瑞典却因其财政政策的可持续性有效化解危机,政府负债率不降反升。黄严、张培培:《临"危"不惧:瑞典如何保持长期良好的财政可持续性》,《武汉大学学报(哲学社会科学版)》2016 年第 3 期,第 38 页。

② 周燕、佟家栋:《欧洲主权债务危机与欧盟经济一体化进程深化》,《南开学报(哲学社会科学版)》2012 年第 5 期,第 15 页。

止欧洲主权债务危机传染的重任"①。实际上，欧洲社会关于金融稳定机制的建设并非始于此次危机，2008 年次贷危机的发生引发金融稳定的世界反思，以英国、美国为代表的资本主义经济强国业已开始对传统较为宽松的金融市场监管政策进行反思。尽管英美两个金融监管机构方案不同，但是强化宏观审慎监管，保护金融消费者利益，确保金融市场稳定发展已经成为各界共识。因此，欧洲主权债务危机的发生加速了欧洲社会的金融稳定建设，尤其是在欧盟层面。

回顾此次危机治理，虽然欧盟与欧洲央行的集中治理政策并未对危机的扩散产生立竿见影之效，但是在欧洲共识之下各国政府通过改良财政政策，为欧洲走出经济危机的持续影响奠定基础，欧洲经济一体化进程也因此得到深入。

五、欧洲主权债务危机的经验教训

欧洲主权债务危机从纵向衍生逻辑上表现出全球次贷危机经济影响的持续，从横向上看是近代以来欧洲市场面临的形势最为紧迫的经济危机。不同于传统经济危机生成的实体性导向，欧洲主权债务危机具有鲜明的虚拟性特征，即因虚拟经济的发展而引发经济市场风险的生成，最终在欧洲整体经济链条之上形成连锁反应。反思欧洲主权债务危机的原因、演进与治理，我们认为应当从虚拟经济与实体经济的关系、法律与经济的关系、区域经济一体化进程以及危机防范国际协同等四个方面进行深入反思。

（一）警惕虚拟经济过度发展的系统性金融风险生成

欧洲主权债务危机从希腊一国而言发源于自身经济结构发展失衡，缺少足够的危机应对与调整能力，而从欧洲层面来看，欧洲经济一体化进程中

---

① 李仁真、杨心怡：《欧洲稳定机制的法律透视》，《欧洲研究》2013 年第 4 期，第 124 页。

对金融市场稳定与危机应对的制度建设不足也成为危机蔓延的关键之所在。因此,欧洲主权债务危机的反思应当立足于虚拟经济与实体经济关系的有效处理。虚拟经济的过度发展是诱发欧洲主权债务危机发生的关键性原因。希腊、葡萄牙、西班牙、意大利等国作为此次主权债务危机的发起国,均在危机发生前面临着较为严重的虚拟经济投机导向,资金过度流向旅游、房地产等短期投机领域,从而忽视了对本国实体经济支柱的挖掘。而当虚拟经济与实体经济的平衡被打破,一国经济发展重回正轨则需要巨大的制度变迁成本,直至"2013 年底,欧元区国家银行业持有的国内政府债务比例是 2007 年的两倍多"①,这在客观上也会产生对私人部门信贷的金融抑制。过度虚拟经济的风险不同于传统经济决策失败风险的单向传导,金融市场风险的系统性为区域金融稳定,乃至国家经济社会的健康可持续发展埋下巨大的隐患。这也是呼应了在次贷危机与主权债务危机之后,为何欧洲社会尤其重视金融稳定机制的发展。

欧洲主权债务危机同样表明,过度虚拟经济并不是一国的特有现象,而是在国际投资导向主导下的思潮,最终导向区域性经济危机的发生。防止虚拟经济过度发展的良策正是应当注重政府职能尤其是经济市场政策调控的科学性与合理性,避免因投机主义与机会主义蔓延而对一国经济体系内部产生根本性冲击。此次欧洲主权债务危机虽然发起国在希腊,但是意大利作为资本主义世界的传统强国面临着较严重的风险冲击。反思意大利由强到弱,最终难以抵抗危机的过程,我们不难发现,经济的过度虚拟化是不可忽视的重要原因。在欧盟针对此次经济危机的治理中,也表达出对成员国经济结构合理化、经济决策科学化的希冀。在危机面前,我们既不能因风险而阻止虚拟经济发展,更不能忽略其潜在的系统性风险,应当重视国家经

---

① Bo, B., and V. Ivashina, "Financial Repression in the European Sovereign Debt Crisis," *Review of Finance*, NO.1 (2018):83-115.

济发展中实体经济的基础性,在虚拟经济与实体经济的协调之下寻求经济社会的可持续发展。

（二）重视虚拟经济调控政策与法律制度的强化

在认识到欧洲主权债务危机在虚拟经济与实体经济二分维度的讨论之后,我们需要将问题进一步置于政府与市场关系维度之下。进言之,一国经济导向与经济产业结构问题的生成并不是一蹴而就的,它是在内外部原因共同影响之下形成的,而在潜在的诸多因素中,政府与市场的关系是思考与解决命题的关键维度。在效率与利益追逐的导向下,虚拟经济发展的过度化表现出市场失灵的一面,而政府通过权力的矫治应成为题中之意。在欧洲债务危机中,无论是发起国希腊,还是后期面临严峻风险的"欧陆五国",均在经济调控政策层面存在失灵状态。当市场的投机大势成功俘获政府权力,危机的发生自然无法避免,并且后期制度变迁也面临着巨大的成本。在欧洲主权危机的诸多治理措施中,欧洲稳定长效机制的建立被认为是最具特征的表现,而欧洲稳定长效机制的内在逻辑正是确保欧洲层面与成员国层面财政政策的统一化与制度化:在平稳期确保金融市场风险预防;在危机期有效形成统一协调机制。

面对市场失灵与政府失灵的双重局面,法律与制度对经济发展的保障与促进作用应得到重视。虽然2008年全球次贷危机之后,世界多国政府对本国金融市场与资本市场法律体系进行深层次的变革,但是这些变革在欧盟主权债务危机国家层面并未得到充分体现。金融市场监管法律与监管框架的不完善,直接引发政府对金融市场衍生品泛滥生成的系统性风险的监控失灵,最终引发危机。在欧洲层面,欧盟针对成员国主权债务危机的救助主要通过欧委会决议形式作出,而更具深远意义的欧洲稳定机制则通过修订欧盟公约的形式实现。从欧盟公约高度明确市场发展的稳定理念不仅有利于金融经济层面立法理念的统一,也为后续危机治理与预防的具体决策提供法律依据。

(三)区域一体化与经济全球化中的发展省思

"希腊债务危机爆发后,欧元面临解体风险,而美元霸权得到巩固"[①],"欧洲主权债务危机不仅使欧洲社会陷入发展衰退,也给全球经济带来沉重打击"[②]。从某种意义上看,欧洲主权债务危机既是"危机的危机",又是"发展的危机",对区域一体化与经济全球化提出了诸多制度性反思。

一方面,从"危机的危机"来看,欧洲主权债务危机与全球次贷危机无论在时间上还是在表现形式上均存在较大的关联性。当国家社会还仍未完全走出 2008 年全球次贷危机的阴影之下,经济危机就在欧洲大陆以主权债务危机的形式重燃战火。联想到次贷危机期间,欧洲就曾面临国家破产的窘境,而主权债务危机中更需要欧盟协力对危机波及国进行多轮次的经济救助。欧元区层面通过修订立法,达成主权国家之间的风险分担与共同责任也成为危机发生后的主流呼声。[③] 经济市场的系统性风险顽强的纵向生命力为国际社会预防经济危机发生提出新的议题。

另一方面,从"发展的危机"来看,欧洲主权债务危机适逢欧洲经济一体化进程的关键阶段,不同于经济的整体性衰退,主权债务危机发生在欧洲经济社会发展的理论向好阶段。"如果主权债务危机的发生能使成员国朝着深化一体化的方向奋力前行,则作为世界经济和金融史上创举的欧元区将走向可持续方向。"[④]从欧盟发展实践来看,欧盟经济市场尤其是金融市场监管制度与财政调控政策的完善是一个不断系统强化的进程,两场危机的接

---

① 陈硕颖:《透视希腊债务危机背后的资本主义体系危机》,《马克思主义研究》2010 年第 6 期,第 48 页。

② 吴志成:《欧洲债务危机的演进与有效的全球治理》,《南开学报(哲学人文科学社会科学版)》2012 年第 6 期,第 48 页。

③ Basu, and Kaushik, "The Economics and Law of Sovereign Debt and Risk Sharing: Some Lessons from the Eurozone Crisis," *Review of Law & Economics* 12, No.3 (Nov. 2016):495-506.

④ 朱邦宁:《欧债危机与欧元的命运》,《红旗文稿》2012 年第 21 期,第 20 页。

连爆发使得欧洲市场最终形成了稳定决议,并将此作为区域一体化建设的重要环节。虽然欧盟的调控政策在很多层面并未最终实现效果,但是欧盟对待危机的态度与治理措施仍不失为区域一体化进程的典范,并且虽然危机的发生对欧洲经济和欧洲国家信用产生深远影响,但是欧洲经济一体化进程并未因此停步,反而在法律与制度层面得到有力强化。

除此之外,"一个令参与各方都获益的协议必须首先承认在当前状况下某些国家处于经济上的优势地位"[1],通过风险分摊实现新金融秩序的建立。在区域一体化进程中仍应关注成员国主体经济实力的客观差距,在不干涉主权原则下,形成区域经济政策与财政政策的合理化。欧洲经济一体化进程并不能掩盖其内部成员国经济体鲜明的差异性,实际上,虚拟经济发展导向已成为欧洲诸国的政策选择,世界金融中心的频繁建立也证明了欧洲在世界金融版图的重要地位。但是,此次危机的爆发显示出经济实力较弱的国家无法在欧洲高福利政策与强虚拟经济导向下巨大的发展利差,换言之,政府财政的长期赤字使经济危机在国家层面得以显现。区域一体化发展仍应在经济质量与经济政策协同层面做足文章。

---

[1] 罗伯特·希勒:《新金融秩序》,束宇译,中信出版社,2014,第188页。

第五章　经济危机风险的中国应对

我国并未发生经济危机,但域外经济危机实际上也对我国经济产生了重要影响,包括出口受阻等多个方面,其中对资本市场的影响尤其严重。有鉴于此,我国提出要构建以国内大循环为主体,国内国际双循环相互促进的新发展格局,这是面对逆全球化、贸易战以及新冠肺炎疫情等内外部经济环境变化的战略抉择。[①] 面对经济危机,我国也实施了一系列应对措施和救济措施,以一种积极的姿态减轻经济危机可能带来的损失,其中当然包括法律制度的建设和完善。域外多次发生的经济危机对我国经济敲响警钟,经济危机在发达国家和发展中国家都有可能发生,同时在世界经济一体化的进程中,一个地区或一个国家的经济危机很可能对其他地区和国家产生重要影响,需要做好积极有效的应对措施。

第一节　经济危机中的中国立法变迁

经济危机近年来被党中央充分重视,提出防止资本无序扩张和为资本设置红绿灯,中央经济会议此番提出为资本设置"红绿灯",意味着将在法治框架下,划清资本运行合法、非法的界限,要加强资本的依法监管、有效监

---

① 靳文辉、苟学珍:《构建双循环新发展格局的经济法回应》,《重庆大学学报(社会科学版)》2021 年第 1 期,第 27 页。

管。为应对经济危机,我国已经通过立法完善等多种手段予以预防。

一、经济危机中国立法变迁的现实背景

由于我国暂未发生经济危机,因此我国经济危机应对的现实背景是域外经济危机对我国的不利影响。实际上,域外已经多次、多地发生经济危机,此处仅选取近年来发生的具有较大影响的经济危机进行考察。

其一,东南亚货币危机对中国的影响。由于中国大部分的进出口都来自亚洲四小龙和新兴经济体,因此东南亚目前的货币波动将影响中国未来的贸易平衡。[1]《金融风暴——东南亚金融危机实录》指出:泰铢、马来西亚元、菲律宾比索和印尼盾的贬值"将增强它们出口产品对中国产品的竞争力"。1997 年,中国吸收外商投资 452.57 亿美元,其中 80% 左右来自亚洲。受东南亚金融危机的影响,东南亚国家和地区投资者的资产普遍缩水,海外投资能力下降,资金到位进度放缓。[2] 1998 年 5 月,中国外贸出口 22 个月来首次出现负增长。[3] 这次东南亚金融危机虽未对中国金融体系造成明显的冲击,但也暴露出许多值得注意的问题,主要包括不良资产比例高、金融监管松懈和证券市场不规范及腐败等问题,中央银行缺乏宏观调控手段及空间,商业银行资本中风险资本的比例较低,中国的资本市场还未完全开放,统一的国家监管体系也尚未形成。在此背景下,国内常常出现非法发行、非法交易等活动,场外交易也比较紊乱,当时全国 18 个省市共有 41 个证券交易场所,未经国家批准设立上市公司 520 家,涉及投资者 340 万人,市值 300 亿元。部分证券公司从事非法吸收社会资金、挪用客户存款和非法银行间拆借活动,涉案金额超过 1000 亿元。1999 年 3 月前,全国 22 个省市共设立

---

[1] 朱健仪:《东南亚金融风暴及其启示与影响》,《统计与预测》1998 年第 4 期,第 4-7 页。

[2] 程宇航:《东南亚金融危机对中国经济发展的影响》,《企业经济》1998 年第 12 期,第 1-2 页。

[3] 赵忠秀:《汇率波动对进出口价格的传递效应——兼析东南亚金融危机对中国进出口的影响》,《国际商务(对外经济贸易大学学报)》1998 年第 6 期,第 30 页。

证券投资基金 75 只,总资产超过 90 亿元,涉及投资者 120 万人。① 东南亚货币危机对中国的启示在于,为了实现宏观调控目标确保适度的经济增长和人民币币值的稳定,尽量降低东南亚金融危机的影响,并增强我国经济的竞争能力和抵御风险的力量。在宏观经济政策上应在坚持慎重原则指导下的货币政策及其"微调"作用的同时,充分发挥财政政策的灵活性与调控优势。②

其二,美国次贷危机对中国的影响。美国次贷危机对中国的影响,学界目前有两种不同的观点,世界银行首席经济学家林毅夫认为虽然美国经济危机会危害中国的出口,但影响非常有限。与之相反,美国国际战略研究中心中国问题研究室的负责人查尔斯·弗里曼(Charles Freeman)认为中国和亚洲其他国家的证券市场股价大跌是对美国市场的反映。③ 第一,据估计,次贷危机中美国的经济增长率每降低 1%,中国对美国的出口将对应下降 5%~6%,这是美国经济危机对中国出口的直接影响,如果考虑到经济危机对世界其他地区经济增长的间接影响,中国的出口很可能会进一步下降。④ 第二,在次贷危机的影响下中国经济增长将出现一定意义上的减速。同时,随着中国经济增长出现减速,社会上对劳动力的需求将会小于市场上的供给,从而增加中国社会的就业压力。第三,次贷危机将给中国资本市场带来潜在风险。美国为了降低次贷危机给本国经济带来的不利影响,采取了较宽松的货币政策,美元的大幅度贬值给中国经济带来了巨大风险。随着发达国家经济增长放缓、美元持续贬值,人民币升值的预期变化,国际资本正

---

① 杜卿卿:《探索者"周正庆:三十年证券市场峥嵘》,http://www.sohu.com/a/243157006_115124,访问日期:2021 年 9 月 2 日。
② 焦小平:《东南亚金融危机给我们的启示》,《财政研究》1999 年第 1 期,第 30 页。
③ 刘华春、七春花、刘娟:《浅析美国次贷危机及其对中国经济的影响》,《思想战线》2009 年第 S2 期,第 102-105 页。
④ 李俊、王立:《美国次贷危机对中国出口的影响及应对策略》,《国际贸易》2008 年第 8 期,第 46-49 页。

在加速流入中国市场寻找避风港,这无疑会增加中国资本市场的风险。[①]

其三,欧洲主权债务危机对中国的影响。欧洲主权债务危机通过贸易渠道、金融渠道以及非接触途径向中国传导。欧洲主权债务危机对中国经济影响的实证研究结果显示:欧洲主权债务危机对中国宏观经济存在一定程度的负面影响。其中出口贸易最先受到直接影响,人民币实际有效汇率上升,金融机构所受影响较小。[②] 具体而言,2008 年以来,随着欧盟经济增长的逐步放缓,消费能力下降,市场需求也明显下降,导致中国对欧出口增速明显下降。中国出口到葡萄牙、意大利、爱尔兰、希腊和西班牙的总数只占中国出口的 3.5%,而仅欧盟就占中国出口的 17%,这意味着欧盟已然成为中国最大的出口目的地。2010 年 1 月至 5 月,人民币兑欧元升值 14.5%。人民币兑欧元升值,对欧元区的出口下降,增加了中国出口商的成本。2010年 6 月至 12 月,欧洲从中国进口的商品和服务大幅下降。[③] 欧洲主权债务危机将不可避免地导致中国企业投资管理困难,欧洲主权债务危机可能带来违约风险,欧洲基础设施建设等公共项目,可能因为欧洲政府债务危机而无法履行,从而导致违约的风险。

二、经济危机中中国的立法演变逻辑

国际货币基金组织在 2009 年 4 月的《世界经济展望》(*World Economic Outlook*)中预测,发展中国家和转型期国家将出现"长期而严重的收缩"。2009 年 10 月的预测指出,发展中国家和转型期国家 2009 年的平均产出增速预计将低至 1.7%,低于 2007 年 8.3% 和 2008 年 6% 的增速。发展中国家

---

① 茹璧婷:《美国次贷危机对中国经济的影响及对策》,《理论前沿》2008 年第 18 期,第 38 页。

② 张梦露、吴凤:《欧债危机对中国经济的影响——基于欧债危机演进测度的研究》,《武汉大学学报(哲学社会科学版)》2015 年第 3 期,第 80-85 页。

③ 李永刚:《欧洲债务危机对中国经济的影响及应对策略》,《山东社会科学》2012 年第 6 期,第 78-82 页。

和转型期国家的平均增长率受到中国和印度情况的重大影响。该基金预计,2009 年中国的产出将增长 8.5%(低于 2007 年 13% 和 2008 年 9% 的增幅),印度将增长 5.4%(低于 2007 年的 9.4% 和 2008 年的 7.3%)。当前,中国正处在经济增长换挡期、转型攻坚期、改革攻坚期,面临消除产能过剩和自生动力不足的艰巨局面。改革越深入,越要依靠法治。经济立法是规范社会利益关系的重要方式,也是有效凝聚社会共识、分担社会风险的重要途径。因此,经济立法在危机应对中起着引领、促进和保障作用[1],同时经济立法的重点应当是资本市场立法,正如我国证监会第三任主席周正庆指出:"金融危机所涉及的国家,首当其冲的是资本市场。"[2]

针对几次经济危机对我国的影响,政府逐渐加强了对资本市场的立法,包括软法和硬法两方面内容。东南亚经济危机以来,中共中央、国务院于 1997 年 12 月发布了《关于深化金融改革,整顿金融秩序,防范金融风险的通知》,主要整顿十三方面内容,包括中国人民银行管理体制改革、完善政策性金融体制、加快地方性金融机构建设、取缔一切非法金融机构、规范各类金融机构业务范围等;1997 年亚洲金融危机之后《中华人民共和国证券法》(以下简称《证券法》)形成,国内吸取了金融危机的教训,防范金融风险已成为当时证券法立法的重要考量因素,规定多项限制性条款,禁止"国企炒股"、禁止"融资融券"、禁止"银行违规资金进入股市"等等[3];1999 年 7 月 1 日,全国人大常委会通过并施行《证券法》;1999 年《证券法》实施后,证监会制定了《股票发行审核委员会条例》《新股发行定价报告指引》《中国证监会股票发行核准程序》《股票发行上市辅导工作暂行办法》等一系列文件,建立了股票发行核准制的体系,股票发行制度市场化改革更进一步;2000 年 2 月

---

① 马一德:《经济立法引领"新常态"》,《经济日报》2014 年 12 月 4 日第 014 版。

② 杜卿卿:《"探索者"周正庆:三十年证券市场峥嵘》,http://www.sohu.com/a/243157006_115124,访问日期:2021 年 9 月 5 日。

③ 同上。

13 日,证监会颁布了《关于向二级市场投资者配售新股有关问题的通知》,在新股发行中试行向二级市场投资者配售新股的办法;2001 年,证监会先后颁布了《中国证监会股票发行审核委员会关于上市公司新股发行审核工作的指导意见》《新股发行上网竞价方式指导意见》《上市公司新股发行管理办法》《拟发行上市公司改制重组指导意见》等,对企业发行新股的问题作出明确规定;2002 年 12 月,证监会发布的《合格境外机构投资者境内证券投资管理暂行办法》正式实施,公布了合格的外国机构投资者制度(Qualified Foreign Institutional Investor, QFII)相关申请表格式及内容,沪深交易所分别发布了 QFII 交易实施细则;2004 年 1 月,国务院颁布了《国务院关于推进资本市场改革开放和稳定发展的若干意见》,解决资本市场还存在的一些深层次问题和结构性矛盾;2006 年 1 月 1 日,《中华人民共和国证券法》和《中华人民共和国公司法》进行了修改并开始施行;2007 年 4 月,新修订的《中华人民共和国期货交易管理条例》也开始施行,加强对期货交易的监督管理,维护期货市场秩序,防范风险;截至 2007 年 6 月底,中国证监会制定了《中国证券监督管理委员会冻结、查封实施办法》等 8 件规章,修订了《上市公司收购管理办法》等 11 件规章,明令废止了《上市公司股东持股变动信息披露管理办法》等 4 件规章,立法重点在于积极配合证券公司监管条例等行政法规的审查工作,完善多层次市场体系法律制度,健全市场主体约束机制,拓展融资方式,保障金融创新,全面清理、科学规划期货市场法规体系等。[①] 自美国次贷危机和欧洲主权债务危机以来,国务院于 2008 年 3 月发布了《国务院关于推进资本市场改革开放和稳定发展的若干意见》,提出了积极推进资本市场改革开放和稳定发展等九大意见;2008 年 4 月,为促进股票市场的发展,财政部再次宣布调整证券交易印花税,通过下调印花税税率的方式降低

[①]　中国政府网:《加强证券期货法律体系建设保障资本市场健康发展》,http://www.gov.cn/gzdt/2007-07/18/content_688906.htm,访问日期:2021 年 9 月 5 日。

股票交易成本,提升投资者信心,稳定投资者预期;2008 年 9 月,财政部调整了证券交易印花税税收方式,由双边征税改为单边征税,进一步维护证券市场的稳定健康发展①;2009 年 6 月,深交所发布《深圳证券交易所创业板股票上市规则》,以《公司法》《证券法》《创业企业股票发行上市条例》《中华人民共和国证券交易所管理办法》等法律、法规为依据,对创业板上市股票的"暂停上市""终止上市"等具体制度规定得更加详细、合理②;2012 年 12 月,《中华人民共和国证券投资基金法》(以下简称《证券投资基金法》)修订通过,对新基金募集申请由以往的"核准制"拟修改为"注册制",将私募基金纳入证监会监管体系,同时获得合法化;2013 年 11 月,中国共产党第十八届中央委员会第三次全体会议通过的《中共中央关于全面深化改革若干重大问题的决定》,其中包括推进股票发行注册制改革;2014 年 3 月,新《公司法》正式实施,将注册资本实缴登记制改为认缴登记制,放宽了注册资本登记条件;2015 年,《证券法》修订草案明确股票注册制程序放宽公开发行股票门槛、规范上市公司股东转售股票、向合格投资者公开发行证券可以豁免注册或核准、欺诈发行处罚标准大幅提高等;2017 年《政府工作报告》概述资本市场发展问题,即"深化多层次资本市场改革,完善主板市场基础性制度,积极发展创业板、新三板,规范发展区域性股权市场";2019 年 3 月,证监会发布了《科创板首次公开发行股票注册管理办法(试行)》和《科创板上市公司持续监管办法(试行)》,明确科创板试点注册制的总体原则,规定股票发行适用注册制,与此同时,证监会制定了《公开发行证券的公司信息披露内容与格式准则第 41 号——科创板公司招股说明书》和《公开发行证券的公司信息披露内容与格式准则第 42 号——首次公开发行股票并在科创板上市申请文件》;2019 年,《证券法》三审稿规定将科创板注册制设专节、为

---

① 汤洁茵:《改革开放三十年资本市场课税的回顾与展望》,《中国金融》2008 年第 19 期,第 51 页。

② 刘国胜:《我国资本市场结构下"转板"机制的探寻——以二十年资本市场立法为路径》,《改革与战略》2011 年第 9 期,第 36-40 页。

员工持股和小额发行开绿灯、存托凭证纳入证券范围、取消暂停上市交易制度、明确禁止违规利用财政资金、银行信贷资金买股票等。2020 年 3 月 1 日新修订的《证券法》第二条第四款专门确立了证券法域外适用规则,确定的管辖权基础包括保护性管辖和以属地连接点为基础的管辖两个方面。[①]《证券法》与旧法相比修改完善证券发行制度、大幅提高违法成本、设立专章保护投资者利益,标志着以"政府信用"为证券质量背书时代的终结,对"看门人"独立性提出更高要求。[②] 2020 年 7 月 23 日,最高人民法院审判委员会第 1808 次会议通过《最高人民法院关于证券纠纷代表人诉讼若干问题的规定》,自 2020 年 7 月 31 日起施行,旨在为进一步完善证券集体诉讼制度,便利投资者提起和参加诉讼,降低投资者维权成本,保护投资者合法权益,有效惩治资本市场违法违规行为,维护资本市场健康稳定发展。

三、经济危机中中国的立法演变述评

总体而言,我国资本市场法制化建设已趋于完善,但仍存在一些需要解决的问题,如欺诈发行、虚假陈述、内幕交易等违背市场"公平、公正、公开"原则的行为时有发生,资本市场的市场化制度安排不合理,资源配置效率不高。在市场结构上,资本市场结构与企业构成无法有效匹配,资本市场服务实体经济能力不强。[③] 从政府监管水平和监管能力来看,随着资本市场监管体系和监管经验的不断完善,政府监管能力建设也在不断加强,但仍存在监管手段粗放、监管效果尤其是事后监管效果有待提高等问题,不能完全适应

---

① 郭金良:《我国〈证券法〉域外适用规则的解释论》,《现代法学》2021 年第 5 期,第 174-186 页。

② 张泽辰:《信息型操纵证券市场行为模式探究及风险防控——以大额持股变动与因果关系为视角》,《法治研究》2020 年第 2 期,第 23-30 页。

③ 辜胜阻、庄芹芹、曹誉波:《构建服务实体经济多层次资本市场的路径选择》,《管理世界》2016 年第 4 期,第 1-9 页。

资本市场健康发展的客观需求。① 从投资者来看,投资者在知识、经验、风险意识和风险承受能力等方面都有了很大的提高,但急于求成,盲目投资现象较为普遍。当前,要保持金融稳定,就必须不断推进资本市场法制建设,促进资本市场有序健康运行。我国资本市场主要从单一的融资企业角度分析市场改革逻辑不可持续性,因此应该改变方向,从投资者的角度来看资本市场的改革逻辑是一种选择,②例如增加机构投资者比例、优化投资者结构、培养理性的投资习惯等。此外,中国特色证券集体诉讼真正落地尚需从规范和实践操作层面解决其"兼容问题",以及如何在保障其诉讼经济与惩戒不法行为的功能发挥的前提下预防滥诉等风险。③

中国资本市场的改革目标有两个:一是发挥资本市场的直接融资功能,推动资本的形成,促进宏观经济稳定,支持实体经济发展;二是发挥资本市场的投资功能,确保股市成为国民经济的晴雨表,不断为广大投资者创造投资回报。④ 下一步,需要将防范资本市场系统性风险作为资本市场法制建设的重中之重,建立多部门的信息共享和交流机制,及时防范、发现和解决可能出现的系统性风险,建立监管部门之间的危机协同处置机制。第一,各金融监管部门可建立信息共享机制;第二,完善信息平台的数据报送核查机制;第三,利用人工智能、大数据等实现对资本市场系统性风险的即时、有效监控。此外,需进一步推进资本市场监管范式创新,我们对待创新产品总是希冀在现有框架下予以规制,从而省却监管成本。但是这种做法在为监管者带来监管便利的同时,也阻却了金融活动的创新步伐,监管沙箱或许能有

---

① 何一平:《论资本市场中的政府职能:目标、定位与边界》,《人民论坛·学术前沿》2018年第4期,第22-29页。
② 邢会强:《我国资本市场改革的逻辑转换与法律因应》,《河北法学》2019年第5期,第26-39页。
③ 张怀岭:《损害类型化视角下证券群体性纠纷司法救济路径选择与规则反思》,《甘肃政法大学学报》2021年第2期,第101-117页。
④ 刘俊海:《打造投资者友好型证券法推动资本市场治理现代化》,《法学论坛》2015年第4期,第5-20页。

助于解决此矛盾。监管沙箱,是指为可能具有破坏性和众多风险的金融创新提供一个安全的测试环境和监管试验区。[1] 2021 年 5 月 27 日,工业和信息化部、中央网信办《关于加快推动区块链技术应用和产业发展的指导意见》指出,要鼓励地方结合资源禀赋,突出区域特色和优势,按照"监管沙盒"理念打造区块链发展先导区。监管沙盒的本质就是促进创新,具体到资本市场上,就是资本市场有关主体或负责监管的第三方机构可以在开发资本市场理财工具和产品前,先进行真实场景的试点性实验,同时监管机关对此应持豁免态度,从而为资本市场理财工具和产品的开发发现问题和总结经验,将可能出现的问题扼杀在摇篮中,将其损害降至最低。同时监管者通过实验中的经验总结,更能制定出有利于资本市场发展的监管政策。

第二节　虚拟经济风险的中国应对

我国虽未发生经济危机,但我国虚拟经济领域诸如股市、互联网金融中仍潜藏着诸多风险急需研判。

一、房地产金融风险防范

房地产金融是否属于虚拟经济目前仍存在较大争议,地产金融的发展必须同时兼顾房地产的虚实二重性,使政策性房地产金融与商业性房地产金融协同发展。[2] 有学者认为我国房价中的金融化部分是有限的,我国房地产的虚拟化程度较低。[3] 但总体而言,房地产金融风险已经不容忽视。

---

[1]　柴瑞娟:《监管沙箱的域外经验及其启示》,《法学》2017 年第 8 期,第 27 页。

[2]　王千:《政策性房地产金融与商业性房地产金融协同发展研究——基于虚拟经济分析框架的中国房地产金融改革思路》,《郑州大学学报(哲学社会科学版)》2011 年第 6 期,第 62-67 页。

[3]　刘晓欣、贾庆、程英远:《虚拟经济的良性循环——中国与世界——第八届全国虚拟经济研讨会观点综述》,《经济学动态》2015 年第 1 期,第 157 页。

(一)房地产金融风险防范的现实背景

实际上,从美国次贷危机来看,房地产行业的过度繁荣很容易积累泡沫,一旦泡沫破裂就可能导致经济的长期衰退,并伴随严重的社会问题。政府需要在提供基本住房保障、维护房地产市场秩序、抑制房地产投机、引导房地产行业理性消费等方面发挥积极作用。[①] 2017 年 10 月 18 日召开的中国共产党第十九次全国代表大会,再次强调要牢牢守住不发生系统性金融风险的底线。但从理论研究来看,系统性金融风险研究更多聚焦于实体经济风险、银行风险、政府债务风险、虚拟经济风险等,房地产金融风险的理论研究并未引起学者足够的重视。[②] 越是在市场繁荣的时期,越应当加强风险控制和市场监管,建立房地产价格监控制度和房地产市场泡沫预警制度,采取多种措施稳定房价,保持房地产市场健康有序地发展。[③] 2008 年,受美国次贷危机的影响,我国房地产市场曾出现局部明显的下调迹象,个别城市出现了少量的断贷行为,有些银行的房贷违约率达到了 1.6%,超出了银行业公认的 1% 标准线,释放出一定的房地产金融风险信号。[④]

房地产同时具有实体经济和虚拟经济的二元属性,就意味着它是联系实体经济和虚拟经济的重要纽带。[⑤] 房地产无疑是现代市场经济的"砝码",它将为虚拟经济和实体经济提供支撑,也正因为如此,房地产行业泡沫的破裂将导致经济动荡和金融危机。[⑥] 中央出台了一系列旨在加强和完善房地

[①] 刘晓欣:《虚拟经济研究八个前沿问题(续)》,《开放导报》2009 年第 1 期,第 30-35 页。

[②] 胡金星:《存量房为主的时代要严控房地产金融风险》,《探索与争鸣》2017 年第 12 期,第 42-44 页。

[③] 王静、林琦:《从美国次级债危机看中国房地产金融市场的风险》,《财经科学》2008 年第 2 期,第 9-16 页。

[④] 郭连强、刘力臻:《我国房地产金融创新的有关问题研究》,《求是学刊》2015 年第 3 期,第 63-70 页。

[⑤] 王千:《政策性房地产金融与商业性房地产金融协同发展研究——基于虚拟经济分析框架的中国房地产金融改革思路》,《郑州大学学报(哲学社会科学版)》2011 年第 6 期,第 62-67 页。

[⑥] 刘骏民、宛敏华:《依赖虚拟经济还是实体经济——中美核心经济与核心需求的比较》,《开放导报》2009 年第 1 期,第 15-20 页。

产市场的调控政策,主要针对部分城市房地产投机性购房等问题,抑制房地产价格过快上涨趋势,此后房地产价格也逐渐落入合理区间,实现有效抑制了房地产投机的目标。为了防范系统性金融风险,近年来监管机构纷纷出台了最严格的监管政策,房地产市场的调控也在逐步升级,各监管机构都在金融监管方面做出了相当大的努力,房地产行业正面临着全方位的投机约束。但是,目前国内房地产投资收益明显高于其他领域,因此,房地产仍旧受到投资者尤其是投机投资者的青睐,因其投机套利的利润仍然可观。不能忽视的是由于流动性过剩,越来越多的人把钱投到了房市,投机行为产生了住房高空置率,如北京的住房空置率已超出国际警戒线。高空置率不仅造成了资源的浪费,还为金融危机埋下伏笔。①

　　根据有关数据,我国房地产金融信贷余额逐年增加,由 1998 年的 2455.08 亿元上升至 2007 年上半年的 43000 亿元,年均增长保持在 30% 以上。截至 2007 年上半年,我国房地产金融信贷余额占金融机构全部信贷余额的17.13%,比 1998 年高 14.29 个百分点。我国房地产金融信贷余额占我国 GDP 的比重也达到 40.27%。可以看出,房地产信贷已经成为当前银行的第一信贷。② 房地产信贷影响着我国金融体系的稳定性,也将直接决定房地产市场的信用及其未来发展。2005 年 12 月 15 日,中国建设银行推出了国内首个住房抵押贷款证券化产品。加快住房抵押贷款证券化,发行抵押贷款债券,引进抵押贷款投资者可以有效解决银行资金问题,并减少风险积聚。经过两年的发展,与庞大的个人按揭贷款余额相比,个人住房抵押贷款证券化产品市场的规模仍然太小,根本无法适应日益庞大的住房抵押贷款一级市场和二级市场的需要。③ 申言之,房地产金融涉及的机构众多,各个

---

① 周传丽:《防范房地产金融风险的思考》,《当代经济研究》2008 年第 12 期,第 61-63 页。

② 丛素音:《关于美国次级债危机对我国房地产金融的教训初探》,《求实》2008 年第 S2 期,第 65-66 页。

③ 袁萌萌、贾秀娥:《我国房地产金融的风险及防范研究》,《技术与创新管理》2009 年第 1 期,第 75-78 页。

机构实际上只以本领域的法律规范为行为依据,这无疑会造成各主体之间的监管套利、监管漏洞、监管交叉等问题,从而增加风险发生的可能性,而且房地产金融及各种金融衍生品的交易结构错综复杂,大幅增加房地产金融防范的难度,增加投资者的风险。

法律制度是否完备是昭示能否实现房地产金融有序发展的必然前提,重要环节均需实现有法可依。但是目前我国房地产金融风险防范经验不足,有关的法律法规还不健全。加之其设计和运行机制相对复杂,市场监管不到位,导致我国房地产领域的各参与方无法准确识别部分信用安全隐患。对此问题而言,充分的信息披露是可行的解决方案之一。但是,中国的信息披露制度略显不足。我国信息披露中有关信息过于粗线条,表现出较大的局限性。而且据相关统计,我国有95%以上的投资者属于小额的散户投资者,可见我国散户投资者在资本市场中是一个重要的投资群体。[1] 中小投资者数量众多且分散,难以形成团队效应,加之在专业知识方面的不足,往往导致"跟风操作""追涨杀跌"等不理智投资行为的出现,投机心理重于投资心理,通常缺乏科学的运作方式,高位套牢的风险较大。[2] 这个问题在房地产金融中同样明显,主要原因包括以下两点:从主观上讲,在房地产金融中,各方当事人均可能存在不同程度虚假陈述或欺诈,所涉及的各种文件中也都有可能包含虚假陈述或欺诈等问题。从客观上讲,房地产专家可能存在对房地产基础资产的价值以及未来现金流产生的稳定性出现误导、误认或专业水平不足的风险。在政府普遍依赖于已经披露的信息或专家意见的情况下,有关信息与专家意见的准确与否会在极大程度上影响判断。总而言之,坚持"房子是用来住的、不是用来炒的"目标定位,建立房地产长效机制,

---

[1] 王晓亮、任耀红:《IPO注册制下投资者保护研究》,《财会通讯》2017年第11期,第3-7页。

[2] 袁淼英:《证券中小投资者权益保护制度的构建路径》,《暨南学报(哲学社会科学版)》2018年第11期,第57-66页。

是党中央为促进房地产市场长期平稳健康发展提出的既定方针[1],也是化解房地产金融风险的有力保障。

(二)房地产金融风险的立法应对

国家经济发展方针、政策和法律、法规等的变化,会导致房地产金融市场的环境发生变化,从而影响整个房地产市场的未来发展走向,也影响着房地产金融风险大小的变化。[2] 在我国,虽然"房地产金融宏观审慎管理"在2016年才被正式提出,但对房地产市场开展宏观审慎管理已有20多年,并逐渐形成了以"因城施策"差别化信贷政策为主要内容的房地产金融政策框架。[3] 接下来以1997年东南亚金融危机为起点对有关房地产规范进行梳理(表5.1)。

表5.1 1997年东南亚金融危机以来我国重要房地产规范的梳理

时间	法规	内容
1998年5月	《个人住房贷款管理办法》	促进住房消费,支持住房产业成为新的经济增长点,改善银行信贷资产结构
1998年7月	《国务院关于进一步深化城镇住房制度改革加快住房建设的通知》	提出停止住房实物分配,逐步实行住房分配货币化
1999年	财政部、国家税务总局、建设部陆续出台了《关于调整房地产市场若干税收政策的通知》《关于个人出售住房所得征收个人所得税有关问题的通知》	对营业税、契税、土地增值税、个人所得税实行优惠

---

① 戴国强、肖立伟:《欧盟房地产金融宏观审慎管理框架、经验与启示》,《上海金融》2019年第10期,第41-47页。

② 袁萌萌、贾秀娥:《我国房地产金融的风险及防范研究》,《技术与创新管理》2009年第1期,第75-78页。

③ 朱红、臧晓伟:《房地产金融宏观审慎管理:工具、效果及启示》,《新金融》2020年第1期,第59-64页。

续表

时间	法规	内容
2003 年 6 月	中国人民银行下发《关于进一步加强房地产信贷业务管理的通知》	对房地产开发贷款和土地储备贷款提出一系列限制,并提出对个人购房贷款实行差别化政策。
2003 年 8 月	国务院发布了《国务院关于促进房地产市场持续健康发展的通知》	加强对房地产市场的宏观调控,改善结构,保持价格基本稳定,努力实现房地产市场总量的基本平衡。
2005 年 3 月	国务院出台《国务院办公厅关于切实稳定住房价格的通知》	八点意见(老国八条)稳定房价
2005 年 5 月	建设部等七部委出台《关于做好稳定住房价格工作的意见》	新国八条
2005 年 10 月	国家税务总局发布了《源于实施房地产税收一体化管理若干具体问题的通知》	进一步推进房地产税收一体化管理工作
2006 年 5 月	《关于调整住房供应结构稳定住房价格的意见》《关于加强住房营业税征收管理有关问题的通知》	开始着手整顿二手房市场
2006 年 7 月	建设部联合其他 5 部委下发《关于进一步整顿规范房地产交易秩序的通知》	进一步整顿规范房地产交易秩序
2006 年 7 月	国税局发布《关于住房转让所得征收个人所得税有关问题的通知》	对住房转让个人所得税问题进行了详细规定
2006 年 9 月	国务院办公厅转发建设部等部门《关于调整住房供应结构稳定住房价格意见的通知》	提出完善房地产统计和信息披露制度等

续表

时间	法规	内容
2007 年 1 月	建设部、央行联合发布《关于加强房地产经纪管理规范交易结算资金账户管理有关问题的通知》	推行房地产经纪机构备案公示制度和职业资格制度等
2008 年 11 月	国务院确定十项措施即"四万亿计划"	刺激经济恢复
2008 年 12 月	国务院办公厅下发《关于促进房地产市场健康发展的若干意见》	全方位刺激楼市
2009 年 5 月	国务院发布《关于调整固定资产投资项目资本金比例的通知》	细化了不同行业固定资产投资项目资本金比例
2009 年 6 月	银监会下发《关于进一步加强按揭贷款风险管理的通知》	防范诸如此类"假按揭""假首付款""假楼价""二套房贷款"规范放开等
2010 年 1 月	国务院发布《关于促进房地产市场平稳健康发展的通知》	加强房地产风险防范和市场监管
2010 年 4 月	国务院发布《国务院关于坚决遏制部分城市房价过快上涨的通知》	引导居民住房理性消费，形成有利于房地产市场平稳健康发展的舆论氛围
2011 年 1 月	国务院办公厅下发《关于进一步做好房地产市场调控工作有关问题的通知》	落实地方政府责任、强化差别化住房信贷政策
2011 年 3 月	国家发展改革委发布《商品房销售明码标价规定》	着力解决商品房销售中存在的标价混乱、信息不透明、价格欺诈等问题
2012 年 7 月	国土资源部和住房城乡建设部发布《关于进一步严格房地产用地管理巩固房地产市场调控成果的紧急通知》	继续探索完善土地交易方式，严防高价地扰乱市场预期

续表

时间	法规	内容
2013 年	国务院通过新"国五条"	抑制投机需求,加强市场监管
2013 年 2 月	国务院发布《关于继续做好房地产市场调控工作的通知》	坚决抑制投机投资性购房、继续严格实施差别化住房信贷政策
2014 年 9 月	中国人民银行联合银监会发布《关于进一步做好金融服务工作的通知》	加大金融支持居民住房需求和房企合理融资需求的力度
2015 年 9 月	中国人民银行、中国银行业监督管理委员会发布《关于进一步完善差别化住房信贷政策有关问题的通知》	巩固房地产市场调控成果,促进房地产市场健康发展
2016 年 2 月	财政部发布《关于调整房地产交易环节契税、营业税优惠政策的通知》	对容积率和交易单价已不再限定,不区分普通或非普通住房,凡是住房面积符合规定的均可享受优惠
2017 年 9 月	中国银行业监督管理委员会发布《关于加强商业性房地产信贷管理的通知》	严格房地产开发贷款管理
2017 年 10 月	党的十九大报告	明确了"坚持房子是用来住的、不是用来炒的定位,加快建立多主体供给、多渠道保障、租购并举的住房制度,让全体人民住有所居"。
2018 年 4 月	证监会、住房和城乡建设部《关于推进住房租赁资产证券化相关工作的通知》	盘活住房租赁存量资产、加快资金回收、提高资金使用效率
2018 年 5 月	住房和城乡建设部《关于进一步做好房地产市场调控工作有关问题的通知》	加强个人住房贷款规模管理,企业购地只能用自有资金的规定等

续表

时间	法规	内容
2019 年 3 月	《关于 2019 年进一步提升小微企业金融服务质效的通知》	防止小微企业贷款资金被挪用至政府平台、房地产等调控领域形成新风险隐患。
2019 年 5 月	银保监会《关于开展"巩固治乱象成果促进合规建设"工作的通知》	房地产行业政策聚焦于资金通过影子银行渠道违规流入房地产市场等
2019 年 7 月	国家发展改革委办公厅《关于对房地产企业发行外债申请备案登记有关要求的通知》	房地产企业发行外债只能用于置换未来一年内到期的中长期境外债务
2019 年 8 月	银保监会办公厅正式下发《关于开展 2019 年银行机构房地产业务专项检查的通知》	严厉查处各种将资金通过挪用、转道等方式流入房地产行业的违法违规行为。
2020 年 12 月	中国人民银行、中国银行保险监督管理委员会发布《关于建立银行业金融机构房地产贷款集中度管理制度的通知》	建立了银行业金融机构房地产贷款集中度管理制度。
2021 年 3 月	《中华人民共和国国民经济和社会发展第十四个五年规划和 2035 年远景目标纲要》	建立住房和土地联动机制,加强房地产金融调控,发挥住房税收调节作用,支持合理自住需求,遏制投资投机性需求。

资料来源:根据公开资料整理

　　市场经济是法制经济,任何经济活动都应该在法律规定的范围内进行,房地产金融尤其有必要。[①] 房地产金融风险防范是政府面临的持续性议题,从 1997 年东南亚金融危机以来,我国关于房地产金融风险防范的政策文件

[①] 邵玉:《防范房地产金融风险的对策建议》,《经济研究参考》2012 年第 42 期,第 23-24 页。

层出不穷,但是仍存在层级较低、覆盖不完整等诸多问题。房地产属于涉及民生的重点领域,房地产金融失序后对国计民生的影响较大,因此,需要准确查找相关风险并予以防范,在其中,政府要发挥重要作用。当下迫切需要解决的问题是如何通过政府的制度供给,从法律制度上分析房地产金融风险防范中的政府责任。

(三)房地产金融风险防范中的政府责任

在房地产金融风险防范中强调政府责任的合理性和必要性在于政府是公共利益的代表,房地产金融风险防范不仅关涉市场主体的经济利益,更大程度上关涉政府和目标所附随的公共利益。因此,在房地产金融风险防范中,政府需扮演好监管者角色,督促市场主体审慎合理的实施行为,以确保房地产金融风险防范实现预期目标。市场在资源配置中起决定性作用,但政府仍需要解决各种市场失灵问题如外部性、信息不对称等。一般来讲,市场机制在其作用过程中实现市场失灵的问题不可避免,如在公共产品的提供上,基于"经济人"假定,没有人会愿意提供没有收益或收益小于成本的投资。诚如萨缪尔森所言"纯粹的绝对竞争的条件和物理学上绝对无阻力的钟摆一样是难于实现的。"①此外,房地产主体同投资者之间的信息不对称也是市场难以破解的难题。需要指出的是,在某些情况下,信息需求者可能凭借其权力(权利)要求信息占有者(权利弱势地位)提供超量但实际并不需要的信息,从而提高对方的"信号发送"成本。② 因此,房地产金融发展中存在着"市场失灵"需要政府干预,实现政府支持与市场支持的有效协同。

第一,准确确定房地产金融风险防范目标对于房地产金融健康发展非常重要。目标的重要性主要体现为以下三个方面:其一,目标是项目能否顺

---

① 鲁国强:《论自由市场与政府干预》,《当代经济管理》2012 年第 1 期,第 1-6 页。

② 邢会强:《信息不对称的法律规制——民商法与经济法的视角》,《法制与社会发展》2013 年第 2 期,第 112-119 页。

利进行的关键,目标不确定的情况下,房地产金融风险防范无从下手,因为房地产金融风险防范主要针对的即是需要拟定的目标。其二,目标不确定的情况下评估活动无法进行,无法确定房地产金融风险防范措施是否真正发挥了作用。因此,政府要充分评估房地产金融风险防范目标的可行性、合理性,充分重视相关的利益诉求。在具体的确定方式上,政府应组织房地产主体就目标的确定进行沟通协调,在详细论证的基础上合理确定项目目标,目标实现是成功的关键。房地产金融风险防范作为一种多元、动态、开放的治理模式,其所内含的民主参与和平等协商理念是社会问题治理的有力保障。传统的房地产金融风险防范中公权力垄断问题和治理资本不足问题日益严重,国家治理现代化就是要求法律赋予市场主体更多的自由参与权,来实现政府的外部监督。其三,维护治理效果。分权理论的实现:产权与激励。① 鼓励房地产主体参与房地产金融风险防范,其更能够提出建设性意见保护自身利益。同时坚持过程评估和结果评估相结合、定性化评估与定量化评估相结合以及全过程评估等原则。房地产价格调控以其完善的程序设计保障各主体的意见表达,虽各种利益博弈的结果不可能实现真正意义上的"纳什均衡",但至少达到各方利益主体都可接受。根据"司马迁定理",即"善者因之,其次利道之,其次教诲之,其次整齐之,最下者与之争"。其中,"善者因之"强调政府最好的治理是发挥市场自治的作用;"其次利道之"则强调在尊重市场自由的前提下,政府实施一定的鼓励、引导、调控;"其次整齐之"则是指国家应依法对违法活动加以处罚,使其有序化;"最下者与之争"是说政府与民争利是最不可取的。② 当前,我国房地产贷款增速快、规模大,创新类信贷产品如"加按揭""转按揭""循环贷"和"净值贷"等不断面市,"假按揭""零首付"和"自我证明"贷款造成风险的情况屡见不鲜。③ 一

① 张为杰:《分权治理、地方政府偏好与公共政策执行机制研究》,中国社会科学出版社,2016,第36页。
② 张守文:《政府与市场关系的法律调整》,《中国法学》2014年第5期,第60-74页。
③ 刘海北:《中美房地产金融风险比较及我国的应对策略》,《上海金融》2009年第2期,第66-68页。

方面,房地产金融发展需要进一步实现向市场的分权,这种分权需突破原有分权模式的弊端,切实保障市场在资源配置中决定性作用的发挥。政府实现对社会组织和个人的分权,能够培育更多的经济发展需要的多元化的市场竞争主体。基于房地产金融风险防范的相关经验,实现国家治理现代化首先要促进政府"简政放权",使其超脱于自我和单一的社会治理模式和治理责任。另一方面,政府作为公共利益的代表,其仍旧有保障国家治理有序推进的义务,通过预算等监督措施防范社会组织基于利益而造成私人利益和公共利益受损的风险。

第二,政府实施房地产金融风险防范的设计和开发。中央在大力规范和调控房地产金融业务发展的同时,要重视"地区差异"和"政策效果"①。政府在房地产金融风险防范中需做好前期调研工作,结合实际制订出房地产金融风险防范的具体工作方案,明确各主体责任分工、目标任务和工作计划,以及进行项目设计、合法性评估、合理性评估、招标投标等。其一,在确定了房地产金融风险防范措施可行性的基础上,政府需要为房地产金融风险防范制订可行实施方案,以及进行充分的成本和收益分析。政府需要加大房地产金融风险防范专业人才培养力度,建立专家库,提高房地产金融风险防范及其实施计划的适用性和合理性,建立相配套的监督机制、风险预警机制,确保房地产金融风险防范取得成效。其二,制度供给与制度需求的契合。张守文教授提出的差异性原理和《道德经》第42章"道生一,一生二,二生三,三生万物",都体现了同样的理论,即运用"一分为二"和"具体问题具体分析"的分析方法。② 房地产金融风险防范要具体问题具体分析,不必追求大范围的统一,可以根据地方实际需要,有选择性制订并严格遵守。各级地方政府需适应网络大数据时代的变革,有效利用大数据,实现房地产金融

---

① 梁荣:《对当前我国房地产金融政策与法规的思考》,《财经科学》2004年第6期,第53-57页。

② 邢会强:《经济法原理在金融法领域中的应用举隅》,《经济法论丛》2018年第1期,第212-224页。

风险防范的信息共享,着力形成精细化、差异化的房地产金融风险防范模式,更多地依赖数据进行决策,这也是实现国家治理现代化的必然路径。除信息共享外,信息披露制度也是增强投资者投资信心和风险防范的基础。房地产金融风险防范的重要措施是建立和完善其信息披露制度,提高公开披露信息的质量,从而有效降低房地产领域存在的信息不对称。信息披露制度实际上已经成为不同国家和地区保障房地产金融风险防范的重要制度之一。房地产领域运作各个环节的当事人较多,各种不确定因素也相应增加,具有信息披露法定义务的主体因而也具有多样性和复合性。在整个过程中,凡对房地产金融风险可能产生较大影响的主体,都有责任提供准确、充分、及时的信息,以便政府在房地产金融风险防范中能够做出合理投资决策。

第三,政府需要对房地产金融风险进行全流程监督。德国学者布鲁诺·希尔德布兰德以资本交易方式将社会经济的发展划分为三个时期,即自然经济时期、货币经济时期、信用经济时期。可以说现代经济就是信用经济,制度和信任机制是房地产价格调控的重要组成部分,它能够通过促进各治理主体间良好合作提高房地产价格调控效率,从而促进善治。时下我国制度变革和社会结构的转型已然超出了现有制度理性可预期的边界,法律系统与现实世界的脱节需要通过创新制度予以补充。① 政府需组织相关部门对房地产金融风险防范措施的合法性、成本收益、可持续性等方面进行分析论证。建立多元化的房地产金融创新机构体系;完善房地产金融创新市场;在有序推进房地产金融创新的同时,做好金融风险防范工作。② 政府需对房地产金融风险防范措施进行资金用途监管、风险分配监管和项目实施监管等,以保障房地产金融风险防范成功为目标,以监管房地产市场主体的

---

① 唐清利:《社会信用体系建设中的自律异化与合作治理》,《中国法学》2012 年第 5 期,第 38-45 页。

② 郭连强、刘力臻、祝国平:《我国房地产金融创新面临的突出问题与对策》,《经济纵横》2015 年第 3 期,第 103-108 页。

违法违约行为为重点。前文提到房地产金融风险防范具有地域性、灵活性特征,这就要求房地产金融风险防范措施充分考虑地方特色,并及时回应不同领域各种情况的变化。通过多元主体的平等协商和参与实现对房地产金融风险防范的推进,各主体充分参与到房地产金融风险防范中,同时不同地区的治理差异也能因房地产金融风险防范主体的多元和治理活动的丰富而实现对症下药。此外,引入第三方专业机构是可行之道。理论上看,现阶段对第三方机构参与政府房地产金融风险防范不存在较大障碍,如2015年,根据《国务院办公厅关于委托对国务院重大政策措施落实情况开展第三方评估的函》(国办函〔2015〕60号)。可以委托有关科研机构和社会组织采取专项调查、抽样调查和实地核查等方式。从实践来看,现阶段已经有较成熟的第三方评估平台,如中国第三方评估供需平台,其已经完成了大量的政府项目的评估。因此,在房地产金融风险防范的第三方评估上,有理由相信第三方能够实现房地产金融风险防范措施完成度的综合评估。质言之,第三方评估主体配合政府评估,从而实现房地产金融风险防范的现代化。作为公共产品的数据,通过政府公开之后能够吸引越来越多的市场主体参与到房地产价格调控"效果"实现的全过程,并发挥监督作用。房地产金融风险防范能够实现更深层次的多主体互动,形成政府主导、公众监督实施的新局面。金融科技如区块链技术去中心化和不可篡改的特点当然可助力房地产领域信用机制的建立,通过信息保存、简化信息运作流程和信息共享来解决房地产领域中信息不对称等问题,降低政府治理成本。

二、股灾应对

2015年,我国股价暴跌对投资者的影响十分严重,同时对资本市场的影响也很巨大,股灾已经成为我国虚拟经济安全运行的核心影响因素。

（一）背景信息

在虚拟经济中，经济停滞首先反映在股市与虚拟经济的极端形态中。[1]
2015 年，我国发生了最严重的股灾，当时的上证综指数据显示：自 2014 年 7
月至 2015 年 6 月，中国 A 股上证指数从 2000 点左右上涨到 5178 点，不到一
年时间涨幅超过 150%[2]；具体来看，2015 年上半年中国股市的暴涨在 5 月表
现得非常明显，而到 5 月 28 日上证综指开始暴跌，单日跌幅就超过 7%，然
而 6 月 1 日，上证综指又出现暴涨，大幅上涨 4.7%，至 6 月 5 日上证综指终
于站上 5023 点，在 7 年半以后又一次站上 5000 点。但是，上证综指上涨到
5178 点之后，上半年中国股市的上涨开始结束。6 月 19 日，上证综指暴跌
了 6.42%，失守 4500 点。7 月 8 日，上证综指最低下跌到 3507 点时，下跌幅
度达 32%。[3] 股灾使沪深两市市值在一年之内蒸发了 25.69 万亿元，投资者
财富严重缩水。[4]

2015 年中国股市出现非正常波动时，中国政府从国家安全高度出发及
时、合法、规范地进行了救市，具体措施如下：在经历了"6.26"超 7%的暴跌
后，央行宣布自 2015 年 6 月 28 日起，金融机构实施定向降准并降息 0.25 百
分点；7 月 1 日，深沪交易所宣布下调市场交易费用；同日，证监会放松两融
限制，由券商与客户自行协商解决；7 月 3 日，证监会提示减少 IPO 数量；7
月 4 日，在国务院直接干预下，上交所和深交所共 28 家企业暂缓 IPO，并退
还已申购资金；7 月 5 日，央行宣布给予证金公司无上限的流动性支持，证监
会确认中央汇金已买入开放型基金指数 ETF；同日，中金所限制期货开仓，

---

① 晓林、秀生：《广义虚拟经济论文集》，航空工程出版社，2008，第 70 页。
② 王道平、贾昱宁：《投资者情绪与中国股票市场过度波动》，《金融论坛》2019 年第 7 期，第 46-59 页。
③ 谢百三、童鑫来：《中国 2015 年"股灾"的反思及建议》，《价格理论与实践》2015 年第 12 期，第 29-32 页。
④ 陈华：《股灾一周年：教训反思与政策建议》，《中国发展观察》2016 年第 13 期，第 25-26 页。

特别是限制恶意开空仓。① 当然,即使是最有效的救市措施,也不能完全解决股市中存在的问题,还需深入思考我国股市存在的深层次问题,例如国内经济下行压力加大,经济发展面临新的风险挑战,经济衰退往往是股市崩盘的催化剂。股市崩盘也可能是重大灾难性事件、经济危机或长期投机泡沫破裂的副作用,以及公众对股市崩盘的极端恐慌也可能是股市崩盘的一个主要原因。此外,有学者指出本次股灾是由投机者及投机资本借助监管部门清查配资的机会,跨市场进行恶意做空引发的一次"人造"股灾。④ 这要求股市监管机构构建有力的股市风险预防和控制机制,强化应对股市风险的能力。当然,监管者是市场的清道夫,而不是市场趋势的直接推动者,并不是为了影响股市的发展方向,监管者的唯一行为准则就是法律。⑤

(二)股灾发生的原因分析

时下,政府希望加快建成市场化的多层次股票市场,以此调整中国的金融市场结构,增加企业融资渠道、降低企业融资成本、增强居民的内需能力。⑥ 但是,股灾的发生对我国多层次股票市场建设带来了诸多挑战,本次股灾主要体现为股市的多次暴涨和急跌,研判其深层次原因主要有以下几方面:第一,杠杆的过度无序应用、金融产品监管不完善等导致难以检测股票市场的风险状况;第二,市场机制不协调,同时对金融衍生品和套利对冲等金融工具运用不力;第三,投资者结构散户化问题突出,投资理念偏短视,羊群效应明显;⑦第四,媒体功能在股灾中发挥不当,未在股灾舆论监督和股

① 谢百三、童鑫来:《中国 2015 年"股灾"的反思及建议》,《价格理论与实践》2015 年第 12 期,第 29-32 页。

④ 刘志彪:《"股灾"反思和虚实经济协调发展的思考》,《东南学术》2015 年第 6 期,第 4-11 页。

⑤ 吴晓求:《股市危机:逻辑结构与多因素分析》,《财经智库》2016 年第 3 期,第 5-37 页。

⑥ 崔鹏、易宪容:《2015 年中国股市异常波动的原因与未来发展对策》,《理论学刊》2016 年第 3 期,第 81-86 页。

⑦ 清华大学国家金融研究院课题组、吴晓灵、李剑阁:《完善制度设计 提升市场信心 建设长期健康稳定发展的资本市场》,《清华金融评论》2015 年第 12 期,第 14-23 页。

市净化中发挥应有作用。① 监管部门甚至被市场上的某些媒体言论所左右。

1.股市中的政府失灵

股灾发生的第一个政府方面的原因在于政府监管失灵和能力不足。其一,我国资本市场处在发展初期,基础制度、监管手段、交易规则等各个方面均尚不完备,这些不足也在本次股灾中充分暴露,如投资者散户化和羊群效应明显、涨跌幅限制和 T+0 交易致止损时易引发流动性不足等等。② 其二,监管机构对股市的把握和判断能力存在严重缺陷。本次股灾的直接原因在于监管部门在还未做好预期风险有应对预案的情况下严查场外配资,在股指低点位时大力鼓励各种融资配资,而当股指处于 5000 点以上相对高位时,突查场外各种配资及加杠杆行为,并且实行"一刀切"的强行平仓政策,直接导致股市的急速下跌③,最终引起股灾发生。

股灾发生的第二个政府方面的原因在于现行股市监管体系存在诸多问题。股市涉及的机构众多,分业监管体制应对金融机构之间的混业经营时体现出不相适应的问题。面对金融创新和混业经营,分业监管体制力有未逮,股市风险预警机制和应急方案缺失。④ 同时在救市进程中,各个监管部门之间协调不力,造成股灾在不同金融机构之间的进一步传播,最终导致股市风险不断恶化。

本次股灾日益严重的第三个政府方面的重要原因,就在于监管机构的救市措施存在失误和滞后性。其一,股灾发生的第一时间,监管机构应当果断采取"临停"等措施关闭市场,待市场恐慌情绪得到一定修复后,再采取其

① 郑智斌、刘艺文:《股市报道逆周期调节作用研究——以"615"股灾前后〈人民日报〉〈上海证券报〉为例》,《现代传播(中国传媒大学学报)》2018 年第 9 期,第 133-137 页。

② 清华大学国家金融研究院课题组、吴晓灵、李剑阁:《完善制度设计 提升市场信心 建设长期健康稳定发展的资本市场》,《清华金融评论》2015 年第 12 期,第 14-23 页。

③ 刘志彪:《"股灾"反思和虚实经济协调发展的思考》,《东南学术》2015 年第 6 期,第 4-11 页。

④ 陈华:《股灾一周年:教训反思与政策建议》,《中国发展观察》2016 年第 13 期,第 38 页。

他新的救市办法,而不能在负反馈机制继续发挥作用情况下,仓促调动资源救市[①];其二,如上述,监管部门政出多门,政策协调机制缺位,直接导致股灾延误了股市最佳救市期,加重了投资者的不良情绪。

2.股市中的市场失灵

股灾发生的第一个市场方面的原因在于我国股票交易实行 T+1 模式,投资者无法在当日交易,只能以股指期货对冲风险,这又造成期货的下行压力。T+1 与涨跌停板交易制度本意在于抑制市场波动,但从此次股灾来看,抑制市场波动的效果并不明显,只不过将股市下跌延续到了后续交易日。[②]实际上,我国股市现行的涨跌停板制度、T+1 模式,加速了风险积聚、阻碍了风险释放,客观上为恶意做空者提供了非法活动的空间。

股灾发生的第二个市场方面的原因在于我国熔断机制收益甚微。熔断机制具备为市场提供"冷静期"[③],避免或减少股市剧烈波动下的投资者非理性决策,抑制程序化交易的助涨助跌效应等功能,但我国股市却在实施熔断机制的一周内二次熔断,千股跌停,后只好暂停实施。[④] 而且国内 A 股并没有"熔断机制"这一"冷却剂",因此,造成投资者积极做空或者出售股票。[⑤]

股灾发生的第三个市场方面的原因在于投资者散户化、短视化。其一,大部分个人投资者抗风险能力较低,因此,在面临经济政策的预期不积极时,常常难以及时、有效决策,更容易产生恐慌等不良情绪,特别是面临突发

---

① 刘志彪:《"股灾"反思和虚实经济协调发展的思考》,《东南学术》2015 年第 6 期,第 4-11 页。

②⑤ 清华大学国家金融研究院课题组、吴晓灵、李剑阁:《完善制度设计 提升市场信心 建设长期健康稳定发展的资本市场》,《清华金融评论》2015 年第 12 期,第 14-23 页。

③ 胡光志、张美玲:《我国期货市场操纵立法之完善——基于英美的经验》,《法学》2016 年第 1 期,第 76-87 页。

④ 课题组:《各国(地区)应对股灾救市行动评述》,《证券市场导报》2016 年第 1 期,第 17-23 页。

的政策变更时,更易出现非理性恐慌。[1] 其二,因为投资者秉持对中国股市无风险套利的幻想,投资者利用各种金融杠杆进行股市,导致越来越多的资金涌入股市。上证综指在短期内不断升高,"大牛市"逐渐变成了现实。[2] 随着杠杆率越来越高,投资者收益也不断增加,中国股市的投机效应不断放大,股市风险也随之不断变大。

(三)股灾中的政府干预

股灾中的政府干预是指行使公权力对股市进行干预,以使其脱离危机和困难,恢复到正常运行状态。[3] 2015 年,中国股灾中政府出台了一系列救市措施,避免了一场本该不应发生的金融风暴,使市场逐渐稳定下来。[4] 对于政府在股灾中的救市行为,学界评价褒贬不一,政府在股市危机时是否应该干预尚存在争论。[5] 这些讨论意见归纳起来可分为两类:一类是反对政府救市,认为政府救市违背了市场决定论;另一类是支持政府救市,认为股市中市场失灵可能诱发系统性风险。我们认为,股灾发生时政府进行救市有其合理性,同时政府的救市行为必须在法律框架之内,不能过于随意。

1.政府救市原则

其一,股市调控需坚持法制化原则。在中国资本市场的发展过程中,每一轮股市涨跌都有不同的政策因素与之关联,因此,"政策市"成为中国股票市场备受诟病的一个重要原因。[6] 实际上,市场失灵论可以支撑政府股市调

① 周方召、贾少卿:《经济政策不确定性、投资者情绪与中国股市波动》,《金融监管研究》2019 年第 8 期,第 101-114 页。

② 崔鹏、易宪容:《2015 年中国股市异常波动的原因及未来发展对策》,《理论学刊》2016 年第 3 期,第 81-86 页。

③ 课题组:《各国(地区)应对股灾救市行动评述》,《证券市场导报》2016 年第 1 期,第 17-23 页。

④ 常清:《我国股价波动特点与政府宏观调控》,《价格理论与实践》2016 年第 5 期,第 21-22 页。

⑤ 李志生、金凌、张知宸:《危机时期政府直接干预与尾部系统风险——来自 2015 年股灾期间"国家队"持股的证据》,《经济研究》2019 年第 4 期,第 67-83 页。

⑥ 贾德奎、李瑞海:《政策风险指数与中国股市波动》,《金融论坛》2018 年第 5 期,第 66-80 页。

控行为,即当市场无法正常运行时,政府可以进行干预。世界其他地方也有政府紧急干预的先例,比如美国政府为应对 2008 年金融危机大规模注入流动性和实施救援。此外,考虑到投资者损失过大可能引发的社会动荡,如果不及时解决可能成为一个社会问题。当然,股市调控需要符合特定的法律程序,只有在法律框架下,才能最大限度地限制救市决策和执行的随意性,保证救市行为不对经济活动过度干预。此外,救市措施容易让金融机构忽视风险,也容易让投资者放松对金融机构和市场的监督,因此,除将政府股市调控行为纳入法治轨道外,还要进一步提高市场主体的风险意识。

其二,坚持系统性、灵活性的股市调控原则。首先,自 2008 年的经济危机以来,全球需求急剧下降,政府无法再通过出口来保持增长,政府的对策是出台大规模刺激方案,利用货币政策、国有银行、地方政府等推动内部投资,其后果是产能严重过剩,国有企业和地方政府逐渐背负巨额坏账。股市成为盘活经济的一大有力工具,股市干预需坚持与其他资本市场的协调,不能违背市场经济发展规律。其次,股市调控必须具有灵活性,以方便应对不同类型的股市动荡。股市调控虽然有严格的程序约束,政府、财政部门、央行、证监会等机构应遵从法定程序采取救市行动,但是这些程序也应该有相应的灵活性,以应对具体市场形势的变动。① 各政府机构、监管部门、市场机构之间需要建立完善的沟通协调机制。

2.政府干预措施

第一,完善股市法治保障。在社会领域,信任困境可能从最初某些人的信用问题积聚为对这些人所承担的社会角色及其所归属的社会群体的不信任,进而逐步扩散为对社会制度的不信任,于是整个社会跌入信任的"塔西佗陷阱"②。从股市角度看,其迫切需要通过完善金融支持体系来支持其实

---

① 课题组:《各国(地区)应对股灾救市行动评述》,《证券市场导报》2016 年第 1 期,第 17-23 页。

② 樊浩:《缺乏信用,信任是否可能》,《中国社会科学》2018 年第 3 期,第 51-59 页。

现发展,需要借助有关风险缓释工具的风险分散优势为其实施的高风险提供担保,从而将风险损失降至最低。面向股市的信用风险和危机,政府可以通过制定和完善有关法律法规帮助其满足发展需求。科研部门与金融管理部门、金融企业之间要建立完善的合作机制,将科技企业在资源、信息、技术等方面的优势与金融机构的融资产品、风险管理能力结合起来,实现科技创新与股市发展的相互促进。金融管理部门可以制订满足实际需要的软法规范,在制订股市创新发展软法规范时,各部门之间要进行有效的信息共享和交流,增强政策落地的可能性和有效性。建立国家股市风险应对机制,并在法律中予以明确。积极推进股票发行注册制度改革,建立舆情分析监测反馈机制,正确引导舆论导向。

第二,建立政府主导型股市全程化常态化监管体制,减少股市发展的政策风险和经济风险。股灾整治及行为规制的有效性研究为探索自律管理的治理逻辑提供了有益视角,有助于认清顶层制度构建的元逻辑、促成行业监管的规制合力,还有利于自律规则体系核心理念的统一。[①] 政府应适应和调整不同股市模式下的风险管控方式,转变当前股市的管理模式,实现股市的有序发展。鼓励财政之外的社会资本参与股市风险研究活动,设计出更全面的股市风险缓释产品,促进股市创新发展。股市面临的信用风险是当前阻碍其发展的绊脚石,适度容忍信用风险能够推动股市的创新发展。股市加快发展的关键在于解决好股市的信用风险管理问题,可以设计梯形融资模式,让股市能够根据实力、风险等因素选择适合自己的投资模式是有效方式之一。

第三,构建更加开放和多元的资本支持,让更多投资者参与到股市的投

---

① 郭玲:《我国经济转型深化中证券业自律管理的治理逻辑——以股灾规制为视角》,《财经问题研究》2020 年第 11 期,第 72-80 页。

资中来,根据风险分散理论,越多的投资者意味着越小的风险。① 原则上讲,股市需要试点采用市场化操作模式,契合风险自负的市场规律,但是我国正处于经济发展方式的转型阶段,只靠市场主导试点股市可能难以缓释金融风险,不利于吸引次级投资者。这就需要充分发挥政府的作用,努力通过多途径为股市发展提供便利,同时积极鼓励股市金融机构、自律组织依据现实情况制订符合自己发展实际的行业标准和规则,建立完善的行业自治规则。一方面可为股市提供高效和全面的金融服务,另一方面授信条件将更适合股市的实际融资需求。同时,根据股市不同发展阶段的融资需求,设计出"科技+"等股市发展工具,满足股市全周期的融资需求。

第四,设立专业性股市监管机构和辅助平台。培育发展股市的专业型第三方机构,建立政府主导,第三方机构实施的协同管理模式。加快股市人才培养,减少股市发展中可能出现的决策风险。在具体模式上,可以通过政府和金融企业合作建立第三方专业机构的方式,一方面发挥政府信用担保作用,另一方面银行等金融机构能够实时监控股市发展,能够准确找出股市发展的风险点。为了保障金融市场安全,切实落实合格投资者制度,我国合格投资者制度在合格投资者标准、认证程序、反规避制度以及投资者保护方面都做了具有中国特色的制度设计,这些制度设计也发挥了有效防范金融风险、增强投资者保护的现实作用。② 除此之外,政府可以通过注入国家信用、制定优惠政策、提供便利条件等公共政策帮助减少股市风险,以增强股市流动性和解决风险问题。

3.公私合作型股灾应对

在《转变中的法律与社会:迈向回应型法》一书中,以塞尔兹尼克和诺内

---

① 梁鑫鑫、危平:《中国股票市场"绿化"投资组合的策略选择研究》,《上海财经大学学报》2019 年第 3 期,第49-62 页。

② 陈颖健:《私募基金合格投资者制度研究》,《证券市场导报》2018 年第 10 期,第 62-69 页。

特为代表的伯克利学派带着强烈的改革动机和应用目的,怀着对国家及社会的忧患意识,试图通过对法律制度的深入研究解决社会发展问题,寻求建立一个适应社会发展的法律制式。① 于此,一种"目的"导向的回应型法逐渐受到追捧,回应型法取压制型法和自治型法之精华、去二者之糟粕。以回应型法为基础的法律规制是一种规范、透明、开放、平等且多元的监管结构,既要实现资源配置的高效率和确保市场公平竞争,又要关注安全和环境等社会议题,政府成为监管架构的重塑者。② 回应型法强调政府与市场等多主体利益的交涉性平衡,随着我国法治的发展,平衡理论逐渐取代管理理论成为行政法的理论基础,政府的管理理念逐渐从"管理"到"服务"迁移,政府开始重视谈判、指导等柔性手段的适用,如逐步重视公民的主体地位与利益要求、重视公众对政府的监督等。③ 回应型法追求的交涉性平衡是其逻辑旨归,沟通协商是实现交涉性平衡的主要途径。市场经济的发展推动了经济结构的多元化和利益分化,不同类型的社会阶层、利益群体逐渐形成,中国的社会结构也正从单一性的同质社会逐渐向多样性的异质社会转型。实际上在社会快速的转型中,多元利益群体之间出现矛盾、冲突在所难免。

毫无疑问,股灾应对中也当然会存在角色冲突和利益博弈,为了解决多元利益群体之间不可避免的利益纷争和矛盾,就需要各利益主体之间能够保持一种常态化的平等协商与对话。④ 概言之,公私合作型股灾应对要促进股灾应对发展中市场调节和政府干预的平衡。与市场相比,政府在法律地位上的优位使政府在提供公共物品、公共服务等诸多领域具有极大优势,但

① 李晗:《回应社会,法律变革的飞跃:从压制迈向回应——评〈转变中的法律与社会:迈向回应型法〉》,《政法论坛》2018 年第 2 期,第 185-191 页。

② 叶正国:《网络预约出租汽车的回应型法律规制》,《电子政务》2018 年第 1 期,第 39-46 页。

③ 崔卓兰、张继红:《从压制型到回应型:行政法治理模式的转换——群体性事件的行政法反思》,《社会科学辑刊》2014 年第 6 期,第 58-63 页。

④ 杨弘、张等文:《中国社会协商对话制度的现实形态与发展路径》,《理论探讨》2011 年第 6 期,第 34-37 页。

其不足之处在于难以实现资源的有效配置,市场能够在资源配置中起决定性作用,但是却难以保证分配公平,两者若能加强优势互补将是最有效的资源配置方式。① 因此,公私合作型股灾应对的研究重点在于平衡二者之间的关系,向任何一方的偏移都可能导致股灾应对研究的非理性。② 政府作为股灾应对发展的引导者、法律法规的制定者,需要善于借鉴他国有益经验,结合股灾应对的本土资源,寻找股灾应对中政府干预与市场自治的平衡点。我们认为,政府主导对股灾应对的良性运作是有必要的,但是政府盲目过度干预将会导致股灾应对失衡,进而影响股灾应对有序运作,使股灾应对发展畸形。因此,强调市场主体参与可强化对政府的市场化约束,有助于优化股灾应对制度。

第一,鼓励市场主体参与。救市目标设定的前提是正确厘清政府干预和市场调节之间的关系。通过有效果、有效率的干预,将市场从失灵状态调整回自身正常运行状态,然后政府干预逐渐隐退。③ 一般而言,政府在股灾应对中应鼓励市场主体组成联合体,扩大市场主体规模,吸引多元化主体如社会组织、基金等,以筹措股灾应对所需的项目资金。但公私合作型股灾应对中政府需要挑选恰当的市场主体,这些主体将实施股灾应对的相关任务,因此,准确挑选恰当的市场主体对公私合作型股灾应对成功实施具有重要意义。当下,可依托大数据、人工智能、区块链等新兴科技探索实施公私合作型股灾应对项目招投标的线上模式。同时,随着互联网、物联网、云计算、大数据等信息通信技术(ICT)的快速发展,科学理论、技术方法和技术工具以及有关专家在社会治理中的作用越来越重要。④ 因此,政府需要加大公私

---

① 张莉莉、王文君:《论经济法对虚拟经济的规制不足及其完善》,《公民与法(法学版)》2010 年第 9 期,第 39-41 页。

② 乔海燕:《虚拟经济风险的成因及其治理措施》,《技术与市场》2006 年第 4 期,第 48-50 页。

③ 课题组:《各国(地区)应对股灾救市行动评述》,《证券市场导报》2016 年第 1 期,第 17-23 页。

④ 董传升、张立:《新时代泛在体育治理的逻辑与策略》,《北京体育大学学报》2019 年第 6 期,第 1-11 页。

合作型股灾应对专业人才培养力度,建立专家库,提高股灾应对及其实施计划的适用性和合理性。

第二,强化协同监督机制。意图公私合作型股灾应对的多元主体公正而积极地实施行为,就必须为多元主体建立完备的监督机制,通过这一机制把多元主体与数据平台进行整合,形成公正、科学、统一的公私合作型股灾应对监督体系。[①] 具言之,公私合作型股灾应对监督毋庸置疑是全流程的。政府需进行股市风险应对监管和项目实施监管等,以保障化解股市风险为目标。如若政府评估发现股市出现难以控制的风险时,需要及时划定相关责任主体,并对有关违法违约行为进行性质认定与责任追究,以及决定是否需要及如何采取补救措施等。总体而言,在公私合作型股灾应对中强调监督机制建设的目的是促使公私合作型股灾应对的有序实施,形成良好的推进秩序,最终实现对公共利益的保护。

第三,加强配套制度建设。公私合作型股灾应对是否能够有序实施也与实施过程中是否有完备的配套制度紧密相关。一是,完善公私合作型股灾应对的信息公开制度。政府可推动市场主体建立专业化的信息服务平台,为不同主体提供信息汇总与发布、登记备案等综合服务,发布可能影响项目实施的有效信息。政府也可以借此控制公私合作型股灾应对的风险、提高惩戒欺诈等违法、违约行为的概率和能力。通过将市场主体的信用信息纳入共享平台,对失信机构依法依规禁止或限制其参与公私合作型股灾应对,从而保证股灾应对的管理和营运置于公众的监督之下,更加透明化,也为股灾应对的绩效评估提供科学依据。二是,完善公私合作型股灾应对的评估机制。公私合作型股灾应对评估机制等如何设置将有赖于在前期评估和多方协商的基础上具体设计考量,重点是做好风险预警机制的构建,风险的爆发虽然是许多因素共同作用的结果,但这些因素必然会通过一定的

---

① 梁木生:《论"数字政府"运行的法律调控》,《中国行政管理》2002 年第 4 期,第 31-32 页。

量化指标显示出来,在风险爆发的前置周期里,通过预警和调控是有可能防止危机发生的。另一方面要建立政府与第三方专业机构之间的信用评价制衡机制。由第三方专业机构基于其科学的评估依据、评估内容、评估重点、评估方式、评估进程的量化指标,配合政府评估实现公私合作型股灾应对的全流程评估,从而确保公私合作型股灾应对评估的客观性、合法性、及时性。

三、互联网金融监管

互联网金融产品和服务的快速发展在带来巨大经济动力的同时也给人们的生活带来了很大的便利,但同时创新的互联网金融不可避免地带来了一些问题,需要加快促进互联网金融监管制度改革以解决和处理突出风险点,金融监管机构也需要加强监管手段创新以规范金融秩序,解决诸如不良资产、债务违约、影子银行等可能带来的诸多风险。[①]

(一)互联网金融法制化的内容梳理

加强互联网金融的法律监管和法律风险防控成为当务之急[②],近年来,我国也发布了一系列规范互联网金融的法律法规(表5.2)。

表5.2 互联网金融相关法律法规梳理

时间	文件	内容
2010 年	中国人民银行发布了《非金融机构支付服务管理办法》和《非金融机构支付服务管理办法实施细则》	对非金融机构支付业务进行监督和管理
2011 年 4 月	保监会发布了《互联网保险业务监管规定(征求意见稿)》	对非金融机构支付业务进行监督和管理

---

① 杜云:《虚拟经济学》,厦门大学出版社,2015,第 173 页。
② 王小萌:《互联网金融的法律透视及法律风险防范实务研究》,中国纺织出版社,2018,第 1 页。

续表

时间	文件	内容
2013 年 11 月	十八届三中全会颁布了《中共中央关于全面深化改革若干重大问题的决定》	指出要发展普惠金融,鼓励金融创新,丰富金融市场层次和产品,于此,互联网金融首次进入决策范畴
2013 年 12 月	中国人民银行等机构联合印发了《关于防范比特币风险的通知》	保障人民币的法定货币地位,防范洗钱风险,维护金融稳定
2014 年 1 月	国务院办公厅颁布了《关于加强影子银行监管有关问题的通知》	针对影子银行业务不规范、管理不到位和监管套利作出规定
2014 年 3 月	十二届全国人大二次会议审议的政府工作报告	为了互联网金融的健康有序发展,需要完善金融监管协调机制,互联网金融首次被写入政府工作报告
2014 年 4 月	银监会与人民银行联合发布《关于加强商业银行与第三方支付机构合作业务管理的通知》	加强商业银行与第三方支付机构合作业务管理
2014 年 7 月	保监会公布《互联网保险业务监管暂行办法(征求意见稿)》	明确了互联网保险产品有关制度,建立保险机构及第三方平台退出管理
2014 年 8 月	上海市政府颁布了《关于促进本市互联网金融产业健康发展的若干意见》	是全国首个省级地方政府关于互联网金融监管的文件
2014 年 12 月	《私募股权众筹融资管理办法(试行)(征求意见稿)》	拓展中小微企业直接融资渠道,促进创新创业和互联网金融健康发展
2015 年 1 月	中国人民银行印发《关于做好个人征信业务准备工作的通知》	要求 8 家机构做好个人征信业务的准备工作,意味着个人征信市场"开闸"
2015 年 7 月	国务院颁布了《关于积极推进"互联网+"行动的指导意见》	指明了互联网金融的发展方向
2015 年 7 月	中国人民银行等十部门联合印发《关于促进互联网金融健康发展的指导意见》	首次明确了互联网金融的概念,提出了一系列鼓励创新、支持互联网金融稳步发展的政策措施

续表

时间	文件	内容
2015 年 8 月	证监会下发《关于对通过互联网开展股权融资活动的机构进行专项检查的通知》	规范通过互联网开展股权融资活动
2015 年 11 月	《中共中央关于制定国民经济和社会发展第十三个五年规划的建议》	在"十三五规划"中互联网金融首次被纳入中央五年规划
2016 年 4 月	央行牵头出台了《互联网金融风险专项整治工作实施方案》	突出规范各类互联网金融业态,优化市场竞争环境等
2016 年 8 月	银监会公布了《网络借贷信息中介机构业务活动管理暂行办法》	确定了网贷业务的有关规范
2017 年 2 月	银监会发布《网络借贷资金存管业务指引》	明确了网贷资金存管业务应遵循的基本规则和实施标准
2017 年 4 月	银监会发布了《关于银行业风险防控工作的指导意见》	规定银行业要切实防范化解突出风险,严守不发生系统性风险底线
2017 年 5 月	央行成立金融科技委员会	重点提出金融科技手段在金融监管和风险防范领域的应用
2018 年 3 月	互联网金融风险专项整治工作领导小组发布《关于加大通过互联网开展资产管理业务整治力度及开展验收工作的通知》	对金融机构的不同类型股东实施差异化监管
2018 年 4 月	中国人民银行等多部门联合发布《关于规范金融机构资产管理业务的指导意见》	指出要规范金融机构资产管理业务,统一同类资产管理产品监管标准
2018 年 5 月	中国证监会、中国人民银行联合发布《关于进一步规范货币市场基金互联网销售、赎回相关服务的指导意见》	明确开展货币市场基金互联网销售业务应遵循的规定

续表

时间	文件	内容
2018 年 8 月	中国证监会发布《中国证监会监管科技总体建设方案》	明确了监管科技信息化建设工作需求和工作内容
2018 年 12 月	中国人民银行等部门联合发布《关于完善系统重要性金融机构监管的指导意见》	明确系统重要性金融机构监管的政策导向,弥补金融监管短板,引导大型金融机构稳健经营,防范系统性金融风险,监管机构应当对任何可能威胁金融体系安全的组织进行监管,包括投资机构和商业银行。
2019 年 2 月	中央机构编制委员会办公室发布《中国人民银行职能配置、内设机构和人员编制规定》	牵头负责重要金融基础设施建设规划并统筹实施监管,统筹互联网金融监管工作等被纳入央行的职责范围内。
2019 年 8 月	央行正式出台《金融科技(FinTech)发展规划(2019—2021年)》	明确建立金融科技监管基本规则体系。
2020 年 2 月	《个人金融信息保护技术规范》	规定了个人金融信息在收集、传输、存储、使用、删除、销毁等生命周期各环节的安全防护要求,从安全技术和安全管理两个方面,对个人金融信息保护提出了规范性要求
2020 年 12 月	央行、发改委与证监会联合发布《公司信用类债券信息披露管理办法》	推动交易所与银行间市场信息披露机制的统一
2021 年 2 月	国务院反垄断委员会出台了《关于平台经济领域的反垄断指南》	预防和制止平台经济领域垄断行为,保护市场公平竞争。

资料来源:根据公开资料整理

　　监管机构需要寻求在全球范围内的监管政策协调,以避免互联网金融企业根据国内外监管政策的差别寻求监管套利,这种情况在大数据、人工智能、金融科技勃兴的时代可能更严重。

(二) 互联网金融法制化的理念背离

金融自由和金融安全是一对矛盾,法律必须在金融自由和金融安全之间寻求平衡。① 传统规范互联网金融的理念可以分为金融自由理念与金融抑制理念。金融自由理念将效率作为唯一目标,忽视了风险。金融抑制理念追求绝对安全,忽视了市场的真实诉求和产业的发展规律,往往会贻误发展。囿于传统理念的弊端,相对安全理念应运而生,将风险控制与发展结合起来,在发展中防范风险,在该理念的影响下,我国应对互联网金融运用多种办法综合施治,既要控制风险,更要促进其发展。

1."金融自由"理念

互联网金融是传统正规金融之外所出现的新金融形态,这就意味着出现了一些新的金融风险和金融监管难度。金融风险随之而来的就是加强监管,将风险遏制在萌芽状态,因为传统金融监管模式采用的是抑制型的策略,金融自由理念主张者认为对作为新金融形态的互联网金融的监管,需要采用市场化的监管手段。

经济全球化、金融自由化的理念曾使人为之振奋,也曾给人带来几多梦想。② 金融自由理念主张者认为,金融抑制型监管体制未能满足金融市场的资金需求,造成了金融创新与违法相向而行的问题。一方面正规金融机构出于安全考虑不会接受缺乏担保的贷款,另一方面现有的其他金融产品远不能满足投资人的需要。现行规范对非法集资等的界定比较笼统和抽象,实践中许多互联网金融创新都极可能被纳入非法集资的范畴,从而可能受到遏制和打击。

现阶段互联网金融出现规避法律等问题,互联网金融产品创新在规避

---

① 张宇润:《金融自由和安全的法律平衡》,《法学家》2005 年第 5 期,第 91-99 页。

② 郭兰:《金融自由、金融安全和金融秩序》,《生产力研究》1999 年第 6 期,第 83-85 页。

法律对相关产品的规定的同时,进一步加剧了风险的聚集和传播,部分互联网金融业者甚至通过虚构信息和虚标收益等手段,实施诈骗,触碰非法集资底线,但金融自由理念主张者认为不宜过度夸大互联网金融风险,互联网金融实质上仍受到严格监管,借助大数据、区块链等技术,实际上不会出现风险失控的情形。[①] 互联网金融在缺乏规范的情况下探索前行,并为投资者提供了可行的融资渠道,所以对互联网金融不能"一刀切"的予以禁止,应始终坚持鼓励创新的理念,避免完全禁止可能带来的负外部性。

金融自由理念主张者对规范互联网金融的金融抑制理念进行了批评,指出金融监管防范风险确实是为了追求安全价值,但是安全价值作为一种价值诉求具有局限性和相对性,互联网金融的发展不可能仅追求安全,绝对安全只能损害其他经济利益和价值。[②] 应该在更加重视金融安全的同时,以提高金融创新服务实体经济的能力为根本宗旨,深化金融改革,发展新兴金融业。

2."金融抑制"理念

"金融抑制"这一术语是由麦金农和肖提出的。[③] 所谓"金融抑制",是指政府为了实现其经济目标,对金融活动和金融体系实施过度干预进而抑制了金融体系的发展,而金融体系的发展滞后又阻碍了经济的发展,从而造成了经济落后的恶性循环。[④] 中国互联网金融监管体制呈现出明显的金融抑制特征,即使不追求所谓技术革新和金融创新,市场中也不乏各种监管套

---

① 李有星、金幼芳:《互联网金融规范发展中的重点问题探讨》,《法律适用》2017 年第 5 期,第 31-38 页。

② 邢会强:《相对安全理念下规范互联网金融的法律模式与路径》,《法学》2017 年第 12 期,第 22-28 页。

③ 谈儒勇:《金融抑制和金融约束》,《金融研究》1998 年第 12 期,第 26-29 页。

④ 冯果、袁康:《走向金融深化与金融包容:全面深化改革背景下金融法的使命自觉与制度回应》,《法学评论》2014 年第 2 期,第 69-81 页。

利行为。① 在很大程度上,互联网金融监管的目的在于确保现有体制下利益集团的既定利益免受市场影响。因此,金融抑制理念下的监管者更关注互联网金融对正规金融的影响和冲击。

随着金融危机的接踵发生,凯恩斯主义得以进一步巩固,以金融抑制理念为导向的互联网金融监管成功地占据主导地位。在金融自由理念出现失灵的情况下,金融抑制理念被奉为互联网金融监管的最佳选择。

实务中各级政府相继颁布各种规范性文件加强对互联网金融的监管,体现出明显的金融抑制特征。例如,现行法律规范中所列的"非法集资"几乎囊括各种形式的互联网金融。

3.传统理念的价值缺陷

金融的治乱循环中,决策与监管者一直在金融自由与金融抑制两极之间不断徘徊,表现出"金融危机——加强监管——走出危机——放松管制——又一轮金融危机的历史周期律"②。在这样的背景下,互联网金融创新蓬勃兴起,它肩负着打破市场准入壁垒的历史使命。但是很多互联网金融产品都是在不受监管的情况下野蛮生长,不少互联网金融企业处于法律漏洞中甚至处于非法地带,合法性风险巨大。基于此,金融自由理念开始出现失灵。

在金融自由理念失灵的情形下,金融监管理念逐渐受到重视,但是对被监管的互联网金融企业而言,监管即意味着产品开发的限制与成本无限放大,因此,在利益博弈的现状之下,被监管的互联网金融企业就奔走于发现法律的漏洞等进行监管套利。而且监管者特别是高层管理人员都会面临一个"被收买"的风险,从而滋生监管俘获的道德问题。此外,金融抑制理念下

---

① 彭岳:《互联网金融监管理论争议的方法论考察》,《中外法学》2016年第6期,第1618-1633页。

② 邢会强:《国务院金融稳定发展委员会的目标定位与职能完善——以金融法中的"三足定理"为视角》,《法学评论》2018年第3期,第88-98页。

处于稳定状态的法律与动态的互联网金融业态之间存在着不相匹配的地方,我国分业监管体制下监管机构之间的权责不清、信息不对称、能力不足、监管推诿的现象,使互联网金融在强监管之下仍旧存在监管疏漏。

(三) 互联网金融法制化的理念革新

有限发展理念认为,安全价值具有相对性,它仅具有首要地位、基础地位,而不具有终极地位、最高地位。机遇与风险并存,不承担风险就会丧失机遇。只要发展就会有风险,不发展是最大的风险。我们对风险的正确态度应该是,既要防范风险,又要抓住发展机会。①

1.理念前提:弥补金融自由与金融抑制的价值缺憾

金融自由理念意欲促进金融创新,其本意之"善"是无可厚非的,但创新的金融机构不一定能以同样之"善"实施行为。相反,政府行为会激励创新金融机构实施违法行为,因为政府鼓励金融创新所采取的措施会使创新金融机构在思想上产生一种预判,即政府鼓励金融创新,无论其经营出现何种不利情形或如何经营,政府在关键时刻都会予以支持。当被这种认识主导时,在业务开展与创新中,创新的金融机构就不会前事不忘后事之师地怀揣一种谨小慎微的态度,反而会更加肆无忌惮地铤而走险。② 金融抑制理念强调绝对安全,这种一刀切的处置方式对互联网金融的风险遏制起到了未雨绸缪的作用。但是,这种理念不利于金融创新,实践中的资金需求难以满足,从而抑制经济发展。如上之论,在金融自由和金融抑制的两难中,有限发展理念被认为是一种可行的指导理念,有限发展理念始终坚持金融创新产生的目的是摆脱实体经济发展的困境,为实体经济发展服务。

---

① 邢会强:《相对安全理念下规范互联网金融的法律模式与路径》,《法学》2017 年第 12 期,第 22-28 页。

② 黎四奇:《后危机时代"太大而不能倒"金融机构监管法律问题研究》,《中国法学》2012 年第 5 期,第 87-102 页。

2.理念基础:强调边界意识保障互联网金融良性发展

综上所述,金融创新产生的目的是摆脱实体经济发展的困境,为实体经济发展服务。那么实体经济所需要的互联网金融发展的边界是什么？是否存在？能否确定？然而语言有限的解释力注定了"边界"本身即具有模糊性,其准确含义是无法精确无疑的、确定的。实际上发展边界在根本上讲是最有效运行的临界点,达到这样一种临界点需要具备的外部条件是确定的,因而在这个意义上,金融边界是确定存在的。其实,社会科学并不致力于也无力于对某种"确定性"的研究,社会科学只能在力所能及的范围内尽可能地去接近"确定性"①。由此,我们探讨互联网金融监管的边界,其意义并不在于能够确定无疑地发现某一条边界,而是确立一种观念,即金融监管必须有度。我们虽无法准确找到互联网金融监管的边界,但可以尽可能地试图凭借逻辑的和实证的方法找出限定金融监管边界需要考量的关键因素和依据,并厘清这些因素在限定金融监管边界时的彼此关系,以期监管接近现实需要。而且必须明确互联网金融监管本身不仅是一个简单的法律问题,而是一个经济学、法学、社会学和政治学等多学科的相互嵌套的复杂的集合。探讨互联网金融监管边界的限定依据既要考量经济的标准,又要顾及非经济的标准。经济学家注重市场自由和交易复杂化,注重交易技术和交易价值,不顾社会伦理、社会道德。我们尊重经济学家,但也需要有批判眼光,互联网金融应该在法律框架下运行,互联网金融的发展必须有限。

3.理念实现:设立指标追求互联网金融的量化规范

有限发展理念能否被准确识别的问题,实质上是在询问金融发展(即市场上对于进行创新的需要)的边界能否被人类成功识别,标准的确定往往通过各种指标表现出来,在有限发展理念的确定中同样需要确定相关指标,这种指标不仅能够为具体金融模式的发展提供经验,同时应当具有普适性,否

---

① 王怀勇:《金融监管边界的经济学与法学分析》,《政法论坛》2013 年第 5 期,第 134-141 页。

则就不能称其为理念的指标。在总结学界在金融领域确定的一些指标之后,笔者认为以下三种指标是有限发展理念所需要坚持的指标:一是服务实体经济指标;二是金融替代性指标;三是风险控制指标。一般来讲,法律应当具有确定性,但是指标的确定和量化确是存在困难的,在有限发展理念的指标确定中,如实体经济对金融的需求以及边界等进行清晰界定是非常困难的。因此,依靠单纯的指标及定量技术是无法实现金融的有限发展的,监管者和业界的主观判断就显得十分重要。实际上,确定的、可量化的指标也可能是错误的,因为这些指标实际上就是人为确定的。波普尔认为,一种理念从来就只是一个假说,一种为了理解世界而进行的尝试。它从来也不能够被证实,相反,它能够被确证。"被确证"的意思是指,一种理念若直到那时仍成功地经受最严格的检验,并还没有被相反的理念所取代。一种被确证的理念是被科学团体暂时接受的理念。[1]

(四)有限发展法学理论下的互联网金融及其监管

近年来,互联网金融产品不断推陈出新带来了法律监管的诸多难题,互联网金融与监管机关之间互动的方向值得理论界思考。金融监管的强弱决定了互联网金融业发展的前景、规模以及互联网金融创新的速度、风险和进程。有限发展法学理论下互联网金融监管的必要性不言而喻。就当前来看,金融监管的步伐明显慢于互联网金融创新的速度。

1.有限发展法学理论下互联网金融的监管难题

其一,互联网金融对金融监管原则形成压力。有限发展法学理论下的互联网金融监管应当坚持何种原则,由于互联网金融的典型特征是技术驱动,尚没有完全形成一个稳定可期的金融业务模式,对该行业适用何种监管原则是需要思考的问题。

---

[1]　王怀勇:《金融监管边界的经济学与法学分析》,《政法论坛》2013 年第 5 期,第 134-141 页。

其二,"中心化"监管应对互联网金融创新出现监管失灵。国外主要依赖健全的社会信用体系和完备的法律救济手段保护互联网金融消费者。① 金融科技、监管沙箱等互联网金融创新给一向"中心化"的金融监管带来"去中心化"的压力。创新的互联网金融公司逐渐脱离传统金融监管范畴,相关法律规范的空白给金融监管带来了较大难度。有限发展法学理论下如何应对诸多互联网金融创新在标准化和规范化方面的不适应性是需要考量的问题。

其三,科技革新下互联网金融的消费者保护难题。任何科技都存在应用风险,互联网金融也不例外。② 以智能投资顾问为例,智能化的投资顾问服务带来了消费者对人工智能的信任问题。智能化、大数据的信息采集、使用无疑会关涉消费者信息安全、隐私保护、商业秘密。有限发展法学理论下互联网金融监管如何处理科技革新与消费者保护的矛盾是需要解决的重要议题。

其四,互联网金融的发展对我国现有的金融分业监管构成挑战。目前我国的金融监管以分业监管模式为核心,可以处理传统金融业态所具有的中心化特点。近年来,互联网金融逐渐呈现融合特性,分业监管模式出现监管失灵。虽监管者已有新尝试,如 2018 年 3 月国务院机构改革方案将银监会和保监会的职责整合,组建中国银行保险监督管理委员会,作为国务院直属事业单位。随着国务院金稳会的成立和银监会与保监会的合并,在我国运行 15 年之久(2003—2017 年)"一行三会"的分业监管体制就此落下帷幕。③ 但是,应对互联网金融创新仍力有未逮。市场决定性作用要求充分尊重互联网金融的交易自主权。但是,有限发展法学理论下互联网金融监管

---

① 胡光志、周强:《论我国互联网金融创新中的消费者权益保护》,《法学评论》2014 年第 6 期,第 135-143 页。
② 曾威:《互联网金融科技信息披露制度的构建》,《法商研究》2019 年第 5 期,第 79-90 页。
③ 许多奇:《互联网金融风险的社会特性与监管创新》,《法学研究》2018 年第 5 期,第 20-39 页。

必不可少。针对互联网金融创新的不断出现,需要多部门联合监管实现互联网金融风险防控。

2.有限发展法学理论下互联网金融的监管路径

其一,有限发展法学理论下互联网金融监管应是一种数字监管。数字治理理论由英国学者帕特里克·邓利维(Patrick Dunleavy)率先提出,体现了信息时代政府治理的特点与需求,它的出现有其必然性和可行性。[①] 顾名思义,数字治理有两种含义,一种是对数字的治理(governance of data),一种是基于数字的治理(governance based on data)。前者指的是实现对全社会越来越庞大的数据的有效管理与组织,后者则是利用数字实现全社会有效的组织与运行。[②] 数字治理是基于信息系统的支持,解决政府和政策的碎片化问题,精准、灵活地回应公众需求提供公共物品,显著降低政府—社会间信息流动的成本、促进信息公开。[③] 我们认为,互联网金融的数字治理即是实现互联网金融监管的技术化。同时吸引市场主体参与互联网金融监管,实际上,新公共管理、新公共服务、网络治理等理论都强调公众参与和跨界合作,但在之前公众参与和跨界合作常常伴随着高成本和低效率的弊端,数字治理中最新技术的出现为互联网金融监管提供了更便利、高效的方式。[④]

其二,有限发展法学理论下互联网金融的监管应是一种协同监管。政府既要实现 GDP 的高速发展又要稳定社会秩序,其结果必然是对社会进行强力管制——"维稳体制",就是要把所有社会成员的行为纳入政府管控范围。[⑤] 天性贪婪的公权力自然会不断侵占私权利的领地和"敲打"提醒私权

---

① Patrick Dunleavy, Digital Era Governance：It Corporations, the State, and E‐Government. (Oxford University Press,2006),p.229.

② 何哲:《国家数字治理的宏观架构》,《电子政务》2019 年第 1 期,第32-38 页。

③ 于君博:《后真相时代与数字政府治理的祛魅》,《行政论坛》2018 年第 3 期,第 90-96 页。

④ 翁士洪:《数字时代治理理论——西方政府治理的新回应及其启示》,《经济社会体制比较》2019 年第 4 期,第138-147 页。

⑤ 周庆智:《在政府和社会之间:基层治理诸问题研究》,中国社会科学出版社,2015,第 226 页。

利,让本来完全可以由私权利解决的纠纷矛盾而"流入"公权力的魔爪。① 为了更好地解决纠纷和矛盾,我们急需在公权力与私权利之间找到一个平衡点,加快权力清单制度普及。② 传统的互联网金融监管通过法规强制市场主体向监管者和社会公众进行披露,以有效地对互联网金融进行监管,但强制性做法通常会引发被市场主体抵触情绪。有限发展法学理论下互联网金融的协同监管,被监管者由被动变为主动,双方遵循信息共享机制。

其三,监管沙箱耦合有限发展法学理论的制度需求。根据"成本-收益"范式的分析,制度创新的收益必须大于制度创新成本或至少可以弥补其所造成的损失。监管沙箱的核心价值在于探求新的方法实现对互联网金融的有序推进,其目的在于鼓励创新,促进社会效益和私人利益的共同实现。监管沙箱不但创新了互联网金融监管方式,而且构建了确保互联网金融创新取得实效的约束机制,因而被认为是一种制度创新。此外,政府对互联网金融发展中的相关问题施以有效预防性干预,可以显著降低问题爆发后进行补救的成本。因此,我国的互联网金融监管机构可以实施监管沙箱。研究设立中国版的"监管沙箱",将更好地试行互联网金融的包容性监管,实现金融创新与监管的兼顾平衡。③ 我国的金融监管理念应当从中汲取养分,树立一种具备开放性、兼容性的包容性监管理念,实现金融公平、金融安全与金融效率的动态平衡以及各利益相关主体的良性互动。④ 在逐步试点的基础上,逐步完善相关基础设施和风险预防措施,完善法律规范,让互联网金融监管更加透明化与自动化,从而促进互联网金融的有限发展。

其四,有限发展法学理论下互联网金融监管需要积极参与国际合作。

---

① 戴雨薇:《"枫桥经验"与中国特色法治模式关系探讨》,《公安学刊(浙江警察学院学报)》2013 年第 3 期,第 82-88 页。

② 赵秀玲:《中国基层治理发展报告(2016)》,广东人民出版社,2016,第 12 页。

③ 郭雳:《智能投顾开展的制度去障与法律助推》,《政法论坛》2019 年第 3 期,第 184-191 页。

④ 刘盛:《监管沙盒的法理逻辑与制度展开》,《现代法学》2021 年第 1 期,第 115-127 页。

随着互联网金融的技术化、数据化和全球化,积极参与互联网监管的国际合作对互联网金融行业及消费者而言均是利大于弊。一方面,金融机构面对不同国家的互联网金融监管要求,需要承担较高的合规成本,而加强国际合作制定通用的法律规范和研究报告无疑对内外金融机构和监管者皆有帮助。我国作为世界上互联网金融的领先者,应以积极的姿态参与互联网金融监管的国际合作。"一带一路"建设是新常态下中国的重大决策,在"一带一路"国际合作高峰论坛期间,中国已宣布将为"一带一路"建设增加7800亿元的资金支持。未来还需要进一步加快金融创新,吸引国际金融资源,灵活运用金融工具和融资模式,探索设计新的流程机制和新的金融服务模式,推动建立长期、稳定、可持续、风险可控的金融保障体系。① 金融作为"一带一路"倡议实施过程中资金融通的重要桥梁,支撑着各国经济的持续发展,而金融外交作为整体外交的重要一环,保障着开放战略的不断深化和有效执行。另一方面,需要运用整合性思维,在厘清互联网金融监管法律机制的内涵及结构的基础上,系统地分析域外互联网金融监管法律机制的发展过程、成因及特点,以开放的眼光、客观的立场审视域外互联网金融监管法律机制中的合理因素和消极因素,取其长舍其短,凸显其制度优势,为我国互联网金融监管法律机制的构建与完善提供借鉴,解决互联网金融跨境展业趋势已经显现但监管合作应对明显不足的问题。

四、地方政府性债务监管

十九大报告指出要建立规范透明且约束有力的预算制度,全面实施预算的绩效管理。十九届四中全会报告指出,要完善标准科学、规范透明、约束有力的预算制度。为实现债务预算控制,我国预算法从举债主体、用途、

---

① 陈卫东:《2017年国际金融十大新闻之二"一带一路"高峰论坛成功举办,谱写国际合作新篇章》,《国际金融研究》2018年第1期,第7页。

规模、方式、监督制约机制和法律责任等多方面作了规定,为地方政府债务预算约束提供法律依据。国务院颁布的《关于加强地方政府性债务管理的意见》明确提出,要加快建立规范的地方政府举债融资机制、对地方政府债务实行规模控制和预算管理、控制和化解地方政府性债务风险、完善配套制度、妥善处理存量债务和在建项目后续融资。质言之,地方政府性债务监管是建设责任政府、服务政府的有效工具,也是防范和化解重大公共风险的必要手段。

(一)地方政府债务现状梳理

2019 年,地方政府债券发行规模扩容,发行数量同比增加 163 支至 1093 支,发行规模同比增长 4.74%至 4.36 万亿元。按用途划分,新增债券发行规模占 70.05%,再融资债券占 26.33%,置换债券占 3.62%。2019 年我国新增地方债限额 3.08 万亿元,实际发行量占限额比重为 99.22%,新增限额基本使用完毕。① 财政部网站指出,截至 2020 年 1 月末,全国地方政府债务余额 220923 亿元。其中,一般债务 119397 亿元,专项债务 101526 亿元;政府债券 219034 亿元,非政府债券形式存量政府债务 1889 亿元。截至 2020 年 1 月末,地方政府债券剩余平均年限 5.2 年,其中一般债券 4.9 年,专项债券5.6 年;平均利率 3.54%,其中一般债券 3.54%,专项债券 3.53%(表 5.3)。

表 5.3 2014—2019 年全国地方政府债券发行概况(单位:万元)

项目	2014 年	2015 年	2016 年	2017 年	2018 年	2019 年
发行支数	300 支	1035 支	1159 支	1134 支	930 支	1093 支
发行金额	1092.00	38350.62	60458.40	43580.94	41651.68	43624.27
其中:一般债券	—	28606.92	35339.84	23619.35	22192.19	17742.02

① 联合资信:《2019 年地方政府债券回顾及展望》。访问日期:2021 年 9 月 25 日。

续表

项目	2014 年	2015 年	2016 年	2017 年	2018 年	2019 年
专项债券	—	9743.70	25118.56	19961.59	19459.49	25882.25
其中:新增债券	—	6365.45	12624.59	15898	21704.54	30560.75
置换债券	—	31985.18	47833.80	27683	13130.35	1579.23
再融资债券	—	—	—	—	6816.79	11484.29
其中:公募发行	1092	30428.84	44957.56	32725.02	37510.47	43624.27
定向发行	0	7921.78	15500.84	10855.92	4141.20	0.00
其中:3 年期	—	6532.37	11291.83	7988.57	6346.37	2058.94
5 年期	436.80	12061.55	19222.99	14764.57	17931.46	13787.86
7 年期	327.60	10553.44	16753.74	11939.72	9475.95	7178.71
10 年期	327.60	9191.02	13189.85	8788.08	6913.68	12324.60
30 年期	—	—	—	—	20.00	4500.50

资料来源:联合资信根据 Wind 资讯整理。①

　　基于上述分析可见,我国地方政府偿债压力较大。在"堵后门"的同时,更重要的是如何加强对地方政府债务的管理,增强地方政府债务的可持续性、安全性是需要考虑的重要问题。2019 年 6 月,中共中央办公厅、国务院办公厅联合印发《关于做好地方政府专项债券发行及项目配套融资工作的通知》,提到一些专项债务资金可以当作项目资本金用于再融资,对地方政府新增隐性举债持续从严监管难度增大。

---

① 联合资信:《2019 年地方政府债券回顾及展望》。访问日期:2021 年 9 月 25 日。

(二)地方政府债务监管政策考察

2008 年的经济危机给全球经济造成了不可估量的损失,虽然我国尚未发生过全面的经济危机,但是随着经济全球化、经济金融化的持续推进,我国经济体系中有关问题日益显现,经济风险日益加大,这明显表现在地方政府性债务监管中。探寻如何构建法治化、规范化的地方政府性债务监管模式已成为当下需要关注的重要议题。我国意图抑制地方政府违法举债融资,但因此造成地方政府资金不足问题进一步加大,自金融危机以来我国地方政府性债务监管政策的具体文件见表 5.4。

表 5.4 地方政府债务监管政策梳理

时间	法规及会议	内容
2009 年 2 月	《2009 年地方政府债券预算管理办法》	地方政府债券全部由财政部代理发行,并由财政部代办还本付息,即"代发代还"模式。发行额度由全国人大批准,2009—2011 年地方政府债券的批准额度均是每年 2000 亿元
2009 年 3 月	两会政府工作报告	提出安排发行地方政府债券 2000 亿元,用于部分缓解 4 万亿元投资计划中地方政府的配套资金压力
2011 年 10 月	《2011 年地方政府自行发债试点办法》	启动了上海、浙江、广东、深圳四省(市)地方政府自行发债试点,并明确"自行发债是指试点省(市)在国务院批准的发债规模限额内,自行组织发行本省(市)政府债券的发债机制"。试点省(市)可发行 3 年和 5 年期债券,实行年度发行额度管理。此次改革之后,地方政府债券的发行端开始放开,不过其还本付息仍由财政部代办执行,即"自发代还"模式

续表

时间	法规及会议	内容
2013 年	中央经济工作会议	要把控制和化解地方政府性债务风险作为经济工作的重要任务,把短期应对措施和长期制度建设结合起来,做好化解地方政府性债务风险各项工作
2014 年	预算法的修订与《国务院关于加强地方政府性债务管理的意见》	是中央发布的关于规范地方政府举债融资机制的重要指导文件,预算法第三十五条规定,地方政府"可以在国务院确定的限额内,通过发行地方政府债券举借债务的方式筹措",明确赋予地方政府能够通过合法方式举债;《国务院关于加强地方政府性债务管理的意见》中多次提及政府性债务、政府债务、政府或有债务,通过《意见》应厘清政府性债务、政府债务、政府或有债务的定义
2014 年	财政部预算司发布《地方政府存量债务纳入预算管理清理甄别办法》	旨在清理存量政府债务,对政府债务进行甄别,为将政府债务分门别类纳入全口径预算管理奠定基础
2015 年	财政部预算司相继印发了财政部关于印发《2015 年地方政府专项债券预算管理办法》的通知与财政部关于印发《2015 年地方政府一般债券预算管理办法》的通知两个文件	明确了地方专项债券收入、安排的支出、还本付息、发行费用纳入政府性基金预算管理,政府一般债券收入、安排的支出、还本付息、发行费用纳入一般公共预算管理
2015 年	财政部国库司印发了财政部关于印发《地方政府一般债券发行管理暂行办法》的通知	旨在加强地方政府债务管理,规范地方政府一般债券发行等行为,保护投资者合法权益
2015 年 4 月	财政部印发《地方政府专项债券发行管理暂行办法》的通知	规范地方政府一般债券发行等行为,保护投资者合法权益

续表

时间	法规及会议	内容
2016 年 10 月	国务院办公厅发布了关于印发地方政府性债务风险应急处置预案的通知	切实防范和化解财政金融风险
2016 年 11 月	财政部预算司先后发布了财政部关于印发《地方政府性债务风险分类处置指南》的通知、财政部关于印发《地方政府一般债务预算管理办法》的通知、财政部关于印发《地方政府专项债务预算管理办法》的通知三个文件	经过 2014 到 2016 年 3 年时间,中央从地方政府存量债务的处理、在建项目的后续融资、地方政府债务规模、地方政府债务预算管理、地方政府债务控制及地方政府债务的风险预警等方面建立起地方政府举债融资机制体系。
2016 年 12 月	财政部预算司颁布了《财政部驻各地财政监察专员办事处实施地方政府债务监督暂行办法》	加强财政部对地方政府债务的监督,充分发挥财政部驻各地财政监察专员办事处的作用,明确专员办监督责任和权力
2017 年 4 月	财政部预算司发布了财政部关于印发《新增地方债务限额分配管理暂行办法》的通知	明确了新增限额分配的具体计算公式及计算依据,对地方政府债务规模实施一定控制
2017 年 6 月	财政部发布了《财政部关于坚决制止地方以政府购买服务名义违法违规融资的通知》	重点规范利用政府购买服务变相融资的行为
2017 年 11 月	《关于规范政府和社会资本合作(PPP)综合信息平台项目库管理的通知》	重点规范利用政府购买服务变相融资的行为
2018 年 1 月	关于加强保险资金运用管理支持防范化解地方政府债务风险的指导意见	支持保险机构更加安全高效服务实体经济,防范化解地方债务风险

时间	法规及会议	内容
2018 年 2 月	国务院办公厅发布了《关于进一步增强企业债券服务实体经济能力严格防范地方债务风险的通知》	旨在进一步发挥企业债券直接融资功能,增强金融服务实体经济能力,坚决遏制地方政府隐性债务增量
2018 年 3 月	财政部发布了《关于做好 2018 年地方政府债务管理工作的通知》	有效防范化解地方政府债务风险
2018 年 5 月	国家发展改革委、财政部关于完善市场约束机制 严格防范外债风险和地方债务风险的通知	完善市场约束机制,切实有效防范中长期外债风险和地方债务风险
2018 年	《中共中央国务院关于防范化解地方政府隐性债务风险的意见》和《地方政府隐性债务问责办法》	着手摸底各地隐性债务,并对隐性债务可能引发的风险采取有效的应对措施
2019 年 4 月	《财政部关于做好地方政府债券发行工作的意见》	财政部不再限制地方债券期限比例结构,地方财政部门自主确定期限。
2019 年 4 月	《财政部办公厅关于梳理 PPP 项目增加地方政府隐性债务情况的通知》	要求梳理入库 PPP 项目纳入政府性债务监测平台的情况,逐一列明项目增加地方政府隐性债务的具体认定依据。
2019 年 6 月	中共中央办公厅 国务院办公厅印发《关于做好地方政府专项债券发行及项目配套融资工作的通知》	按照坚定、可控、有序、适度要求,进一步健全地方政府举债融资机制。
2019 年 6 月	《关于防范化解融资平台公司到期存量地方政府债券隐形债务风险的意见》	防范化解融资平台公司到期存量地方政府隐性债务风险

续表

时间	法规及会议	内容
2019 年 12 月	《关于启用地方政府新增专项债券项目信息披露模板的通知》	加强地方政府债券信息披露管理,提高信息披露质量。
2020 年 12 月	《地方政府债券发行管理办法》	为规范地方政府债券发行管理,保护投资者合法权益。
2021 年 1 月	《地方政府债券信息公开平台管理办法》	规范地方政府债券信息公开平台管理。
2021 年 7 月	《关于加强地方人大对政府债务审查监督的意见》	依法推动政府严格规范债务管理,建立健全向人大报告政府债务机制,明确人大审查监督的程序和方法
2021 年 9 月	《地方政府专项债券用途调整操作指引》	提高专项债券资金使用绩效,防范地方政府债务风险

资料来源:根据公开资料整理。

由表 5.4 可见,自经济危机以来中央大力规范地方政府性债务。中央对地方政府债务政策从指导性、体系性逐渐到规范性,防控和化解风险仍然是政策主线。实际上,为了遏制隐性债务增量,财政部早就提出完善地方建设项目和资金管理。一些地方认为债务最终中央会埋单,银行等金融机构也认为借债政府会兜底,因此,必须打破这一"幻觉",让地方政府动脑筋处置资产来偿债。"坚持谁举债谁负责,严格落实地方政府属地管理责任。"坚持中央不救助原则,坚决打消地方政府认为中央政府会埋单的"幻觉",坚决打消金融机构认为政府会兜底的"幻觉",化解隐性债务不可一刀切,需要发挥地方政府的积极性,地方政府手握不少优质存量资产,通过盘活这些资产可以化解部分隐性债务。

（三）我国地方政府债务监管不足理清

现阶段，我国政府债务预算中仍然面临着诸多矛盾，政府支出不断扩张，为满足支出需求的举债规模持续扩大，举债方式不断推陈出新，预算赤字显著上升，债务预算控制未能实现预期目标，如何强化债务预算控制成为完善预算法治亟待解决的问题。国务院发布的《关于加强地方政府性债务管理的意见》禁止地方政府通过融资平台举债融资，对地方政府融资限制的不断加强，导致地方政府资金需求难以满足。为此，财政部发布了《关于推广运用政府和社会资本合作模式有关问题的通知》，以期促进政府和社会资本合作模式发展，但由此导致了地方政府隐性担保与变相违法融资等问题急剧凸显。2017 年，财政部发布了《关于进一步规范地方政府举债融资行为的通知》《关于坚决制止地方以政府购买服务名义违法违规融资的通知》等一系列文件，在对地方政府债务监管中，地方政府债券市场的健康发展是关键环节。但目前我国地方政府债券规模的快速上涨并没有与更完善的管理相对应，规模发展虽快但市场发展相对缓慢。由此出现了关于地方债务的流动性、定价机制和监管框架等方面的问题。地方政府债务问题不仅关系着国家的系统性金融稳定，而且可能引发财政危机，进而导致金融市场崩溃、货币贬值，经济陷入萧条，这是任何一个现代化国家都极力避免的。

第一，风险监管问题。2016 年，《地方政府性债务风险应急处置预案》按照政府性债务风险事件的性质、影响范围和危害程度等情况，划分为Ⅰ级（特大）、Ⅱ级（重大）、Ⅲ级（较大）、Ⅳ级（一般）四个等级。当政府性债务风险事件等级指标有交叉、难以判定级别时，按照较高一级处置，防止风险扩散；当政府性债务风险事件等级随时间推移有所上升时，按照升级后的级别处置。地方政府形成债务后，随着地方经济发展和民生政策落实的压力，债务风险进一步积聚。若不加以预警和控制，债务风险将沿着地方赤字加大→偿债困难→土地财政依赖→地方政府濒临破产→债务风险向上级政府纵向转嫁的路径演变。① 我国地方政府债券规模发展过快,但尚未建立起与现有规模相适应的监管框架。在经济下行压力较大的大环境下,部分地方仍存在变相举债现象。例如,一些地方仍沿用城投债、合作基金甚或违规动用融资平台变相举债、伺机扩权或攫取市场资源,隐蔽性强,这易造成资本市场价格扭曲乃至系统性风险。② 尤其是在地方政府出于"新基建"等的需要而产生融资需求时,但有关地方债风险防控机制仍不健全,主要表现在风险的管控职权与责任尚不明确、缺少统计数据发布与风险预警工具。

第二,流动性问题。地方债流动性问题如果不能实现恰当处置,就有可能积累成为存量问题。当前,流动性问题已经成为我国地方政府债面临的核心问题。地方政府债券的剩余期限虽然集中在 5 年左右,但在可预见的一段时期内都有着借新还旧的需求,与长期资金的性质更类似。在我国目前的债券市场中,金融机构是地方债最主要的投资人,但金融机构与地方政府之间的关联关系导致在地方债的发行中,往往伴随金融机构向地方政府提供的利益输送,破坏了发行市场的价格机制。③ 地方政府债券流通市场仅局限于银行间债券市场和交易所债券市场,这无疑割裂并影响了三大市场间的互联互通,影响了地方债二级市场的流动性,不利于我国地方债券流通市场的构建。④ 此外,有这种指出土地增值和出让收益是我国与美国等其他国家在城市开发建设和融资中的重要不同之处。他们没有中国这种土地出让收益的直接回报方式,反过来中国也没有他们那种房产税收入的长期回报方式。因此,不能简单地以美国等国家的地方政府债务期限作为中国债

---

① 张平、周全林:《"十三五"时期我国地方政府性债务风险的预测与监控》,《当代财经》2017 年第 2 期,第 22-30 页。

② 刘继峰、曹阳:《我国地方政府债务法律监管研究》,《法学杂志》2017 年第 8 期,第 76-85 页。

③ 俞伯阳:《我国地方债发行中的困境与对策——兼论地方债"自发自还"问题》,《经济与管理》2016 年第 6 期,第 44-49 页。

④ 魏革军:《地方政府债券柜台交易探析》,《中国金融》2019 年第 23 期,第 77-78 页。

务期限的衡量标准,目前关于地方政府债务期限错配的问题或许被大大高估了。[1] 以上观点有参考价值,但地方债流动性问题仍不可忽视。

第三,信用评级问题。一是地方政府信用评级缺乏专门的法律规定。目前,我国对信用评级的法律规定只在《证券法》《公司法》《企业债券管理条例》等法规中有零散的体现,对地方政府信用评级更是甚少提及。[2] 2014年以前,地方政府自行发债试点没有引入评级制度,实际上也是不重视债务风险的一种表现。2014年,地方政府自发自还债券试点首次引入第三方信用评级机构,但评级都是 AAA 级,这显然无法体现出地方政府偿债能力和信用风险的差别,不利于通过地方政府债券发行利率体现出债务风险。由此可见,我国地方债没有充分考虑到其本身的信用状况,与我国信用评级制度不完善有关,投资者对不同地区的政府信用状况没有足够的认识。[3] 同时,评级公司在对地方政府进行信用评级时,首要考虑的并非地方政府的运行情况,而是其政治重要性。但这种政治分析并非评级公司的优势,也与其以市场化运营为前提的评级模型并不相容。[4] 质言之,我国地方政府债的信用评级仍存在不科学的问题。

第四,信息披露问题。我国地方债信息披露中缺乏最关键的资产负债规模与结构、债务负担规模和财政风险等相关信息,各种隐性债务增量,政府投资基金、PPP、政府购买服务中的不规范行为,严禁各种违法违规担保和变相举债等信息披露不足。有关地方政府债的法律意见书中关于风险提示的部分不够充分,审计报告中项目收益数据的可靠性有待完善。此外,地方

① 刘学良、焦晓娇:《地方债不存显著违约风险 期限错配或被高估》,上海证券报,,访问日期:2021 年 9 月。

② 杜倩倩、罗叶:《地方政府债务管理及危机处置的国际经验借鉴》,《西南金融》2020 年第 1 期,第 3-11 页。

③ 张宇润:《地方债券化解地方政府债务结构风险的法律思考》,《江淮论坛》2016 年第 1 期,第 98-104 页。

④ 陈国绪:《我国地方政府信用评级制度创新研究》,《财经问题研究》2014 年第 8 期,第 107-112 页。

政府债信息披露的渠道主要有中债信息网及省级财政部门网站两个主要渠道,而各地行业主管部门和项目单位往往未能及时披露项目进度、专项债券资金使用情况等关键信息。① 由此可见,我国地方债信息披露还存在诸多不完备之处。

(四)我国地方政府债务监管制度完善

按照税收法定原则,地方政府债务需要从法定角度完善其监管制度。在新时代发展理念指导下,监管战略组合可进一步循着"硬化预算约束→强化绩效导向→联动监测预警"的路径有序推进,逐步实现由"管"到"监"的模式转换,维系财政常态运行安全。② 要实现有效监管地方政府债务的目标,就需要考虑政府职权法定和举债法定,由法律规定界定其概念、范围、风险以保障其监管实效,例如对地方债加以规模控制、实施限额管理、防止盲目举债,当下主要有两个完善方向:一是强化政府自身监管,特别是要通过完善有关制度提升地方债监管效果;二是加强市场化约束,特别是要通过加强信用评级制度与信息披露制度提升地方债务监管效果。

1.建立健全风险管理制度。地方债风险管理制度需要建立健全能够覆盖地方债全生命周期的风险管理体系,从信息披露与绩效管理等细节切入,在地方债发行、评级、偿付等各环节嵌入绩效考核及风险预警指标,强化债务绩效管理,配套建立健全地方债全流程的信息披露体系。③ 第一,建立地方政府债务科学决策制度。地方政府不加限制地发行地方债的后果是透支财政资金、引发腐败。因此,当前地方债监管需要从科学决策的事前监管的角度防范有关风险,相对于风险爆发硬气的严重后果,事前预防相对效果更好、影响程度更小,因而应加大该领域的研究力度,对地方政府债务风险进

---

① 张增磊:《地方政府专项债券面临的主要问题及对策》,《地方财政研究》2019 年第 8 期,第 51-57 页。

② 郭玉清、薛琪琪:《新时代地方债务风险监管的战略路径选择》,《天津社会科学》2019 年第 3 期,第 91-99 页。

③ 张增磊:《地方政府债务运行与管理》,《中国金融》2020 年第 9 期,第 51-57 页。

行全面、及时的追踪。[①] 第二，加快推进地方债的市场化约束，对地方债发行施以有效约束，即地方债发行应适用市场化原则，建构契合我国实践的地方债风险的市场化约束机制，完善与之相对应的市场规则，例如理顺地方政府与其融资平台的关系，推动融资平台的市场化转型，地方政府逐渐与其分离，不再增加隐形债务。第三，建立健全地方债发行的外部监督机制。建立对地方债的监督机制，将地方债纳入政府预算，对发债规模、资金用途、项目效益和潜在风险等事项进行必要的评估和论证，加强问责机制构建。第四，强化民众参与制度，打通民众参与监督地方债的渠道。地方举债是一种地方政府的筹资行为，地方债偿付无疑依赖于征收的税款，因此，纳税人等民众应当有权决定对地方债发行发表意见。

2.增强地方债流动性。有关地方债流动性问题，实际上 2015 年就已经进行了对地方政府债券流动性的探索，例如《明确将地方政府债券纳入中央国库现金管理和地方国库现金管理质押品范围的有关事宜》规定在国债基础上，增加地方政府债券作为国库现金管理商业银行定期存款质押品，有学者认为此举即意味着这是增强地方债流动性的重要措施。2018 年下半年以来，地方债流动性水平有所改善，但也存在不小提升空间。在此背景下，地方债投资者范围的扩大要与筹资扩容同步推进，从而提升一级市场的发行定价市场化和二级市场的流动性，同时要完善政府债交易结算机制，根据投资者交易需求完善债券交易结算机制，开发交易型产品。还应该加强做市制度实施和支持，进一步提升二级市场的流动性。[②] 除此之外，还要持续加强投资者基础的扩展，推广地方债柜台业务，开发对中小机构及私人投资者的销售渠道，继续拓宽地方债使用渠道，加强地方债交易的活跃度。质言之，提升流动性将成为接下来政府债市场改革发展的重要课题。

---

① 周亮、刘宜鸿：《防范和化解地方政府债务风险的难点与对策：一个文献综述》，《金融发展研究》2020年第 3 期，第58-64 页。

② 《明年地方债有望提前开闸 发行更快：提前+提量》，访问时间：2021 年 9 月 27 日。

3.加强地方债信用评级、审计和问责。监管部门应有效监督和约束地方政府的发债行为,完善地方产权制度,鼓励地方政府利用债务置换有利时期,妥善处理隐性债务问题。[1] 当下地方债应由专业评级基于市场化原则和标准,对作为发债主体的地方政府信用进行及时、有效、全面的评估,并将评估结果作为发债的前提条件和定价依据。党的十八届四中全会《关于全面推进依法治国若干重大问题的决定》指出:"完善审计制度,保障依法独立行使审计监督权。对公共资金、国有资产、国有资源和领导干部履行经济责任情况实行审计全覆盖。强化上级审计机关对下级审计机关的领导。探索省以下地方审计机关人财物统一管理。推进审计职业化建设。"在市场化进程越低或违约风险越高的区域,高强度国家审计治理功能信号效应越强,对发债成本的影响更加显著。[2] 基于此,加强对地方债的审计控制,提升审计机关的审计能力,对地方债监管的作用显著。此外,加强对地方违法违规举债行为进行问责的重要性已经无须赘言。《国务院关于加强地方政府性债务管理的意见》规定把政府性债务作为一个硬指标纳入政绩考核,明确责任落实,各省、自治区、直辖市政府要对本地区地方债务责任,对脱离实际过度举债、违法违规举债或担保、违规使用债务资金等行为追究相关责任人责任。

4.地方债务的信息披露规制。信息披露是解决信息不对称的关键,有利于投资人及时了解地方政府的财政状况与偿债能力,是地方债市场化约束的有效机制。实际上,在《2014 年地方政府债券自发自还试点办法》已经要求试点地区应及时披露债券基本信息、财政经济运行及债务情况等。财政和金融部门负责数据整理、指标监测、警情分析,审计和人大相关部门可负

---

[1] 李振、向辉、赵奇锋:《地方政府隐性债务与银行流动性创造》,《中央财经大学学报》2021 年第 10 期,第 30-42 页。

[2] 武恒光、王良玉、李学岚:《债券市场参与者关注国家审计的治理效应吗——来自地方债信用评级和发行定价的证据》,《宏观经济研究》2019 年第 2 期,第 46-68 页。

责风险督导、资金核查、绩效审计,通过机构优势互补提高风险监测效率。[①]
在域外,澳大利亚、加拿大市政债除在发行前和存续期详细披露经济财政信
息外,还披露持有人会议、违约处置机制等投资人保护安排,美国则从监管
部门到自律组织建立了严格的市政债披露要求、披露系统、监督处罚等制
度。[②] 近年来,我国地方债监管制度密集出台,监管问责持续高压,地方政府
违法违规举债融资方式呈现出多样化、隐蔽化的特征。基于此,当前地方债
监管需要瞄准监管的薄弱环节和有关风险点,建立起能够贯穿全过程及穿
透式的地方政府债务监督机制。[③] 此外,《关于启用地方政府新增专项债券
项目信息披露模板的通知》指出,自 2020 年 4 月 1 日起,各地发行地方政府
新增专项债券时,须增加披露地方政府新增专项债券项目信息披露模板,以
表格形式展现项目核心信息。

五、其他虚拟经济风险应对

随着互联网时代的到来,数字货币、影子银行等快速发展,推动经济、金
融服务的创新发展,也易滋生金融风险及违法犯罪活动,进而严重影响我国
经济稳定和可持续发展。

(一)数字货币监管

在我国,数字货币指由中央银行发行的,采用先进加密技术、具有无限
法偿性的数字货币。[④] 数字货币源于互联网,也依赖于互联网发展,导致数

---

① 郭玉清、薛琪琪:《新时代地方债务风险监管的战略路径选择》,《天津社会科学》2019 年第 3 期,第
91-99 页。

② 万泰雷、李松梁、刘依然:《地方债发展的市场化和透明化》,《中国金融》2018 年第 24 期,第 83-85
页。

③ 财政部:《经济新常态下加强地方政府债务管理的思考》,访问日期:2021 年 10 月 2 日。

④ 管弋铭、伍旭川:《数字货币发展:典型特征、演化路径与监管导向》,《金融经济学研究》2020 年第 3
期,第 130-145 页。

字货币产生的金融风险极易普遍传播和影响扩大。同时,数字货币依赖于区块链等新技术,其技术复杂性和交易的私密性导致数字货币产生的金融风险不易识别和评估,具有严重的不确定性。另外,数字货币作为新兴事物,相关法律滞后及监管不严导致了数字货币金融风险无法可规。数字货币在国内广泛流行,将为我国金融市场带来巨大风险。首先,危及国家货币主权。货币是国家主权的标志,也是保障国家社会财富再分配的主要机制和维系国家经济安全稳定的关键。数字货币如果不能予以法律定性并加以规制,对传统货币形成的挑战将日益加剧,对国家来说是一场巨大灾难。① 其次,危及国家金融安全。数字货币为洗钱、金融诈骗、非法融资等违法犯罪活动提供便利,同时,数字货币因币值不稳定引发的欺诈行为给金融监管和征收体制带来巨大挑战,波及我国金融安全与可持续发展。② 再次,危及利益攸关方。数字货币的发行与运作将涉及多方主体,包括政府、发行人、持有者和交易商等。由于他们扮演的角色不同,风险也存在差异。对数字货币持有人而言,面临的风险主要有系统技术的安全漏洞风险、交易平台和交易对手的欺诈风险、交易市场风险,以及因非法交易而产生的法律合规风险。于数字货币发行人而言,除了需要承受市场风险、信用欺诈风险、法律合规风险,还有更严厉和不可控的技术风险和操作风险。为应对上述各类风险与危机,我国政府和监管当局从保护投资者利益、防范金融违法和维护金融稳定出发,对比特币等数字货币交易及相关业务一致采取较严格的监管和控制,正所谓探索一条从严令禁止向法制化迈进之路。2013 年,中国人民银行等五部委联合发布《关于防范比特币风险的通知》(银发〔2013〕289号),禁止银行及相关清算机构从事数字货币业务活动。2014 年,人民银行

---

① 易宪容:《区块链技术、数字货币及金融风险——基于现代金融理论的一般性分析》,《南京社会科学》2018 年第 11 期,第 9-16 页。

② 柯达:《数字货币监管路径的反思与重构——从货币的法律到作为法律的货币》,《商业研究》2019 年第 7 期,第 133-142 页。

启动了央行数字货币的前瞻性研究。2016 年,中国人民银行数字货币研究所成立,成为全球最早从事法定央行数字货币研发的官方机构。2017 年年底,国务院批准人民银行牵头各商业机构开展数字人民币体系(英文名字:digital currency/electronic payment,DC/EP)的研发。2017 年,随着数字货币的发展,利用发行代币进行融资(ICO)盛行。① 鉴于数字货币交易平台违法融资融币和利用数字货币洗钱和诈骗等违法行为频发,对我国金融稳定和金融安全造成严重危害。2017 年 9 月,中国人民银行等七部委发布《关于防范代币发行融资风险的公告》,及时停止 ICO 融资活动,旨在维护金融市场稳定,保护消费者利益,随后,相继关停了数字货币交易平台的注册渠道和提现业务,全面封杀比特币等数字货币交易渠道。同时,加快推进法定货币数字化进程,积极制订和修改法定数字货币原型方案,探索和研究数字人民币。2017 年成立专项工作组启动数字货币研发试验。目前,数字货币在坚持双层投放、M0 替代、可控匿名的前提下,基本完成顶层设计、标准制定、功能研发、联调测试等工作。2020 年 2 月 5 日,随着中国人民银行《金融分布式账本技术安全规范》的出台,金融部门进一步的试点工作也逐步落实,法定数字货币即将破茧而出。② 2020 年 8 月,商务部印发《全面深化服务贸易创新发展试点总体方案》,其中公布了数字人民币试点地区:即在京津冀、长三角、粤港澳大湾区及中西部具备条件的试点地区开展数字人民币试点。

(二)影子银行监管

"影子银行"最初源于美国太平洋投资管理公司经济学家保罗·麦考利(Paul Mc Culley)在美国堪萨斯城联邦储备委员会 2007 年度会议上的一次演讲。他将影子银行描述为"以高杠杆率为特征的非银行投资渠道、投资工

---

① 段相宇:《央行数字货币如何影响你我》,访问日期:2021 年 10 月 2 日。
② 赵莹:《我国法定数字货币的金融监管制度构建》,《重庆社会科学》2020 年第 5 期,第 74-83 页。

具和投资结构组成的一系列字母形花片汤(alphabet soup)"。① 在经济危机前,影子银行借助监管方面存在的灰色地带,在宽松的环境里,使用金融创新及高科技手段发明赚钱机器,短时间内迅速崛起。监管部门本应意识到,影子银行的壮大正在使当年诱发"大萧条"的金融脆弱局面重新出现。② 我国影子银行发展尚处于初级阶段且业务模式简单,因此目前没有专门针对影子银行主体及运行方面的立法,对影子银行及业务的规范包含在其他法律性文件中。另外,游离于监管之外并且运作机制特殊的影子银行及其业务是潜伏在庞大的金融体系内部且难以与其他金融机构和金融业务完全分离。虽然我国并没有专门针对影子银行及其业务的规范性法律文件,但影子银行体系其实早已是分散性的金融法律规范文件。针对我国传统银行表外业务,监管层先后发布了《关于商业银行理财产品进入银行间债券市场有关事项的通知》《商业银行理财业务监督管理办法》《关于开展银行业"监管套利、空转套利、关联套利"专项治理工作的通知》;针对其他影子银行金融机构,监管层先后制定了《货币市场基金监督管理办法》《关于审理民间借贷案件适用法律若干问题的规定》《网络借贷信息中介机构业务活动管理暂行办法》《网络借贷信息中介机构业务活动信息披露指引》(2017 年)等,这些规定对治理影子银行系统性风险有着重要意义。《关于规范银行业金融机构信贷资产收益权转让业务的通知》《关于规范商业银行同业业务治理的通知》《商业银行资产证券化风险暴露监管资本计量指引》《商业银行表外业务风险管理指引》等部门规范性文件增加了对银行金融机构影子业务监管的范围。《关于规范商业银行理财业务投资运作有关问题的通知》,规定银行理财投资非标资产最高比例为 35%,并禁止银行为非标债权资产或股权资产提供间接或直接、显性或隐性担保或回购承诺。中国人民银行等发布

---

① 杨志超:《影子银行监管的法制理念与完善策略——以影子银行监管法制比较研究为依据》,《企业经济》2018 年第 5 期,第 180-187 页。

② 袁达松:《对影子银行加强监管的国际金融法制改革》,《法学研究》2012 年第 2 期,第 194-208 页。

《关于规范金融机构资产管理业务的指导意见》针对部分业务发展不规范、多层嵌套、刚性兑付、规避金融监管和宏观调控等问题,将"有序处置影子银行风险"放在了出台新规意图的首位。《国务院办公厅关于加强影子银行监管有关问题的通知》首次对影子银行的范畴进行了界定,并明确了谁批设谁负责的制度安排。总的来看,影子银行问题的核心是政府、市场关系问题,涉及政府作为微观监管者和宏观调控者这两个角色,而这些问题都需要辩证思考和审慎把握。[①] 我国影子银行法律体系层级呈现如下特征,一是与影子银行相关的规范性法律文件层级较低,以监管机构发布的部门规范性文件为主。这种以低层级规范性文件所构建的影子银行体系法律制度的规范性差,并且不具有正式法律制度的内在逻辑性,进而为金融监管执法带来法律风险。二是对影子银行及业务的监管规定出现在监管机构对商业银行合规经营与风险监管的规范性文件当中,而影子银行体系并不受其他金融法律制度的调整,这加大了影子银行的监管漏洞,无法有效防范系统性风险。三与影子银行运行及监管相关的法律制度指标体系没建立。从影子银行的规模和对金融市场的作用来看,影子银行已经成为金融市场的重要组成部分并且与其他金融机构间有密切的关系。由于影子银行的这种完全不同的运作机制,其引发的风险也以流动性风险为主要特征,对流动性风险的预防治理和监管需要新的法律制度体系规范。近年来,我国影子银行监管成效显著,银保监会通过采取完善法规制度、开展专项治理、加强现场检查等多种有效措施,不断强化监管要求,结构复杂、存在较大监管套利和风险隐患的高风险业务,影子银行和交叉金融风险持续收敛。下一步,我国影子银行监管需做好做实分类监管,进一步完善有中国特色的影子银行监管机制体系,防范风险反弹回潮。一是继续保持高压态势,严厉整治影子银行风险;二是加强监管协作,形成监管合力。加强信息沟通和政策协调,提高跨业监

---

① 刘庄:《影子银行的第三类风险》,《中外法学》2018 年第 1 期,第 194-207 页。

管的协同性、前瞻性和有效性,确保跨行业、跨市场影子银行业务风险可控;三是加强规制建设,深化金融供给侧结构性改革,优化产品结构,压降通道业务;四是建立统计监测体系及公开信息披露制度,厘清影子银行风险,提高数据透明度。

第六章　经济危机法律应对的比较分析及展望

他山之石,可以攻玉。部分国家在经济危机中表现优异,在经济危机中恢复迅速,有一些值得我国借鉴的经验;另有部分国家在经济危机中受损严重,需要我国积极总结相关教训。英美法系部分国家在经济危机中受损严重,但在危机之后这些国家均实施了相应的补救措施来减少经济危机可能带来的损失。作为大陆法系国家的德国等在经济危机中恢复得较快,经济法规的完善和监管措施的恰当在很大程度上帮助其度过了经济危机。

第一节　域外国家典型经济危机法律应对的经验和教训

英美法系国家和大陆法系国家均实施了经济危机法律应对措施,但取得的成效却各不相同,这就需要考察有关措施的成功与失败之处,以作为我国经济危机法律应对的经验抑或教训。

一、英美法系国家经济危机法律应对的经验和教训

其一,美国经济危机法律应对的经验和教训。美国自 20 世纪 70 年代以降,各届政府欲推动经济发展,促进金融业体制变革,在金融监管领域采取了放松监管的措施,其中以 1999 年《金融服务现代化法》的颁布最典型,将"去监管化"的理念推到了一个顶峰,但也为后来的次贷危机、全球金融危机

的爆发和产生埋下了伏笔。[1] 美国经济危机可归因于是在预期高收益的诱惑下,经济、金融运行机制被扭曲到极致,市场自我纠错机制完全失效,从而引发系统坍塌。[2] 经济危机爆发后,美国作为危机之源深受其害,如何应对经济危机是摆在美国政府面前的急需解决的问题,在经济危机发生后,美国政府采取了一系列旨在应对经济危机的政策革新和经济调控,其中最重要的是对有关金融监管法律进行的改进。实际上,意图在短期干预经济危机的政策并不能发挥长效机制,注资、减税、降息等经济危机应对手段的更大意义在于解决燃眉之急,而经济危机应对的长效机制则是要进行金融监管法律改革,以此从根本上改变经济危机发生的场域基础,这当然也明显地体现在了美国的经济危机应对措施中,例如通过金融监管法律的完善和革新逐步规范美国金融市场,以此建立健全经济危机防范和应对的长效机制。在经济危机初期的相关法案中,最举足轻重的当属以下三部,即 2008 年《住房与经济恢复法案》、2008 年《紧急经济稳定法案》和 2009 年《美国复苏与再投资法案》。这三部法案分别体现了本次危机中美国应对的三种步骤:第一,对引起本次危机的核心问题也就是美国住房问题进行管制并对经济进行恢复性规制;第二,对危机的进一步扩大予以控制,并逐步保证经济稳定;第三,帮助恢复美国经济,并对危机背景下的再投资予以初步规划。[3] 具体来讲,在《住房与经济恢复法案》颁布之后,时任美国总统布什于 2008 年 10月 3 日签署了《紧急经济稳定法案》,美国国会授权政府利用多达 7000 多亿美元的资金向金融机构购买房贷支持债券以及其他债券以帮助其走出困境,其主要是通过恢复金融系统的流动性和稳定性,以保障存款人的资金安全、增强投资者的投资信心、稳定房价。[4] 2009 年,时任美国总统奥巴马签署

---

① 韩洋:《危机以来国际金融监管制度的法律问题研究》,华东政法大学博士论文,2014,第 12 页。
② 梁立俊、黄慰宏:《扭曲、矫正与金融危机防范——美国次贷危机 10 周年的反思及启示》,《理论视野》2018 年第 9 期,第 27-31 页。
③ 韩洋:《危机以来国际金融监管制度的法律问题研究》,华东政法大学博士论文,2014,第 16 页。
④ 朱小川:《美国〈紧急经济稳定法案〉评析及其借鉴》,《东方法学》2009 年第 3 期,第 133-138 页。

了《美国复苏与再投资法案》,适时提出了一项总金额为7870亿美元的一揽子计划,以期促进美国经济复苏,为保证政府投资早见成效,该法案严格规定了预定资金的落实时间。经济刺激计划是各国政府应对危机的主要举措之一,同样也是奥巴马政府经济政策的重要内容之一,奥巴马希望通过复苏法来挽救经济下行趋势,保证经济刺激计划得以全面实施,这当然是遭受危机重创的美国政府与美国人民所希望看到的,也是奥巴马取得变革成果的重要方式。① 2010年7月,美国又颁布了一部更加严格、涵盖范围更广的《多德-弗兰克华尔街改革与消费者保护法》(*Dodd-Frank Wall Street Reform and Consumer Protection Act*),也是一部具有重要意义的金融改革法案,因为其从根本上革新了美国金融监管模式,并为全球金融监管的改革与完善树立了新的标尺。② 美国金融危机证明了金融监管的价值不应让位于"做大"市场的目标,需要彻底反思并重构不适应虚拟经济形态的金融法规。③

在美国经济持续繁荣稳定发展的状况下,美国政府认为对经济的外部监管越少越好,市场的自我调节能力能够解决经济发展出现的问题,在新自由主义理念指导下美国推行了完全的金融自由化,这成了美国经济政策的出发点,同时新自由主义理念随着经济全球化的推进引起了越来越大的影响。但政府监管部门过分依赖市场的自我调节功能,太相信市场机制,不会产生新的系统性风险隐患,所以反复允许大量的金融创新规避监管的作用,导致风险的增加。由于监管体系仍相对落后,难以适应新的市场环境的迅速发展,随着金融创新步伐的加快,政府的监管越来越弱,市场调节的影响力也越来越小,随之出现失控引发危机。金融危机调查委员会(The Financial Crisis Inquiry Commission)也指出,就美国而言,金融危机爆发的主

<hr>

① 李文华、张宏杰:《美国〈复苏与再投资法案〉浅析》,《物流技术》2010年第23期,第63-65页。

② 陈九霖:《评〈多德-弗兰克华尔街改革与消费者保护法〉下的场外能源衍生品监管改革》,《环球法律评论》2011年第6期,第100-109页。

③ 罗培新:《美国金融监管的法律与政策困局之反思——兼及对我国金融监管之启示》,《中国法学》2009年第3期,第91-105页。

要原因之一是金融监管法律和政策的不完善,监管的缺失使得金融秩序失衡。虽然商业周期无法被逆转,但这种规模的危机本不必发生。尽管华尔街和华盛顿的许多人都表示,这场危机无法预见或避免,但市场还是出现了一些警告信号,不幸的是,他们要么被忽视,要么被纵容。政府提出相应的应急应对和救济议案,虽已经发挥了重要作用,但如果不进行彻底的金融监管制度改革,不从根本上改变金融监督理念,小修小补的应急救济法案可能难以发挥长效作用,很可能堆砌风险而形成新一轮的金融危机。在此背景下,美国政府也逐渐认识到政府救济机制只能发挥短期功效,只有从根源上改革金融监管理念和监管机制才能构建危机预防长效机制,也因为此,美国政府制定了一系列金融监管改革议案,旨在构建金融风险法律防控的长效机制和加强金融消费者保护等。这些法案涵括美国金融市场的诸多领域,革新了美国金融监管改革的目标、范式,在构建金融风险预防法律机制的同时,也完善了一系列原有监管法律机制的固有缺陷,重视宏观审慎监管机制的构建,以金融消费者保护为核心理念。申言之,在次贷危机、金融危机接连发生后,美国政府及时提出了危机中具体问题的解决方案,研究了危机的有效应对之策,并努力构建危机应对和金融风险防控的长效机制。

其二,英国经济危机法律应对的经验和教训。实际上,在本次危机爆发之前,英国的金融监管体系就已经相对完备了,以《2000 年金融市场与服务法》(*Financial Market and Service Act*)为代表,该法案规定以统一机构对金融市场进行全面监管。由于英国在此次危机中所受到的冲击主要是外生性的,因此其改革重点在对现有体系进行修复和微调的同时,更加注重国际金融监管合作,并从中取得相应的利益,巩固伦敦作为国际金融中心的地位。[①]在危机发生的初期,英国政府在其发布的《2009 年金融风险展望》中总结了导致此次危机的原因,包括银行体系中的杠杆率上升、证券化信贷业务日益

---

① 胡滨、尹振涛:《英国的金融监管改革》,《中国金融》2009 年第 17 期,第 23-25 页。

复杂、信贷规模迅速扩大但信贷标准较低、对市场流动性风险的低估等等。2009 年 2 月，英国议会通过了《2009 银行法》(Banking Act of 2009)，旨在帮助深受美国次贷危机影响的英国银行业走出此次危机的"旋涡"，如何处理这些问题是银行监管机构及立法者首先需要解决的重要问题，为化解原有《破产法》在应对银行危机时的不足与缺陷，英国立法机关审议通过并颁行了《2009 年银行法》，此次银行破产法改革是英国立法者对 2008 年前后一系列银行业危机，特别是北岩银行(Northern Rock)破产危机的法律回应，旨在改变将一般破产法适用于银行破产的立法模式，为银行破产建立一个新的法律框架；[1] 2009 年 7 月 8 日，英国财政大臣达林发布了《改革金融市场》白皮书，基本涵括了英国金融监管改革的主要内容。[2] 2010 年，英国颁布了《2010 年金融服务法》，该法对《2009 年银行法》等进行了一些修改和调整，它是英国政府为强化金融监管的稳定性，并弥补在 2008 年金融危机中暴露出的立法缺陷而进行的最新的金融监管立法。[3] 2010 年 7 月，英国财政部颁布了金融监管立法改革建议《金融监管的新方法：判断、焦点及稳定性》，旨在填补英国现行监管框架中的宏观审慎监管缺位，将监管职能集于中央银行一身，进而分立并制衡宏观和微观审慎监管权力。此后，英国政府相继颁布了《金融监管新方案：建立更稳定的体系》(A new approach to financial regulation: building a stronger system)、《金融监管新方案：改革蓝图》(A new approach to financial regulation: the blueprint for reform)等一系列金融监管改革的新方案。[4] 2012 年，英国颁布了新的《金融服务法案》(Financial Service

---

[1] 解正山：《金融稳定与存款人保护：英国银行破产法改革及其借鉴意义》，《金融论坛》2011 年第 11 期，第 73-79 页。

[2] 成经纬：《英国金融监管改革态势》，《金融管理与研究》2010 年第 2 期，第 31-33 页。

[3] 夏纯、井维维、梁青：《英国〈2010 年金融服务法〉评述》，《金融服务法评论》2012 年第 1 期，第 57-68 页。

[4] 高田甜、陈晨：《英国金融监管改革研究——基于金融消费者保护视角》，《证券市场导报》2013 年第 9 期，第 62-66 页。

Act 2012),该法旨在有效防范金融系统性风险。自通过2012年的《金融服务法案》之后,英国基本完成了金融监管的体系性变革,既强化了中央银行在金融监管中的审慎监管职能,又确立了微观审慎监管和行为监管的监管模式。① 综上所述,英国金融监管改革归纳为三个方面:一是成立专门的部门负责宏观审慎监管,强化英格兰银行维护金融稳定的职能;二是加强对系统性风险的监管;三是强化金融监管合作。②

英国经济从欧盟"差等生"转变为"优等生",是在金融危机、经济危机发生之后全球经济发展不平衡的大背景下实现的。③ 从英国在经济危机背景下所进行的法律制度改革来看,金融监管机制建设已成为英国政府的核心任务,社会各界也增强了对金融监管的意识。但实际上,经济危机发生之前英国政府并未认识到金融监管体制系统性、整体性变革的重要意义,以及其对金融监管效果和金融风险防控可能带来的重要影响,这明显体现在英国在经济危机发生初期的金融监管体制改革方案上,其主要以原有金融监管体制的漏洞填补为重点。但随着危机影响的进一步扩大,英国政府对金融监管体制的漏洞填补等保守方案已然不能解决经济危机所引起的问题,也不能实现英国政府防范系统性金融风险的目标。金融危机后,北岩银行资产遇到风险变化,但是监管机构却未能及时注意到风险的变化,因此,也未能及时妥善地处理挤兑事件,这样的监管模式形同虚设,弊端暴露无遗。首先,责任划分不明确;其次,沟通协调不足;再次,处置机制缺乏。④ 英国政府在经历了经济危机的创伤后,进一步明确了现行金融监管机制的弊端,开

① 吴云、张涛:《危机后的金融监管改革:二元结构的"双峰监管"模式》,《华东政法大学学报》2016年第3期,第106-121页。

② 高宇:《后危机时代主要国家金融监管改革分析与述评》,《国际经济合作》2012年第7期,第86-93页。

③ 杨芳:《英国经济"一枝独秀"的原因及其走势》,《现代国际关系》2015年第2期,第32-38页。

④ 王信、罗婧:《确立中央银行在金融监管中的核心地位——危机后英国金融监管新架构及评价》,《金融与经济》2015年第10期,第4-8页。

始反思金融系统未能发挥预警作用的原因,总结得出:政府把庞大的金融监管责任交由一个单独的金融监管机构——金融服务管理局(Financial Service Authority,FSA)来承担,此种监管模式并不合理。单一的监管机构不但没有能力进行系统性监管,更没有办法预测金融领域潜在的不稳定趋势,并难以采取措施来对此做出回应。因此,英国政府从 2009 年开始了监管体制的重大改革,并制定了一系列监管法律。① 英国监管体制改革的重心即是由英格兰银行承担金融监管职能,包括宏观审慎监管和微观审慎监管两大方面,负责确保整个英国金融体系的稳定,以及维护大型银行集团的稳健经营。② 实际上英国政府把宏观与微观审慎监管职能集中于英格兰银行的核心目的,在于彻底消除原有监管体制存在的职责不清和监管漏洞等问题。为了加强监管的有效性,英格兰银行成立了三个新机构,分别是金融政策委员会(Financial Policy Committee,FPC)、审慎监管局(Prudential Regulation Authority,PRA)和金融行为监管局,同时撤销了英国金融服务管理局(FSA),并将相关职能转移给新成立的监管机构。此外,作为英国中央银行,英格兰银行还将直接负责英国的市场基础设施,包括监管支付系统、清算系统等。③ 质言之,英国对金融监管的整体框架体系进行了全面改革,创新了金融监管体制机制,使得英国经济从"差等生"转变为"优等生",英国金融监管体制改革的经验具有重要借鉴意义,能为我国经济危机应对抑或金融监管法律制度完善做出重要贡献。

二、大陆法系国家经济危机法律应对的经验和教训

其一,德国经济危机法律应对的经验和教训。作为欧盟最重要经济体

---

① 李凤雨、翁敏:《英国金融监管体制改革立法及对我国的借鉴》,《西南金融》2014 年第 11 期,第 51-54 页。

② 张懿:《英国金融管理体制改革及相关启示》,《时代金融》2018 年第 30 期,第 379-380 页。

③ 尹哲、张晓艳:《次贷危机后美国、英国和欧盟金融监管体制改革研究》,《南方金融》2014 年第 6 期,第 35-38 页。

的德国,强大的经济基础和法律基础使其在受到经济危机影响之后迅速复苏,在世界发达国家的经济格局中独树一帜。① 德国经济在 2010 年和 2011 年的 GDP 增长率分别是 4.16%和 3.03%,这已经达到经济危机前的最好水平。② 德国经济在经济危机后能够快速修复,有其深刻的经济、政治和社会因素,如德国的政府财政紧缩管理、公正有序的社会经济结构、科学严谨的金融监管机制、合理有效的危机应对措施等,当然法律在其中扮演着一个更重要的角色。一是,德国立法部门分别在 2008 年和 2009 年通过了两部紧急应对法案,即 2008 年《金融市场稳定法》和 2009 年《金融市场稳定补充法》。由于经济危机的影响首先传染到了德国金融领域,因此德国政府也相应地从金融领域着手应对经济危机的影响,主要体现为德国为应对危机而实施的金融监管措施,包括有效稳定银行系统、确保银行间交易安全以及通过设立危机应对基金稳定金融市场等。二是,2008 年 11 月,德国政府制定了《保经济增长促进就业的一揽子措施》,并得到了联邦议院的批准,该措施主要涵括 2009 年和 2010 年的共计 700 亿欧元的资金,主要涉及减税免税、节能减排相关投资、就业市场短期工作补贴制度、基础设施建设投资等 13 项内容,由德国国有银行复兴信贷银行负责统一管理有关资金。③ 三是,2009 年 3 月,德国政府向联邦议院提交《德国经济增长与稳定促进法》并获得通过,该措施主要包括 2009 年和 2010 年的共计 515 亿欧元,主要涉及国家信贷担保计划、刺激汽车需求计划、机动车减税免税计划、家庭补贴、短期工作补贴、校园改造投资计划等 14 项内容。④ 质言之,德国一贯秉持务实的经济增

① 郭迎锋、沈尤佳:《本轮危机前后德国国有化研究概况及实践评析》,《管理学刊》2014 年第 5 期,第 36-48 页。

② 叶剑平、赵燕军:《德国经验与金融危机——兼论中国住房模式转型》,《北京社会科学》2014 年第 1 期,第 65-71 页。

③ 赖讷·克伦普、拉尔斯·欧·皮尔茨、王程乐:《德国应对世界经济危机的措施》,《德国研究》2009 年第 2 期,第 25-33 页。

④ 史世伟:《德国应对国际金融危机政策评析——特点、成效与退出战略》,《经济社会体制比较》2010 年第 6 期,第 32-42 页。

长思路,无论是在实业发展方面,还是在金融体系的监管方面,都对自身地位和未来发展方向有明确认知,从而实现稳定发展而不只是发展。[①]

一是,重视市场调节作用和救助计划的长效性。德国政府认为,在经济刺激的过程中有限干预很有必要,为了避免政府对市场的过度干预,德国政府严格规定自身的投入规模、行为边界和时间长度。德国政府遵守的核心定律就是:经济的复苏主要还是要靠市场的自我调节。政府的干预也是必需的,但是政府干预经济只是一种反周期的短期调节,以减少经济波动的过大破坏性。[②] 因此,在德国的危机应对方案中,政府总是力求减少或避免直接干预市场活动,以免影响和破坏经济活动的正常运行。德国政府认为要从根本上应对经济危机以及危机之下国内经济可能出现的新问题,就必须重视市场作用的有效发挥,提高市场主体的危机应对能力和市场竞争能力,市场自我调节和有序的市场竞争秩序才是应对危机的主要利器。政府在制定危机应对方案时,应当以遵循市场运行规律为出发点,努力减少因政府干预而带来的影响市场竞争的不良后果,通过完善的法律机制维护正常竞争秩序,这种兼顾政府干预和市场竞争的危机应对机制才是维护经济稳定的有效。二是,注重救助质量。德国非常重视公共投资的效率,意在防止因为对资源的竞争而出现腐败滋生的温床,避免可能出现的项目重复建设问题,德国公共投资基金的分配,不建立具体分配原则,但继续分配资源需要充分考虑项目初始目标,同时,在已经设立的投资项目可以进行有效补充的情况下,公共投资资本不能用于建立一个新项目。[③] 德国政府危机应对的核心是始终坚持市场化和必要性原则,反对政府对经济进行过度干预,重视危机应

① 庞奕奇:《从欧债危机看德国经济增长和发展方向——基于德国经济增长模式和欧洲政策行动逻辑的分析》,《中国市场》2017年第26期,第19-21页。

② 金碚、原磊:《德国金融危机救援行动的评析及对中国的启示》,《中国工业经济》2009年第7期,第26-33页。

③ 金碚、原磊:《德国金融危机救援行动的评析及对中国的启示》,《中国工业经济》2009年第7期,第26-33页。

对措施的合理性,强调在危机应对之后经济活动能够尽快回归市场经济轨道。

其二,日本经济危机法律应对的经验和教训。2008 年美国次贷危机因其波及范围广、影响巨大而逐步演化成国际金融危机,给包括日本在内的世界各国的经济发展带来巨大冲击。尽管早在 2007 年底,日本经济就已经开始陷入经济衰退期,但是这个阶段的经济反转主要还是内部原因,包括日本经济长期扩张、存在自身调整需求等。自 2008 年 9 月以来,在美国次贷危机的影响扩大化,并逐渐演变为全球性金融经济危机之后,日本经济出现了急剧下降情况,从日本内阁府公开的有关数据来看,日本的 GDP 从 2008 年第 2 季度开始连续三个季度呈现负增长趋势,第 4 季度实际 GDP 环比下降 3. 2%。① 为了改善经济急剧下降局面,日本在其经济低迷时通过国家注资解决危机,在这种经济危机、社会危机乃至政治危机下,国家为了保护借款人、稳定国民经济,投入了大量的资金。② 日本颁布了 2009 年国家预算案,推出了一揽子经济刺激方案,该预算案由《实现让国民安心的紧急综合对策》《生活对策》《保卫生活紧急对策》《经济财政的中长期方针》等一系列经济政策构成,以改善国民生活为核心内容,预算总额约为 88.5 万亿日元,意在尽快实现经济复苏,避免日本经济堕入持久衰退的泥沼。③ 2009 年 4 月,日本政府再次提出了新的应对经济危机的对策,作为 2009 年年度预算的补充案,主要内容是增加应对经济危机的必要经费以及创造 40 万~50 万个就业岗位。④ 此外,在金融资本市场风险承受能力减少的情况下,银行部门的作用变得尤为重要,日本认为银行在短期金融市场上的交易能够充分发挥重要作用,《日本银行法》第三十八条规定:"如果接到首相或财务大臣的请求,日

① 崔岩:《金融危机的经济影响——日本两次景气衰退的比较分析》,《日本研究》2009 年第 1 期,第 26-31 页。

② 坂本正:《国家市场经济与金融危机》,《金融论坛》2010 年第 7 期,第 5-7 页。

③ 王厚双、安江:《浅析金融危机后日本的对外贸易》,《日本学刊》2011 年第 4 期,第 129-142 页。

④ 张磊:《国际金融危机对日本经济的影响及启示》,《日本研究》2010 年第 1 期,第 100-102 页。

本银行可以为维护信用秩序向金融机构提供特别贷款条件的贷款",俗称"特融"①。就此次金融经济危机而言,日本银行认为日本金融市场与欧美相比相对稳定,并没有下调利率。然而,此后在国际金融资本市场紧张加剧的情况下,日本银行认为确保日本金融市场的稳定是中央银行能做的重要贡献,因此,在金融政策方面做出了应对措施,具体是在 2008 年 10 月底和 12 月下调利率,确保金融市场的稳定,日本银行随着积极的资金供给政策的实施,资产负债表有所扩大,但没有出现像美欧那样的急剧扩大。日本银行使用了多种调控手段,并进一步指出了后期经济危机应对所需要考量的方向和领域。第一,与经济、物价动向有关。日本经济仍处于低迷状态,有必要注意世界经济动荡的风险,短期内需要金融政策的景气扶持;第二,非传统手段产生的效果。日本银行不仅承担了国家的信用风险,而且金融政策也介入了个别资源分配;第三,国际金融资本市场稳定措施的评估。总体而言,与各国中央银行一样,日本银行也同样肩负着稳定物价和金融体系的责任,为日本经济回归到持续增长的轨道上,将尽最大努力。② 最重要的是得益于完善的金融监管制度,在金融法制的横向监管、纵向监管以及金融市场统一立法等方面取得令人瞩目的成就,实现金融监管的有序分工。③

一是,日本国内经济形势的恶化导致经济危机法律应对的作用余地有限。经济危机发生之后,各国政府纷纷实施各种干预措施扭转市场乱象,并注重加强经济政策的国际协调。当然,日本政府也果断采取了一系列经济危机应对措施,比如:实现安心的紧急综合对策,试图减少金融危机对日本经济的冲击。但是,日本混乱的财政状况使得其实质上采取宏观调控的余地非常有限,可以说,政府的政策鼓励也无法挽救现实的需要。再加上人口

---

① 傅钧文:《日本金融宏观审慎监管体制建设及其启示》,《世界经济研究》2013 年第 12 期,第 9-13 页。

② 苏杭:《浅析金融危机后日本的经济政策》,《日本学刊》2009 年第 3 期,第 55-68 页。

③ 金仁淑:《经济全球化背景下的日本金融监管体制改革》,《广东金融学院学报》2010 年第 5 期,第 72-79 页。

老龄化带来的财政压力不断扩大,日本政府通过扩张型财政政策刺激经济的有限干预手段似乎已无作用。[1] 日本政府的注资、降息、减税抑或使用现金代用券进行直接购物扩大消费等措施都使短期化的干预作用非常有限,但是在还有挽回余地的情形下,政府仍需在其中扮演重要角色,从现在的形势看,日本经济的未来取决于日本政府实施的进一步的长效措施,也更取决于国际经济大环境的改观。[2] 二是,严重依赖国际市场导致国内法律应对机制难以发挥实效。日本从 20 世纪 90 年代"失去的十年"(lost decade of The 1990s)开始的经济复苏,与其说是实实在在的复苏,不如说是表面上的复苏,其基础是对美国和中国的出口激增,而不是日本国内迫切需要的改革。巨额公共债务、僵化的监管以及人口老龄化和人口萎缩留下的令人窒息的后遗症,可能会让日本未来 10 年陷入一个痛苦的过程,即应对长期的经济衰退。[3] 在经济危机的影响下,世界各国的经济发展均面临着较大困难,经济增长率逐渐下降,购买力逐渐减弱,这无疑对处在复苏期的日本经济造成巨大打击,造成了日本出口的急速下降,使日本经济发展态势加速恶化。总的来说,日本出口导向型经济严重依赖国际市场,因此其仅靠政府单一的干预政策很难促进经济的明显复苏。

第二节　域外国家典型经济危机法律应对机制对我国的启示

政府是公共利益的代表者、维护者,政府救市措施等只有实现法治化方能达到有利于社会稳定、社会发展的目的。

其一,政府应首先建构完善的经济危机法律应对体系,当然最重要的是

---

[1]　苏杭:《浅析金融危机后日本的经济政策》,《日本学刊》2009 年第 3 期,第 55-68 页。

[2]　康文:《金融危机对日本经济的影响及其政策的两难困境》,《特区经济》2009 年第 9 期,第 71-72 页。

[3]　Garrett G, "G2 in G20: China, the United States and the World after the Global Financial Crisis", Global Policy1,No.1 (2010):29-39.

保证不发生经济危机,同时保护国内经济不受或少受经济危机的影响,实际上各国政府都非常重视运用法律手段促进发展。在探讨如何对当前危机进行法律和政策规制时,需要准确查找引起危机的因素。一般而言,不同国家和地区遭受危机的严重程度、危机影响的类型各不相同,这取决于一国的经济体制和法律制度,这些因素中最重要的有以下几个方面:金融脆弱性水平,包括国内金融体系的深化程度、国内金融自由化和全球金融一体化的程度;对海外市场的依赖程度和一国出口产品的具体构成;公共部门的状况,比如财政状况、官方储备、产能,以及在应对危机的能力。这就需要有效完善相应基础制度,加强经济危机预防、应对、救济等多环节、全流程的制度建设,具体包括:一是,政府要建立经济危机救济法律机制。在危机发生之前确立一个科学透明的应对机制对控制杠杆率和减少系统性风险非常重要,一旦危机真的不幸发生,这样的备用机制可以通过可预测性的优势稳定市场参与者的信心。并且,这样的危机救助机制必须在法律体系中提前确立才具有强制执行力,将危机救助机制透明化、法治化,依法规定救助机制的启动条件,救助对象的要求等。[①]　二是,建立经济危机监管法律机制。经济危机监管法律机制的构建毋庸置疑是全流程的,需要囊括经济危机萌芽、生长、应对等各环节,政府需组织相关部门对经济危机应对法律机制的合法性、成本收益、可持续性等方面进行分析论证,需对经济危机应对措施进行资金用途监管、风险分配监管和项目实施监管等,以保障经济危机应对机制成功实施为目标,以监管虚拟经济的违法发展为重点,主要内容包括监督虚拟经济风险的干预措施是否恰当、有关信息披露是否真实等。这是因为政府作为公共利益的代表,对确保国内经济能够获得积极的发展环境以及监督虚拟经济等的良性运行负有责任。三是,政府应建立和完善多元化的经

---

① 张晓晨:《我国金融监管的立法选择:以英国危机应对为鉴》,《浙江工商大学学报》2015 年第 4 期,第55-64 页。

济危机应对主体激励制度。重点在于构建多元激励机制,鼓励市场主体提高经济危机应对的效率和质量,加强市场主体参与的培训,切实保障市场竞争秩序。也要鼓励多主体之间进行信息共享,形成协作机制,如此也能减少经济危机应对成本。① 此外,也需要建立经济危机应对的"动态调整机制",充分重视市场主体的利益诉求以及经济危机中遇到的难题,政府利用政策调整、税收优惠等措施予以解决。四是,建立经济危机应对责任分担机制。如若政府评估发现经济危机出现并难以控制风险时,并对有关责任主体进行责任追究,以及决定是否需要或如何采取补救措施等。申言之,当前我国有关经济危机法律应对的制度建设不健全,需要准确查找相关风险并予以防范,其中政府要发挥重要作用。② 众所周知,法律的预测功能与调节功能的有效发挥,能够让市场主体在进行经济活动时根据已有的法律和实例调整其行为后果,那么当下迫切需要解决的问题是如何通过政府的法律制度供给,从法律制度上引导市场主体防范和化解经济风险。对于我国来说,得益于国家政策导向和强大的经济基础,受经济危机的影响较小,但是谁也无法保证危机不会发生,我国政策制定者积极吸取域外国家的经验教训,致力于降低系统性的风险。

其二,要重视经济危机法律应对机制的有效性和长效性。经济危机严重影响经济和社会的发展,这就需要根据已经暴露出的问题和弊端完善有关法律制度,从而有效防范和应对经济危机,经济危机法律应对机制建设所要考量的相关因素繁多,其中最重要的是研究经济危机法律应对机制能够发挥实效的现实状况,同时完善经济危机法律应对机制运行的相关具体程序,需要强调对政府自由裁量权的有效约束,不断深入市场主体法律参与的程度,构建多元化的监督机制实现政府与市场的双向约束。在当前国际政

① 王昭或:《论中国金融市场参与者激励机制的构建》,《黑龙江金融》2010 年第 7 期,第38-41 页。
② 寇明婷、杨海珍、杨晓光:《金融危机的政府救助与国际协调》,《管理评论》2019 年第 10 期,第 10-22 页。

治、经济发展形势变化莫测的背景下，建设经济危机应对法律长效机制的任务更迫切。近年来，全球经济危机后的世界日益由中美两国主导，但中美经济关系的发展趋势逐渐使得国际经济越来越难以预测。在经济危机之前，中国购买美国国债、美国购买中国商品，两国间维持一种相对稳定的关系。中美经济之间相互依赖是中美关系稳定的源泉，危机过后，中美贸易冲突将成为世界经济挫折和冲突的根源。① 中美经济关系的变化所带来的影响，绝不仅限于中美两国，很可能出现的是中美关系的变化对其他经济体带来巨大的不利影响，这种不利影响反过来会对我国经济的安全健康发展产生负面影响。因此，在经济危机法律应对机制建设时必须审慎思考其有效性和长效性，只有这样才能在抵御当前全球经济动荡方面处于更有利的地位。经济危机法律应对机制的有效性自不待言，经济危机法律应对机制的长效性意味着其不仅需要具有在常规的经济运行态势下发挥作用的能力，更需要在出现经济危机等非常态状况下发挥作用。当下，有学者能够注意到经济危机法律应对机制在经济危机应对中所具有的重要功能，但缺乏相应的约束机制可能导致经济危机法律应对机制的执法者在采取应对措施时进行寻租等。因此，要进一步厘清政府权力边界，这也是德国经济危机法律应对的重要经验。经济危机法律应对机制中执法者责任边界的探讨，实质上可转化为政府行政权约束问题。行政权边界界定的科学性是依法治国的理论诉求，也是彰显我国法治政府建设成效的重要表现之一。近年来，我国法治政府建设效果显著，行政权的边界也逐渐趋于明晰。但是，现阶段行政权边界模糊、权力越界或冲突问题仍是困扰行政执法的主要问题。② 这些问题明显体现在政府和市场的研究中，政府出于自身利益追求而实施的经济危机应对措施可能损及市场主体利益以及公共利益的问题，一直是理论界和实

---

① GARRETT G，"G2 in G20: China, the United States and the World after the Global Financial Crisis", Global Policy1, No.1 (2010):29-39.

② 万里鹏:《行政权的边界界定及其规制研究》,《宁夏社会科学》2019 年第 1 期,第 85-91 页。

务界持续关注的热点问题之一。但另一方面,随着近年来中央提出要让市场在经济发展中起决定作用,同时政府实施了大量有利于市场的简政放权措施。那么在政府财政危机加重、三期叠加、中美贸易战正当时的现实情况下,国家财政收入减少意味着国家可得支配的资金减少,这是否会导致政府治理能力保障不足以及难以实现治理效率,甚至威胁国家安全是急需思考的问题。激励和利用市场主体和社会资本参与经济危机应对就有了现实必要性,市场主体也需要实现"经济人"向"社会人"的转变,至少应在"经济人"与"社会人"的博弈之间更多考虑"社会人"的角色扮演。回归到经济危机法律应对机制中政府行政责任边界的问题来说,由于我国暂未发生经济危机,导致如何有效确定经济危机中政府行政权边界的问题尚未引起足够重视。但是,厘清经济危机法律应对机制中政府行政权的边界,最大限度地激发政府和市场等每一个主体的主动性和积极性,最大限度地发挥每一个主体的作用,从而达到政府和市场协同应对经济危机的有效性和长效性,正是经济危机法律应对机制构建的核心意义所在。

其三,要坚持国内经济发展"两手"并用的法制保障。上文分析要约束政府在经济危机法律应对中的权力行使,但是过分依赖市场机制的作用也是不可取的。过于依赖市场机制的自我调节作用,是导致西方国家在经济危机中深受其害的主要原因,相信"看不见的手"的自我调节作用,以及在市场中起重要作用的金融家、银行家、企业家的诚信,而忽略了政府在经济政策方面的管控、约束作用,对金融衍生品和金融创新等,我们只看到它的好处,但忽视了它所内嵌的巨大风险。以房地产市场为例,正是因为缺乏政府的有效监管和防范,直接导致了房地产市场的泡沫加剧,导致了次贷危机、金融危机的发生。① 毫无疑问,市场作为"看不见的手"能够发挥的作用是有限的,市场失灵就为此论断提供了注脚,这就需要政府加以调控和干预,政

---

① 杨海坤:《经济危机的公法应对》,《法学》2009 年第 3 期,第 40-48 页。

府"看得见的手"的作用需要进一步有效发挥。质言之,当下市场经济要实现有效发展,就需要"看不见的手"和"看得见的手"这两手协同发挥重要作用,同时通过法制化划清两手作用发挥的边界,防止政府或市场任何一方进行寻租和套利行为,也正是由于我国政府与市场有效配合的强大优势,使我国不仅没有出现过危机,而且在其他国家出现金融经济危机时我国不仅能保障自身经济稳定,还能对经济危机应对做出重要贡献。后危机时代加强政府的管理和干预应是国内外较为统一的认识,需要进一步推进国内经济的法治保障,以防范经济危机和维护经济安全。在时下管控经济危机的危害时,政府要把"有限发展"与"有限干预"的理念结合起来,在经济危机防范中政府的作用,应当着力于国内经济的协调有序发展,包括实体经济和虚拟经济关系的有效协调,也要尽力减少国内经济对国际市场的依赖,防止国外经济危机严重影响国内经济发展,保证国内经济发展安全可控。总而言之,要使市场在资源配置中起决定性作用,要更好地发挥政府作用。这并不是说市场起全部作用,政府就应当无所作为,政府反而应当有为,例如着力提高宏观调控效率和科学管理的水平。正如中央指出的那样:"更好发挥政府作用,不是要更多发挥政府作用,而是要在保证市场发挥决定性作用的前提下,管好那些市场管不了或管不好的事情。"此外,在一定意义上来说,市场经济中出现异常波动和风险是市场经济发展过程中的应有之义,任何经济都具有周期性的特点,周期性预示着经济、社会状况的变化,意味着经济发展的暂时平衡被打破,这是经济发展中难免会出现的各种失调,尤其是遇有客观因素与主观因素相交织、国内因素和国际因素相交织时,难免会发生严重的经济震荡。[①] 因此,不必过分沉溺于经济波动的恐惧中,而是要通过建立和完善有关国内经济发展的法律保障机制有效预防可能出现的问题。

---

① 杨海坤:《国际金融危机背景下我国行政权的运行和规制——以政府救市为例》,《南京大学法律评论》2009 年第 1 期,第 307-313 页。

其四,要加强金融风险法律应对机制的构建。"金融作为核心"具有自主推动经济社会发展的作用,同时,我们还必须明确在一定条件下金融具有明显的脆弱性。[①] 在经济危机爆发前的几年里,金融业取得了巨大的增长,金融业运用巨大的经济利益诱使监管机构降低了对影子银行等的监管力度,因为金融业中回报率明显高于实体经济的优势,将促使银行通过不断提高银行贷款利率以实现更高收益的目标,那么高利率将使银行进一步扩大信贷市场,放松对信贷申请的严格审查,从而使大量资金流入股市和房地产等金融业投机市场,实体经济也将无法承受过高的银行利率,使其正常的资金需求受到极大抑制,最终影响健康发展,造成经济"脱实向虚"。资本主义国家为了缓解资本主义的基本矛盾而采用了金融自由化的政策,金融自由化的确能够在一定程度上缓解和掩盖了资本主义的基本矛盾,但金融自由化也使得西方经济在很大程度上变成透支经济,没有实体经济的透支经济必然会发生信用危机,从而引发更大范围内的金融危机[②],实际上,美国的经济危机就肇始于金融领域,由于美联储采取宽松的货币政策,银行大规模地向不具备偿还能力的次贷人群发放贷款,投资银行又将次级贷款以证券形式向全世界发行,当美国的次贷人群出现不能按时还款的现象时,就会引发各银行的连锁反应,从而导致全球性的金融危机。美国证券交易委员会未能充分执行其对抵押贷款证券的披露要求,将部分此类证券的销售豁免于其审查范围之外,并阻止各州对其实施州法律,从而未能履行其保护投资者的核心使命,信用评级机构在为投资者提供优质证券评级这一核心任务上也存在严重失职,他们没有注意到许多住房和抵押贷款领域存在严重问题的警告信号,这种放松管制的做法使金融体系特别容易受到金融危机的冲击,并加剧了危机的影响。随着雷曼兄弟(Lehman Brothers)的倒闭,金融危

① 曾康霖:《再论经济与金融的关系及其制度安排》,《征信》2019 年第 7 期,第 2 页。
② 张晓光:《重读马克思关于社会再生产的理论——对目前全球范围内由金融危机引起的经济危机的再认识》,《消费导刊》2009 年第 16 期,第 50 页。

机达到了灾难性的程度。金融危机使银行的呆坏账急剧增加,大量银行濒临倒闭,银行出现惜贷、不贷的现象将影响实体经济,因此引发全球性的经济危机。[1] 经济危机以及由此引发的经济危机无疑会具有极大的危险性和极快的传播性,结合我国金融发展的法律隐忧和域外金融危机的经验教训探讨金融危机的法律应对时,就需要准确查找金融危机的法律应对进路,有针对性地实施有效应对措施。根据法律应对的需求,从金融危机法律应对工具体系化的角度来讲,需要充分认识法律与政策之间的互动融合关系,并根据拟定的应对目标,协同利用法律、政策、指南、合同等多元规制工具,建构一个立体的、层层递进的、相互补充的金融危机法律应对体系。[2] 需要政府与市场主体等多主体共同发布鼓励、规范、引导金融业发展的规范性文件,坚持有限发展的核心理念,通过发现问题—本土分析—域外借鉴—解决问题的步骤开展金融立法。

第三节 后危机时代虚拟经济理念变迁的趋势及评述

虚拟经济理念逐步成为引领虚拟经济发展的行动指南。后危机时代虚拟经济理念的研究立足实践、不断创新,着力深化对虚拟经济发展规律、虚拟经济监管规律、虚拟经济与实体经济协调规律的认识,形成关于虚拟经济的新理念、新思想、新战略,进一步集中概括了虚拟经济发展的核心问题,并指明虚拟经济的发展道路,聚焦虚拟经济发展的主要矛盾,有针对性回答后危机时代虚拟经济需要实现什么样的发展及如何实现发展的重大问题。

---

[1] 张晓光:《重读马克思关于社会再生产的理论——对目前全球范围内由金融危机引起的经济危机的再认识》,《消费导刊》2009 年第 16 期,第 50 页。

[2] 喻文光:《PPP 规制中的立法问题研究——基于法政策学的视角》,《当代法学》2016 年第 2 期,第 77-91 页。

一、后危机时代虚拟经济理念变迁的趋势

(一) 虚拟经济理念从文本宣誓到现实主义

虚拟经济以实体经济为基础,虚拟经济理念的研究不能脱离这个基础,实体经济产业效益的上下波动会引起虚拟经济的波动,实体经济在发展中经常会受到经济、社会环境的影响,再加上实体经济主体自身存在的诸如能力不足等问题,导致实体经济主体承受着来自市场不确定性的威胁,而这类不确定性的威胁会通过实体经济运行的外化经济问题迅速传递到虚拟经济领域,造成虚拟经济中虚拟资本价格的上下波动,从而使投资者承担巨大的风险。[1] 后危机时代虚拟经济理念的研究进一步明确了虚拟经济的产生和发展的基础是实体经济,实体经济发展的各项指标对虚拟经济的有序运行能够产生直接的影响。但是,由于现行财税、金融、会计制度及相应公共政策的限制,导致向虚拟经济领域流动和反馈的真实信息还较为缺乏,进而造成虚拟经济领域不充分的信息供给,投机者在其中扮演着重要角色,尤其是个体投机者对虚拟经济有关信息的鉴别能力不强,对信息的发掘不到位、片面化,再加上个别投机者对信息的恶意歪曲,信息在交易者之间呈不对称分布状态。[2] 在这种情况下,大多虚拟经济交易将在没有真实信息支撑的条件下进行,虚拟经济发展必然会出现些许问题,导致投资者等主体遭受损失,这就需要虚拟经济理念进一步落实为具体制度,推进虚拟经济的法律监管和信息共享机制建设,从而缓解或解决虚拟经济发展中出现的上述问题。

从虚拟经济发展的过程来看,任何经济创新都力图打破"高风险——高收益"的定律,向着"低风险——高收益"迈进。然而,这些创新在降低了短

---

[1]　乔海燕:《虚拟经济风险的成因及其治理措施》,《技术与市场》2006 年第 4 期,第 48-50 页。

[2]　戴金辉:《虚拟经济及其风险预警系统的建立》,《现代商贸工业》2007 年第 3 期,第 12-13 页。

期风险的同时,却增大了长期风险。[①] 后危机时代虚拟经济有限发展理念认为,虚拟经济与实体经济之间有一个合理的发展区间,如果虚拟经济发展过弱,就会抑制经济活力,窒碍市场资本规模,从而损及实体经济的可持续发展,但如果虚拟经济的发展过度,就会形成泡沫经济,最终引发经济危机。因此,"虚拟经济"与"实体经济"相匹配是一国经济协调发展的重要组成部分,虚拟经济的发展应以实体经济规模和现实需要为限,合理控制虚拟经济的发展规模,从而有效促进虚拟经济与实体经济的协调发展。后危机时代,虚拟经济理念需要进一步加强实践意义,需要在理念指导下建立健全有关制度。近年来,虚拟经济的发展如雨后春笋,但法律滞后性的缺陷导致部分虚拟经济活动脱离监管,为充分实现虚拟经济的有限发展,需要加快制定虚拟经济的法律制度,我们认为有两个步骤需同时推进。第一,政府监管部门主动发布指导性规范,正确引导虚拟经济发展走向;虚拟经济行业协会需及时发布虚拟经济监管的具有可操作性的规范,因为作为行业协会,其更了解虚拟经济的发展动态和需要。第二,通过协商确定虚拟经济有限发展的边界。虚拟经济有限发展的边界只有在多方协商的基础上才有可能准确确定,在多方利益博弈后取得纳什均衡。一方面,政府、自律组织、虚拟经济主体逐渐实现信息对称和信息共享,政府缺乏业界信息的劣势逐渐得到缓解;需要指出的是,制定有关规则时,需要进行市场调查,了解投资者对虚拟经济的评价,因为虚拟经济的运行安全与投资者的投资安全息息相关。

(二)虚拟经济理念从有限参与到多元共治

虚拟经济理念逐渐强调从政府主导到官民共治,从中央主导到央地协同。

其一,虚拟经济领域的行为主体既包括政府,也包括市场主体。虚拟经

---

① 刘承礼、徐红日:《论虚拟经济的风险规避》,《中央财经大学学报》2004 年第 1 期,第 53-57 页。

济有限发展理念指出要促进虚拟经济发展中市场调节和政府干预的平衡。与市场相比,政府在提供公共物品、公共服务等诸多领域具有极大优势,但其不足之处在于难以实现资源的有效配置,市场能够在资源配置中起决定性作用,但是却难以保证分配公平,因此,两者若能加强优势互补将是最有效的资源配置方式。① 那么虚拟经济理念的研究需要平衡二者之间的关系,向任何一方的偏移都可能导致虚拟经济研究的非理性。② 政府作为虚拟经济发展的引导者、法律法规的制定者,需要善于借鉴他国有益经验,结合虚拟经济发展的本土资源,寻找虚拟经济中政府干预与市场自治的平衡点,否则虚拟经济可能将会落入政府单一管控的"牢笼"。有限干预对虚拟经济的良性运作是有必要的,反之,盲目过度干预将会导致虚拟经济发展的失衡,进而影响虚拟经济有序运作,使虚拟经济发展畸形,因而损害部分投资者和交易者的利益。虚拟经济治理中政府需要将难以有效治理的问题治理转化为市场主体参与的机会,引入市场主体参与虚拟经济问题治理,因为市场主体的投资回报与虚拟经济能否良性发展紧密相关,并且回报的大小与发展的水平正相关,所以市场主体有动力以最具效益的方式参与虚拟经济治理。虚拟经济治理强调市场主体参与,也可强化对虚拟经济制度的市场化约束,有助于优化虚拟经济制度,市场主体参与虚拟经济治理也能帮助政府减轻财政压力,由于虚拟经济治理问题可能持续数年或数十年,这些问题治理的未来成本将逐渐增长到相当大的数额,市场主体的资本将向虚拟经济治理提供补充资金,这无疑会大大减轻政府资金投入的财政压力。申言之,于政府来讲,需完善监管政策。政府应当把保障虚拟经济投资者合法权益贯穿监管工作的始终,落实到虚拟经济开发、实施、退出、付费等各个阶段,应当建立起相应的投资者合法权益保护机制和信息交流机制,以及侵害虚拟经

---

① 张莉莉、王文君:《论经济法对虚拟经济的规制不足及其完善》,《公民与法(法学版)》2010 年第 9 期,第 39-41 页。

② 乔海燕:《虚拟经济风险的成因及其治理措施》,《技术与市场》2006 年第 4 期,第 48-50 页。

济投资者合法权益事件的快速处置和救济机制,制定和完善常态化的监管预案。于市场主体来讲,虚拟经济有限发展法学理论并不否定市场在资源配置中的决定性作用,市场在资源配置中起决定性作用是市场经济运作的一般规律,虚拟经济的发展理应由市场机制调节。由于我国虚拟经济市场运行机制还处于探索阶段,需要建立和完善监管虚拟经济发展的自律组织,保障虚拟经济的有序运行和向投资者提供法律救济援助,在其中要强调金融、证券、期货等行业的专业律师的作用发挥。此外,法律责任无疑是约束虚拟经济主体行为的有效工具,但传统的法律责任制度已经不适合虚拟经济发展的要求,这就需要构建创新的、适应虚拟经济发展的法律责任理论。监管机构和自律组织实施了违法违规行为时,应当承担相应的法律责任,尤其我国虚拟经济监管制度尚不完善,监管技术有待提升,在虚拟经济市场还不够成熟、有关风险仍然高起的情形下,更应该注重虚拟经济主体法律责任制度的建设。①

其二,虚拟经济治理从中央主导到央地共治。虽然我国虚拟经济法律制度大多由中央供给,但是地方政府在虚拟经济法律制度构建中仍然起着不可或缺的作用。② 时下,我国政府在虚拟经济制度供给中具有主导甚至决定性地位,是虚拟经济法律制度供给的主体,而地方政府只能起到补充作用。在虚拟经济领域,中央政府法律制度供给集中于虚拟经济运行基础法律制度和虚拟经济基本制度等基础性、原则性和普适性的制度。但不容置喙的是,地方虚拟经济发展的所有制度需求,中央政府必然无法满足。更进一步地讲,面对地方虚拟经济发展的不同制度需求,由地方政府自主供给有关制度当然是最合理的方式,地方政府供给虚拟经济制度的优势在于除了

---

① 张莉莉:《后危机时代虚拟经济与经济法的适应性问题分析》,《现代经济探讨》2011 年第 1 期,第 48-51 页。

② 胡光志、杨署东:《完善地方立法促进重庆虚拟经济发展的思考》,《中国西部科技》2008 年第 31 期,第 60-63 页。

能够实现中央关于虚拟经济制度的有效细化,还能够对一些中央立法未及或未尽的问题进行及时、有效的补充。也即是说,地方政府在虚拟经济制度供给中可以根据本土优势,在理念、制度、范式等诸多方面进行创新,既能为当地虚拟经济的发展提供指导,也能为中央虚拟经济制度革新提供经验。申言之,在促进虚拟经济发展方面,地方政府既有必要也应当有相应的立法空间使其在一些体制、制度方面做出创新。① 在虚拟经济法律制度供给中中央政府对经济增长指标的过于重视,而对微观的虚拟经济活动监管不足,对地方政府虚拟经济法律制度供给的有限性等问题,中央政府有选择性地忽视。这些问题的出现都指向了同一个议题,那就是央地两级政府如何在虚拟经济法律制度供给中协作起来。我们认为,虚拟经济有限发展理念指出虚拟经济发展需要更好地发挥央地两级政府的作用,一是中央政府依据公共责任的逻辑行事,在筛选和确定虚拟经济干预领域方面发挥关键作用,识别可能影响虚拟经济发展的宏观问题,组织虚拟经济大政方针的设计和实施,加强虚拟经济核心法律制度的建设,建立虚拟经济安全运行总体监控体系,防止虚拟经济与实体经济的规模失调,同时要高度关注虚拟经济的创新趋势,对虚拟经济创新业务奉行"宽严并济"的监管理念,从而既约束虚拟经济的不合理扩张,又保障虚拟经济有效创新;② 二是地方政府在制定虚拟经济法律制度方面发挥关键作用。地方政府通过与其他虚拟经济主体协商确定有关制度的可行性,为市场主体创造参与虚拟经济法律法规制定的途径,引导市场主体有序参与虚拟经济,加强虚拟经济调控合理性、有效性,对虚拟经济市场中存在的一些投机、短视或发展过热的情况,及时进行干预调控。明确地方政府监管权与市场自治权的内容,健全虚拟经济的实施、监督、退出等制度,坚持"依法监管、适度监管、创新监管"的原则,完善虚拟经

---

① 胡光志、雷云:《法律制度供给与地方虚拟经济立法问题》,《重庆社会科学》2008 年第 9 期,第 55-60 页。

② 黄丹:《虚拟经济的根本是为实体经济服务》,《学习时报》2017 年 4 月 14 日第 2 版。

济制度供给,加强与虚拟经济投资者之间的交流与沟通,加快形成法律监管、政府监管、市场监管、自我监管的综合监管体系,实现虚拟经济监管工作常态化、制度化和多元化。

二、后危机时代虚拟经济理念变迁的评述

实际上,如果在经济危机发生之前,我们对虚拟经济自由发展和市场自治的理念认识不清,对其负面效应选择性地视而不见是可以理解的,毕竟没有发生危机就不能准确预见危机是否真的会发生,但是在经济危机发生之后,各国理论界和实务界纷纷转向虚拟经济有限发展和虚拟经济政府干预的研究,这就是为什么说虚拟经济理念是否正确需要实践验证的道理所在。

(一)虚拟经济理念逐渐回归本源

要认识真理,不需要掌握大量的事实,但需要了解本质的、有直接即时影响的事实;最重要的,是要从各个方面检验事实,使我们能够从事实中推出正确的结论。[①] 就虚拟经济理念而言,域外虚拟经济自由发展的理念已存在多年,并形成了较大影响,甚至国内也曾出现追求虚拟经济自由发展的呼声。在经济危机之前,理论界和实务界人士大多通过各种数据的增长论证虚拟经济自由发展的优势,甚至认为国内干预虚拟经济发展的做法有悖虚拟经济发展的规律。当然虚拟经济有限发展和有限干预理念是否正确,仍有待实践的进一步检验,现阶段的研究更大程度上说明虚拟经济的发展需要有其限度以及重视政府干预。以前虚拟经济自由发展理念的重要性被拔高到了无可复加的程度,但是经济危机的发生给其功能的如期释放浇了一盆冷水。而且,该理念存在的一些根本性缺陷也决定了虚拟经济自由发展的条件是不具备的。更进一步地讲,在理念验证的过程中,如何防止经济脱实向虚,是当下必须解决的最紧迫的问题,也是虚拟经济理念确定和发挥作

---

① 让·巴蒂斯特·萨伊:《供给的逻辑》,黄文钰、沈潇笑译,浙江人民出版社,2017,第 7 页。

用的重要着力点,这就需要进一步明确虚拟经济和实体经济的关系。现阶段,由于土地资源有限、劳动力成本上升,以及资源环境枯竭,制造业成本逐渐增加,使实体经济面临一些困难。正是因为实体经济的不均衡发展,才需要采取政策促进实体经济健康发展,增强实体经济盈利能力,防止"脱实向虚"的倾向。正如中央所指出的:"国家的强大需要强有力的实体经济支撑,防止过度泡沫化。"①

虚拟经济理念的研究逐渐明确虚拟经济是以实体经济的发展需要为基础而源起的。从历史发展的进程看,虚拟经济是实体经济发展到一定阶段为适应实体经济的发展而产生的,并非与实体经济同期产生。作为实体经济的补充,经济虚拟化的过程也是商品价值独立化的发展过程。② 随着生产力水平的提高,人们逐渐拥有了满足自身需要以外的剩余产品,从而萌发了人与人之间产品的交换活动,进而产生了货币作为交换的中介,也出现了商业等满足人们各类消费需求的服务业。当人们有闲置货币时,就萌发了人与人之间的借贷行为,这就是虚拟经济的起源。③ 商品货币经济条件下,货币财富分配的失衡,客观上要求分配必要的货币基金,而私有制的存在决定了货币交换时我们只能采取借贷的形式,即由借款人在不会放弃所有权的情况下将暂时闲置货币资金借给有需要的人,以此补充银行信贷资金不足等问题。在这样的借贷行为中,为了保证自身的权益,借款人通常需要掌握一种书面债权和债务证书,这成为虚拟资本的最早形式,借款人获得利息收入的贷款活动也演变成最初的虚拟经济活动。④ 申言之,虚拟经济是实体经济发展到一定阶段的产物,虚拟经济的产生源于实体经济发展的内在需求,没有实体经济及实体经济的高度市场化和信用基础,虚拟经济就不可能存

① 南方日报评论员:《经济发展任何时候都不能脱实向虚》,《南方日报》2018 年 11 月 2 日第 2 版。

② 崔祥龙:《起源、演变及实现:虚拟经济研究》,西南财经大学博士论文,2014,第 56 页。

③ 成思危、李平、刘骏民:《虚拟经济概览》,科学出版社,2016,第 5 页。

④ 李多全:《虚拟经济基本问题研究》,中共中央党校博士论文,2003,第 81 页。

在,虚拟经济与实体经济在其出现阶段存在着明显的共生关系。① 但同时二者也存在相互冲突的情形,这就需要通过制度完善等协调二者之间的关系,正如胡光志教授所言:"从制度供给层面全面检讨我国虚拟经济的制度供给模式,总结过去历史的教训与经验,对于把握中国虚拟经济制度变迁的规律和未来走向,适时调整虚拟经济制度的供给模式,推动经济与社会的发展,无疑具有十分重要的意义。"②

(二)虚拟经济理念逐渐开始重视本土化

诚然,虚拟经济的发展对我国经济发展所带来的优势显著,但因其本身的投机性和理论的不成熟也会带来相应的风险,因此,现阶段非常需要建立完善的虚拟经济干预机制,具体措施包括利息率调控、税收调控,以及在严格法律规范下由专门机构进行国有股份的增减,在资本市场突发暴跌时直接入市干预等。③ 但是,国内研究虚拟经济的学者大多致力于域外借鉴,认为域外虚拟经济的研究已经过多年,所形成的理念、价值、制度等已经成为可得复制的共识。醉心于西方新自由主义的发展理念,甚至对国内干预理论大肆批判,认为其违反了国际虚拟经济的发展共识。在后危机时代,国内学者提出的干预理论逐渐趋热,这也是我国之所以没有发生经济危机的重要原因。实际上,虚拟经济有限发展和干预理论在我国一直存在,只是在国外理论占主导的时期并未受到过多关注。我国的虚拟经济干预理论主张政府对虚拟经济奉行更积极的干预与规制的理念,不仅为了保持虚拟经济安全、有效发展,保持整体经济稳定,更重要的是通过合理干预引导虚拟经济中的巨额资本流入具有战略意义的实体经济行业,通过积极的干预政策控

---

① 潘妍妍:《对虚拟经济与实体经济关系的重新认识》,《经济师》2008 年第 1 期,第 72-74 页。

② 胡光志:《中国虚拟经济制度供给模式之转变》,《西南民族大学学报(人文社科版)》2006 年第 9 期,第 67-74 页。

③ 李昀:《也谈虚拟经济》,《边疆经济与文化》2007 年第 1 期,第 38-39 页。

制虚拟经济的发展规模,以合理、合法、有效的政府干预促进虚拟经济和实体经济的协同发展。① 纵观世界发展进程,西方国家通过采用虚拟经济战胜实体经济的谋略以促使其经济发展,但是虚拟经济缺乏有效的规制手段造成了国际经济形势的日益严峻。实际上,多次发生的经济动荡、经济危机都是从虚拟经济引发的。因此,在开放经济背景下,如何通过法律手段规制虚拟经济使其实现良性运作,如何促进中国虚拟经济与世界虚拟经济接轨,以及我国应采取什么法律措施才能实现虚拟经济的正常运转和风险防范,这些问题都将是国家治理能力与治理体系现代化的严峻考验。② 当然,正如上文所述虚拟经济理念的正确性需要实践检验,哪一理念需要作为核心理念,哪一理念需要作为从属理念,取决于实践检验这些理念的总体表现,例如经济发展中的作用发挥、奉行该理念的国家或地区的发展状况等。当然不存在普适的虚拟经济理念,金融危机促使国外对虚拟经济理念进行反思和调整,尽管这种反思和调整可能是被动的、临时的,有些是仅为应对金融危机的权宜之计,但这足以说明虚拟经济理念实际上并不是一蹴而就的,仍需进行不断调整。那么在国外本土生长起来的虚拟经济理念是否适合其他国家,需要学者在研究时更强调一国所具有的本土资源和制度环境。但是笔者要着重强调的是,我国学者提出或实务界总结的观点并不一定劣于域外,在域外借鉴过程中需要取其精华,去其糟粕,也需要进一步增强民族自信心。

第四节　基于虚拟经济有限发展法学理论的立法展望

虚拟经济有限发展法学理论对我国虚拟经济立法具有重要指导意义,

---

① 吴澄秋:《后危机时代的经济治理理念结构》,《国际论坛》2013 年第 1 期,第 54-59 页。
② 胡光志、屈淑娟:《经济法在依法治国中的时代使命》,《江西财经大学学报》2015 年第 1 期,第 113-120 页。

也只有实现法治化才能发挥其重要功效。当下,虚拟经济立法需将虚拟经济有效发展论贯彻始终。

一、虚拟经济理论革新的两大基本目标

虚拟经济是一种独立于实体经济的经济形态,从两者关系的角度来看,实体经济是虚拟经济起源和发展的基础。如果虚拟经济过度发展而实体经济无法与之匹配时,"泡沫"经济就会因此形成,从而产生破坏实体经济的后果。[①] 无论在中国还是世界,虚拟经济已成为一种自我发展和自我扩张的系统,虚拟资本积累的速度远远超出了国内生产总值,全球经济正向着西方主流经济学理论难以诠释的方向发展。[②] 可以预测的是,随着大数据、金融科技、金融衍生品的不断发展、演化、革新,虚拟经济的规模可能进一步扩大。虚拟经济的性质及其特殊性,决定了它对实体经济以及整体经济体系的特殊性和重要性,这就需要包括法学家在内的学者密切关注,促进理论革新,加强法制构建,从而防范可能出现的风险。

(一)促进"虚实"协调发展

适度发展的虚拟经济能够促进实体经济发展,能够使有限的金融资本更有效地流向发展好、潜力大、收益高的实体产业,从而拓宽实体经济企业融资渠道,有效提升经济效能、优化资源配置、推动产权交易方式创新。实际上,现代实体经济的交易是以传统实物交易为基础的,利用现代技术和现代市场制度,不断向外拓展,期货、期权就成为现代实体经济的主要交易模式。现代交易模式中的合约分割、合约对冲、合约投机等都成了虚拟经济的

---

① 陈凌岚、陈永志:《美国金融危机的成因及启示——基于虚拟经济与实体经济匹配的视角》,《学海》2010 年第 6 期,第 69-72 页。

② 苏治、方彤、尹力博:《中国虚拟经济与实体经济的关联性——基于规模和周期视角的实证研究》,《中国社会科学》2017 年第 8 期,第 87-109 页。

有机构成。[1] 虚拟经济规模的适度扩张,不仅可以通过提高虚拟经济产值的方式对我国国民生产总值做出重要贡献,也能够进一步扩大就业、促进消费、拉动增长。因此,可以说虚拟经济的适度发展,能够促进金融市场的发展,也能促进实体经济发展。

当然,如果虚拟经济的发展规模过度膨胀,就有可能引发金融危机甚至整体经济危机。虚拟经济发展中内嵌大量的投机活动,若管控不当使虚拟经济增长速度严重超过实体经济发展需要时,就会阻碍实体经济发展。以美国为例,20世纪80年代以来,美国的虚拟经济发展迅速,甚至可以说美国的经济绝大部分是虚拟经济。第一,虚拟资产的价值飙升。1977年,美国拥有6.9533万亿美元的虚拟资产。2006年,这一数字为90.4772万亿美元,是1977年的13倍。第二,美国公司利润的构成发生了巨大的变化。与虚拟经济密切相关的金融业占GDP的比重从1977年的18.16%升至2010年的35.38%。[2] 美国实体经济与虚拟经济发展的不平衡,使美国经济发展方式发生了重要变化,其突出表现是美国在国内经济虚拟化过程中纵容和加速了金融杠杆活动的普遍化,使虚拟经济促进了金融资产的流动,但有效流动并持续创造货币收入流,会给经济的每个角落都带来风险,给整个美国经济带来金融的脆弱性。[3] 事实上,当虚拟经济规模扩张时,投资虚拟经济的优势产品,如股票、期货、债券和房地产的收益将大大超过实体经济可能带来的回报,这将导致大量资本从实体经济流入虚拟经济,从而降低实体经济资源配置效率,阻碍实体经济发展。例如,虚拟经济的过度发展诱导了实体企业将有限的资源从研发领域转移到了财务投资,最终导致整个产业由于研发

---

① 吴德礼、曹国华、李慧彬:《虚拟资本与实体经济》,中国财政经济出版社,2014,第199页。

② Hu, X, "The development of the fictitious economy, structural changes in the economy, and the united states´ trade deficit",Journal of WTO and China4, No.4(2014):42-61.

③ 张云:《虚拟经济视野下的次贷危机与美元危机解析》,《亚太经济》2009年第2期,第29-33页。

不足而陷入低利润的"囚徒困境"①。因此,对虚拟经济与实体经济关系的解释必须明确二者具有内在的一致性。② 虚拟经济源于实体经济,在实体经济的需求支持下发展。申言之,虚拟经济与实体经济的严重背离,会减弱或消灭虚拟经济对实体经济的促进作用,造成实体经济增长的资金需求难以满足,最终形成发展羸弱的局面。只有有效控制虚拟经济的发展规模,保持虚拟经济促进实体经济的优势,才会形成虚拟经济与实体经济的协同发展的良好局面。③ 这就需要明确虚拟经济与实体经济的差异,努力厘清经济发展过程中二者之间的关系问题,遏制虚拟经济自我扩张并逐渐与实体经济相脱离的趋势,鼓励虚拟经济为实体经济提供资本支持,实现从"脱实向虚"到"抑虚入实"的转变。④

(二)防范虚拟经济风险

虚拟经济风险是指虚拟资产在未来一个时期内遭受损失的可能性,而且虚拟经济风险具有外部性,即风险所带来的后果往往超过对其自身的影响。所以,关注虚拟经济风险,就成为一项重要任务。⑤ 虚拟经济活动实质上是资产权益凭证的流动,这些资产权益凭证的产生及其激励约束功能的发挥构成了虚拟经济活动的基本内容,由于资产权益凭证的价值主要来自未来收益流的折现价值。⑥ 此时,虚拟经济就开始进行自我发展,与其对实体经济的支撑功能相分离,并逐渐脱离实体经济的限制。美国虚拟经济和实体经济之间的巨大失衡,虚拟经济相对于实体经济的过度膨胀,直接造成

---

① 王宇、黄广映:《实体经济和虚拟经济失衡发展微观机制研究——基于长三角上市企业的经验证据》,《上海经济研究》2019 年第 5 期,第 92-102 页。

② 王彦亮:《广义虚拟经济的生活价值论》,人民出版社,2017,第 283 页。

③ 苏治、方彤、尹力博:《中国虚拟经济与实体经济的关联性——基于规模和周期视角的实证研究》,《中国社会科学》2017 年第 8 期,第 87-109 页。

④ 王广宇:《新实体经济》,中信出版社,2018,第 16 页。

⑤ 张学森:《金融创新发展的法治保障研究》,复旦大学出版社,2018,第 92 页。

⑥ 李国疆:《虚拟经济与现代金融危机》,《光明日报》2012 年 12 月 14 日第 11 版。

了虚拟经济与实体经济的脱节,从而引发经济危机,随后经济危机的影响不断由虚拟经济向实体经济扩散,致使实体经济遭受重创,直至世界经济发展出现严重减速。[①] 就我国而言,虚拟经济通过自我循环创造 GDP 的能力明显高于其带动实体经济创造 GDP 的能力,2015 年第 I 类和第 II 类实体经济[②]部门内增加值较 2000 年分别增长了 5.44 倍和 12.17 倍,同时期虚拟经济则增长了 17.88 倍,由此,GDP 中包含了越来越多的带有虚拟性质的财富,这些计入 GDP 的财富会随时因资产价格的暴跌、交易量的骤减以及庞氏债务链条的断裂而蒸发,对经济结构的稳定性造成严重破坏。[③] 根据我国实体经济和虚拟经济的基本状态,我们认为我国虚拟经济风险具有以下特性:第一,影响性。虚拟经济发展过程中产生的炒作及股市动荡会加剧实体经济生产过程中的价格虚高,不仅会造成实体经济体的生产成本价格虚高,也会造成流通成本等也出现价格升高,进而使经济增长不能按照正常轨道运行,从而影响新时代现代化经济体系的构建及经济稳健发展[④];第二,普遍性。虚拟经济包括股票、债券及金融衍生品等,相应的虚拟经济风险也将在多领域普遍存在,同时,虚拟经济风险也可能会反作用于实体经济[⑤];第三,外部性。虚拟经济风险通过溢出和感染传播,一旦某个国家或地区出现虚

---

① 顾华详:《论金融危机的深层次原因及应对法律措施的完善》,《重庆大学学报(社会科学版)》2009 年第 4 期,第 101-114 页。

② 依据马克思物质生产理论、国际标准产业分类(ISIC, Rev.4)标准以及国民经济行业分类(GB/T 4754—2017)标准,将国民经济活动分为虚拟经济(金融、房地产为核心)、第 I 类实体经济(制造业为核心)和第 II 类实体经济(服务业为核心)。参见刘晓欣、张艺鹏:《中国经济"脱实向虚"倾向的理论与实证研究——基于虚拟经济与实体经济产业关联的视角》,《上海经济研究》2019 年第 2 期,第 36 页。

③ 刘晓欣、张艺鹏:《中国经济"脱实向虚"倾向的理论与实证研究——基于虚拟经济与实体经济产业关联的视角》,《上海经济研究》2019 年第 2 期,第 33-45 页。

④ 陈健、龚晓莺:《新时代实体经济与虚拟经济协调发展研究》,《经济问题探索》2018 年第 3 期,第 178-184 页。

⑤ 陈凌岚、王学鸿:《虚拟经济视野下美国金融危机的成因及启示》,《生产力研究》2011 年第 2 期,第 136-138 页。

拟经济风险,该国家或地区的虚拟经济风险的爆发将可能威胁到其他国家乃至世界经济的健康发展。[1]

　　质言之,虚拟经济的高风险和投机性,必然会造成整体经济的不稳定性,如果对虚拟经济系统中所进行的金融创新缺乏必要的监管,虚拟经济就会出现无序的状态。在虚拟经济中"狡猾"的掮客会通过哄抬虚拟资本价格等方式,在虚拟经济中制造泡沫,创造出虚拟经济繁荣发展的假象,然后在虚拟经济发展的混乱状况中寻找获利机会。[2] 投机是虚拟经济的本质属性,是指投机者根据虚拟经济的发展趋势,利用合理的风险转移手段,以谋取适度差价的经济活动,更有甚者是通过多种金融手段和资金调配操纵市场,使虚拟经济市场向有利于其的方向发展,从而获取投资暴利。[3] 因此,加强虚拟经济的风险防范,实现虚拟经济的有效监管,将是现阶段虚拟经济理论研究的重要目标之一。

二、虚拟经济有限发展法学理论提出及其时代价值

(一) 虚拟经济有限发展法学理论的提出

　　自 20 世纪 90 年代以来,金融发展理论进入成熟阶段,在其"金融越发展,经济越增长"的核心思想的指导下,许多发展中国家都走上了极端市场化、自由化以及金融化道路。[4] 美国一贯坚持的新自由主义理念,使得美国经济中的过度消费、超前消费及高增长高负债成为明显特征,这种特征在美国房地产领域尤为显著,美国为推动经济发展,在房地产市场中推行宽松的贷款政策,鼓励房地产领域的过度消费、超前消费和高增长高负债消费,与

---

① 朱楠、任保平:《虚拟经济系统性风险背景下的我国国家经济安全机制的构建》,《福建论坛(人文社会科学版)》2015 年第 10 期,第 29-34 页。

② 戴金辉:《虚拟经济及其风险预警系统的建立》,《现代商贸工业》2007 年第 3 期,第 12-13 页。

③ 乔海燕:《虚拟经济风险的成因及其治理措施》,《技术与市场》2006 年第 4 期,第 48-50 页。

④ 索有:《"金融过度发展":理论与实证研究》,东北财经大学博士论文,2016,第 1 页。

此同时,房地产行业等虚拟经济在美国经济中所占的比重也逐渐增长,造成美国经济中虚拟经济逐渐超出了其与实体经济之间的介稳态,虚拟经济与实体经济比例严重失衡,引发了美国严重的金融危机。由此可见,经济自由主义旨在消除可能干预市场自由的所有政策,最大限度地恢复市场的自我监管,但这个乌托邦式的想法无法实现,其结果便是经济危机的发生。质言之,美国次贷危机即是根源于自由发展之下金融领域的过度投机、过度利用金融杠杆以及政府对金融市场缺乏监管等,欧债危机的爆发及其恶化也与市场投机有关。[1] 实际上,经济增长与金融发展之间的关系并不一定是因果关系。[2] 即使是在金融业规模庞大的国家,金融深度与经济增长之间也不存在正相关关系。[3] 只有与实体经济对金融服务的需求相适应的金融结构才是最优的,才能有效地发挥金融体系动员资金、配置资金和降低系统性风险的功能,促进实体经济的发展。[4] 因此,近年来,以胡光志教授为代表的法学家提出了虚拟经济有限发展法学理论,主要原因如下:其一,市场自由化思想忽略了道德性,以及虚拟经济的系统性、结构性风险,没有把握虚拟经济的本质,发达经济体对经济自由化的认识基本相同:自由是经济全球化的目标。然而,随着 2008 年经济危机的爆发,各个国家的经济发展速度都呈现出不同程度的衰退景象,为了消除经济危机带来的经济发展的桎梏,西方各国均采取了相应的市场保护措施和经济干预措施[5];其二,从虚拟经济产生初衷来看,虚拟经济来源于实体经济。虚拟经济产生的目的即是缓解实体经济发展的资金困境,为实体经济的持续健康发展做出贡献,在此目的之下

---

① 吴澄秋:《后危机时代的经济治理理念结构》,《国际论坛》2013 年第 1 期,第 54-59 页。

② Peter L. Rousseau,Paul Wachtel, "Inflation thresholds and the finance - growth nexus", Journal of International Money and Finance21,(2002):777 - 793.

③ B Enrico, JL Arcand, A Jeanlouis et al, "Too much finance?", Journal of Economic Growth 20, No. 2 (2015):105-148.

④ 林毅夫、孙希芳、姜烨:《经济发展中的最优金融结构理论初探》,《经济研究》2009 年第 8 期,第 4-17 页。

⑤ 朱南兰:《中国经济转型期市场自由化的反思》,《改革与战略》2013 年第 7 期,第 34-37 页。

不考虑虚拟经济发展的边界无疑会冲击实体经济发展的安全性和有效性;[①]其三,马克思政治经济学理论科学地揭示了市场经济的所有弊端。市场经济的不足不容忽视,虚拟经济如果完全市场化,有可能要走资本主义的老路,经济的周期性会使经济社会遭到更大的损失。正如马克思认为的那样,虚拟资本作为一种资本主义的信用工具,其积极作用在于可以促进资本的有效周转,加快资本的集中,有效利用社会上的各种闲散资金,从而推动资本主义扩大再生产。但与此同时,其消极作用也不容忽视,虚拟资本是资本主义进行信用投机的工具,它会造成经济繁荣的假象,加速金融和经济危机的爆发。[②] 基于以上种种原因,我们认为虚拟经济发展必须有限,而且虚拟经济应该在法律的框架下运行。此外,虚拟经济有限发展法学理论还意在弥补虚拟经济自由发展论与虚拟经济抑制发展论的价值缺憾。虚拟经济自由发展理论意欲促进创新,其本意之"善"是无可厚非的,但创新的金融机构不一定能以同样之"善"实施行为。支持虚拟经济自由发展所采取的措施会使创新金融机构在思想上产生一种预判,即政府鼓励虚拟经济自由发展和创新发展,无论其经营出现何种不利情形或者如何经营,政府在关键时刻都会予以支持。当被这种认识主导时,在业务开展与创新中,创新的金融机构就不会前事不忘后事之师地怀揣一种谨小慎微的态度,反而会更加肆无忌惮地铤而走险。[③] 而虚拟经济抑制发展理论强调绝对安全,这种一刀切的处置方式对虚拟经济的风险遏制起到了未雨绸缪的作用。但是,这种理论不利于虚拟经济创新,可能会抑制整体经济发展。如上之论,在虚拟经济自由发展论和虚拟经济抑制发展论的两难中,虚拟经济有限发展法学理论被认为是一种可行的指导理论,其坚持"风险与创新"的有效协调,以解除实体经

---

① 　白钦先、禹钟华:《对虚拟经济内涵的再探讨》,《西南金融》2007 年第 11 期,第 6-10 页。

② 　单超:《资本主义的虚拟经济与经济危机》,《黑龙江社会科学》2015 年第 4 期,第 62-66 页。

③ 　黎四奇:《后危机时代"太大而不能倒"金融机构监管法律问题研究》,《中国法学》2012 年第 5 期,第 87-102 页。

济发展的困境和为实体经济发展服务为虚拟经济发展的目的和边界。

（二）虚拟经济有限发展法学理论的两个核心价值

面对虚拟经济理论革新的现实目标，虚拟经济有限发展法学理论具有明显的理论优势，包括但不限于以下两点。

1.虚拟经济有限发展法学理论的时代回应价值

虚拟经济有限发展法学理论将防止经济"脱实向虚"作为必须解决的最紧迫的问题，是虚拟经济有限发展法学理论发挥作用的重要着力点。现阶段，由于土地资源的减少、劳动力成本的上升，以及资源环境的枯竭，导致制造业的成本逐渐增加，实际经济发展面临一些困难。正是因为实体经济的不均衡发展，虚拟经济有限发展法学理论才指出需要采取政策促进实体经济健康发展，增强实体经济盈利能力，防止"脱实向虚"的倾向。正如中央强调的那样："国家的强大需要强有力的实体经济支撑，防止过度泡沫化。"[1]

虚拟经济是实体经济发展到一定阶段的产物，虚拟经济的产生源于实体经济发展的内在需求，没有实体经济以及实体经济的高度市场化和信用基础，虚拟经济就不可能存在，虚拟经济与实体经济在其出现阶段存在着明显的共生关系。[2] 但同时二者也存在相互冲突的情形，这就需要通过制度完善等协调二者之间的关系，正如有学者所言："从制度供给层面全面检讨我国虚拟经济的制度供给模式，总结过去历史的教训与经验，对于把握中国虚拟经济制度变迁的规律和未来走向，适时调整虚拟经济制度的供给模式，推动经济与社会的发展，无疑具有十分重要的意义。"[3]世界各国的发展实践已经证明，实体经济的快速发展是以经济发展的可持续性为代价的，而虚拟经

---

[1] 南方日报评论员：《经济发展任何时候都不能脱实向虚》，《南方日报》2018 年 11 月 2 日第 2 版。

[2] 潘妍妍：《对虚拟经济与实体经济关系的重新认识》，《经济师》2008 年第 1 期，第 72-74 页。

[3] 胡光志：《中国虚拟经济制度供给模式之转变》，《西南民族大学学报（人文社科版）》2006 年第 9 期，第 67-74 页。

济的快速发展是以经济的稳定为代价的。①中国经济在经过了几十年的市场化变革之后，经济发展的体制问题和自然资源破坏所带来的发展风险，无疑是当前影响中国经济可持续发展的巨大危机，同时房地产投机等虚拟经济风险使我国的经济风险逐渐累积成了系统性风险，虽然虚拟经济源于实体经济的发展需要，但它不仅无法消除实体经济发展出现的市场失灵，反而会在更大程度上集中和放大实体经济面临的市场失灵，虚拟经济的高风险性、波动性极易造成泡沫经济，最终形成经济危机甚至是社会危机。② 前述分析已经表明，虚拟经济与实体经济之间有很大区别，当其发展规模较小时，我们可以忽视或少干预这类活动的虚拟性质，但当其规模迅速增大时，我们就必须重视其虚拟性。③ 近年来，从我国资本市场以及房地产市场的快速发展能够看出，我国经济虚拟化的程度正在快速加深。故此，虚拟经济有限发展法学理论充分考虑我国虚拟经济的发展实际，指出要实现虚拟经济和实体经济的协调可持续性发展，发挥虚拟经济促进经济发展的积极作用。④

2.虚拟经济有限发展法学理论的经济安全价值

虚拟经济以实体经济为基础，虚拟经济理念的研究不能脱离这个基础。⑤ 虚拟经济有限发展法学理论认为，虚拟经济与实体经济之间有一个合理的发展区间，如果虚拟经济发展过弱，就会抑制经济活力，阻碍市场资本规模，从而损及实体经济的可持续发展，但如果虚拟经济的发展过度，就会形成泡沫经济，最终引发经济危机。因此，"虚拟经济"的安全性是一国经济协调发展的重要组成部分，虚拟经济的发展应当保证风险可控，合理控制虚

---

① ④ 王国忠：《当代经济的"二分法"：基于经济虚拟化的思考》，《财经研究》2005 年第 11 期，第 115-128 页。

② 胡光志、雷云：《法律制度供给与地方虚拟经济立法问题》，《重庆社会科学》2008 年第 9 期，第 55-60 页。

③ 张云：《虚拟经济命题研究意义的探析》，《社会科学》2009 年第 1 期，第 11-19 页。

⑤ 乔海燕：《虚拟经济风险的成因及其治理措施》，《技术与市场》2006 年第 4 期，第 48-50 页。

拟经济的发展规模,从而有效促进虚拟经济与实体经济的协调发展。① 但是,由于现行财税、金融、会计制度及相应公共政策的限制,虚拟经济发展仍存在较大安全隐患。例如,第一,虚拟经济领域流动和反馈的真实信息还较为缺乏,虚拟经济领域存在不充分的信息供给,同时虚拟经济主体对信息的发掘不到位、片面化,再加上个别投机者对信息的恶意歪曲,信息在交易者之间呈不对称分布状态。② 第二,从虚拟经济发展的过程来看,近年来虚拟经济创新都力图打破"高风险—高收益"的定律,向着"低风险—高收益"迈进。然而,这些创新在减缓了短期风险的同时,却增大了长期风险。③ 在虚拟经济安全性无法保证的前提下,投资者权益就可能会遭受损失。因此,虚拟经济有限发展法学理论注重安全性,指出要推进虚拟经济的法律监管和信息共享机制等的建设,从而缓解或解决虚拟经济发展中出现的风险及问题。总而言之,在深受金融危机的严重影响下,坚持虚拟经济有限发展能够有效应对和抑制经济危机的负面影响,促进虚拟经济与实体经济的良性互动,进而形成一种可以有效避免金融危机、减缓经济周期性衰退的市场经济范式。④

三、虚拟经济有限发展法学理论的法治因应原则

虚拟经济有限发展法学理论无论从理论研究基础还是实践发展基础看,都并非无本之木,而是同步于时代的发展,经过不断摸索、修正,最终水到渠成而提炼概括得出的结论。⑤ 虚拟经济有限发展法学理论始终坚持虚拟经济和实体经济是相辅相成的,虚拟经济的发展需要以实体经济需要为

① 黄丹:《虚拟经济的根本是为实体经济服务》,《学习时报》2017 年 4 月 14 日第 2 版。
② 戴金辉:《虚拟经济及其风险预警系统的建立》,《现代商贸工业》2007 年第 3 期,第 12-13 页。
③ 刘承礼、徐红日:《论虚拟经济的风险规避》,《中央财经大学学报》2004 年第 1 期,第 53-57 页。
④ 刘骏民:《虚拟经济的经济学》,《开放导报》2008 年第 6 期,第 5-11 页。
⑤ 陈俊:《依法立法的理念与制度设计》,《政治与法律》2018 年第 12 期,第 86-98 页。

限。当下,虚拟经济有限发展法学理论要发挥实效就需要将其融入虚拟经济法治中,通过完善虚拟经济法律规范,加强虚拟经济监管,最终防范虚拟经济风险。

(一) 虚拟经济治理必须坚持法治原则

虚拟经济来源于实体经济,绝不能与实体经济分离。从整体经济运行过程来看,虽然实体经济的发展需要虚拟经济在资金、信息等方面的支持,但虚拟经济的运行同样不能没有实体经济的支撑。实体经济效益的起伏决定了虚拟经济的微观基础-虚拟资本价格的变动,在实体经济发展过程中,受实体经济企业的信用能力、运行能力和技术创新能力变化和外部市场环境的影响,实体经济企业将面临不可预知的威胁,这一系列难以确定的威胁将通过实体经济迅速蔓延到虚拟经济,导致虚拟经济中虚拟资本价格的剧烈波动,给投资者带来巨大风险。[1] 对于此问题而言,法治是最好的解决方式。虚拟经济是新事物,其法治化需要将发展和风险控制结合起来,在发展中防范风险。我国应当对虚拟经济采用多种办法综合施治,既要控制风险,更要促进其发展[2],从而满足不同区域、不同主体的发展需求。虚拟经济发展与风险防范的实现需要适时调整有关规范,同时要坚持虚拟经济科学立法,科学立法原则在立法活动中可以解析为对调整事态的本相认知和对其他立法原则所提议之目标和价值的落实,前者要求在科学立法原则的指导下,对作为立法对象的社会关系自身及其背后的客观逻辑予以清晰把握;后者要求在科学立法原则的指导下,找寻实现各种预定目标的最优方案。[3] 科学立法原则指导下虚拟经济法律制度的构造应以特定时期资源禀赋的比较

---

① 乔海燕:《虚拟经济风险的成因及其治理措施》,《技术与市场》2006 年第 4 期,第 48-50 页。

② 邢会强:《相对安全理念下规范互联网金融的法律模式与路径》,《法学》2017 年第 12 期,第 22-28 页。

③ 裴洪辉:《合规律性与合目的性:科学立法原则的法理基础》,《政治与法律》2018 年第 10 期,第 57-70 页。

优势为依据,制定符合现实需要的法律规范,内容应涵盖虚拟经济风险防范等一系列内容,同时需要充分考察我国的实际状况。

(二)虚拟经济法治协调原则

毫无疑问,虚拟经济法治化可以看作是虚拟经济监管者从被动接受风险到积极应对风险的一种意识提升,无疑会有助于降低虚拟经济风险,但虚拟经济的风险来源于宏观经济政策的影响、实体经济的运行状况以及国内外部经济环境不确定等多因素的影响,而且近期来看虚拟经济风险与诸多因素的关系会愈加紧密,这种多因素、多环节、多主体相互嵌套的发展趋势,将使虚拟经济从长远来看不可能保证平稳发展,但如果虚拟经济法治化能够规范虚拟经济按照安全、有限的目标发展,就必然会减少更大的风险损失。遗憾的是,由于我国忽视了虚拟经济法律制度供给与需求之间的均衡性、忽视了虚拟经济法律制度改革与实体经济法律制度改革的协调性、忽视了虚拟经济法律制度改革的系统性,导致我国虚拟经济立法集中于金融法领域,相关财税法、竞争法规范及国际法规范严重不足。那么,要实现我国虚拟经济的法治协调,一方面,需要将现有的虚拟经济法律法规进行分类、修改、完善和废止;另一方面,要加强虚拟经济财税法和竞争法规范的建设,以此促进虚拟经济整体经济法治的实现。

(三)虚拟经济法治前瞻性原则

虚拟经济法治化应具有前瞻性,要能够解决好虚拟经济创新可能带来的问题,不能出现无法可依的局面。当下,需逐步加强虚拟经济法治前瞻性的思考,从而鼓励虚拟经济主体纵深思考、推进虚拟经济产品创新、降低虚拟经济创新风险,实现虚拟经济和实体经济的系统协调及可持续发展。因此,在虚拟经济立法导向选择上,需要思考具有前瞻性的虚拟经济立法是采取规则导向型抑或原则导向型,这是立法中需要重视的问题。两种不同的导向会出现两种不同的立法模式,对虚拟经济前瞻性立法的影响重大。当下关于立法的导向大体有两种,即规则导向型和原则导向型,两种导向特点各异,以规则为导向的立法是指监管者将确定性的规则直接送达给被监管者,即监管者依据特定的规则对金融机构的活动进行指导和监督,金融机构按照特定的规则在经营活动中力求合规,由于立法规定具体、明确,具有较强的可操作性,监管机构与被监管机构之间在规则的内容确定和执行上无须进行双向沟通,监管机构的自由裁量权范围较小,被监管机构主要侧重于机械地遵守规则。在原则导向型立法的实施中,由于原则的可操作性较弱,监管者与被监管者需要就原则的内涵进行双向对话,达成共识,才能实现监管目标。① 因此,虚拟经济法治前瞻性的实现,需要考虑建构一种原则导向型的立法进路,同时加强监管者的监管能力建设,完善监管机构的责任机制,以便实现虚拟经济法治前瞻性和监管机构有效监管的良性配合。

四、虚拟经济有限发展法学理论的实现路径

法学家们在研究如何规范虚拟经济的过程中提出了虚拟经济法的概念,在这之前虚拟经济一直是经济学家关注的对象,近些年以胡光志教授为代表的经济法学家们开始深入研究虚拟经济的法律规范。实际上,无论是应对危机还是解决后危机时代的许多问题,都要坚持安全原则,运用经济法的调控优势,依法调整经济结构,促进科学规划和发展,实现经济的整体效益和效率。② 但是,在以往的虚拟经济法治进路选择过程中,研究者多是从金融领域出发的,这种立法方式有其合理性所在,但其没有顾及整个虚拟经济之经济法治的完整性,经济法治的完整性似乎是一个无须讨论的话题,因为按照传统法律的一般认识,建立完善的虚拟经济法治体系是"法律科学"

---

① 王美舒:《精细化时代下金融法立法进路之抉择——基于二维框架的展开》,《经济法研究》2017 年第 2 期,第 95-108 页。
② 张守文:《当代中国经济法理论的新视域》,中国人民大学出版社,2018,第 201 页。

必备的要件。① 所以,虚拟经济有限发展法学理论需要实现体系化的经济法治,才能发挥长远的功效。

(一)虚拟经济有限发展法学理论的金融法治进路

虚拟经济有限发展法学理论的实现需要发挥金融法的调整功能。当前,我国虚拟经济出现了功能异化,是指脱离原有虚拟经济制度设计的服务功能价值目标倾向,甚至阻碍原有价值目标实现的变化。② 虚拟经济产品突破了法律和制度的底线,在虚假资产评估、评级和信用增级的多层嵌套下涌入市场,扰乱了整体金融秩序。这就需要确立虚拟经济的法治目标,使虚拟经济的发展在合理的区间中。第一,保证虚拟经济发展与实体经济需要、投资者的风险承受能力、风控和监管水平相适应。经济的虚拟化是实体经济发展的必然趋势,而虚拟经济的法制化是法律变迁的历史规律。市场经济是法制经济,虚拟经济是市场经济的最高表现形态,因而虚拟经济应是一种高度法制化的经济。③ 当然,专门对虚拟经济的市场运行和监管体制进行立法。④ 因此,待我国虚拟经济发展进一步成熟,可着手制定《中华人民共和国虚拟经济法》(以下简称《虚拟经济法》)。《虚拟经济法》的制定要综合虚拟经济法律风险防范、虚拟经济与实体经济的协调发展、虚拟经济发展自身的规模控制等一系列内容,需要摆正中央政府在虚拟经济制度供给中的位置,分清中央政府与地方政府制度供给方面的权限;同时要充分重视市场民间组织及个人在虚拟经济制度供给中的作用。⑤ 第二,虚拟经济涉及多个领

---

① 甘强:《体系化的经济法理论发展进路——读〈欧洲与德国经济法〉》,《政法论坛》2018 年第 5 期,第151-161 页。

② 徐孟洲、杨晖:《金融功能异化的金融法矫治》,《法学家》2010 年第 5 期,第 102-113 页。

③ 胡光志:《虚拟经济法的价值初探》,《社会科学》2007 年第 8 期,第 105-113 页。

④ 季奎明:《金融创新的私法环境研究——以金融特殊规范的完善为中心》,复旦大学博士论文,2009,第 160 页。

⑤ 胡光志:《中国虚拟经济制度供给模式之转变》,《西南民族大学学报(人文社科版)》2006 年第 9 期,第 67-74 页。

域,如资产评估、信用评级、信用增级、金融产品销售等,每个领域的法律规范都至关重要,这就需要构建虚拟经济的金融市场自律机制,在法律底线基础上发挥道德自律功能,降低社会监督的成本,构成一个自我清洁的虚拟经济发展环境,鼓励虚拟经济主体秉持合法、有序、自觉的市场规范意识,坚持虚拟经济有限发展的立规意识、守规意识和护规意识三个要素。[①]　第三,完善虚拟经济风险防控制度。政府可推动建立专业化的信息服务平台,为虚拟经济中不同主体提供交易场所、信息汇总与发布、登记备案等综合服务,提供可能影响虚拟经济发展和整体经济安全的第三方评估、融资担保等服务,通过将虚拟经济主体的信用信息纳入共享平台,对于失信机构依法依规禁止或限制其进入虚拟经济领域,从而实现防控虚拟经济风险的目标。

(二)虚拟经济有限发展法学理论的财税法治进路

虚拟经济有限发展的实现需要不断完善财税法治建设。按照诺斯悖论的主张,政府是经济衰退的根源,但没有政府,人民将一事无成,这全面概况了政府在市场经济中的作用。[②]　因此,政府需要在虚拟经济有限发展法学理论的法治实现中发挥重要作用,那么税收无疑是重要手段之一。税收作为调节国民经济再分配和引导资金流向的经济杠杆,影响资本市场效率、资本市场结构以及资本市场创新。[③]　在此基础上,财税法律制度的完善对虚拟经济有限发展的实现具有重要意义。第一,政府可通过财税法律制度防范虚拟经济发展中可能出现的风险和问题,构建虚拟经济发展底线和防线,防止虚拟经济发展失控。正因为财税法能够实现虚拟经济的法定约束,那么在坚持税收法定原则的基础上,应当将虚拟经济及其创新产品都纳入税法约束范围。当然,在程序上需要重视程序正义、信息公开及公众参与,以期在

①　张雄、鲁品越:《中国经济哲学评论》,社会科学文献出版社,2017,第355页。

②　张怡:《衡平税法研究》,中国人民大学出版社,2012,第9页。

③　席晓娟:《私募股权融资税法规制研究》,法律出版社,2018,第2页。

税法约束虚拟经济时,形成一种回应型的和责任型的法律秩序。[1] 第二,虚拟经济有限发展需要财税法治激励。上文指出,虚拟经济有限发展法学理论意在弥补虚拟经济自由发展论与虚拟经济抑制发展论的价值缺憾,即虚拟经济有限发展的实现并不抑制虚拟经济的良性创新,要实现"规模限制、风险防控与创新激励"的多元协同,因此,虚拟经济财税法律制度的建立健全,除了要实现虚拟经济有限发展和风险防控,还需要能够为虚拟经济提供科学、合理、有序的发展环境,积极发现和培育虚拟经济创新产品,将约束虚拟经济规模与促进虚拟经济创新有效结合起来,而要实现此目标,就要充分利用好促进虚拟经济发展的税收政策工具,通过减税等方式,为虚拟经济产业减负,推动虚拟经济向着实体经济和整体经济发展需要的方面发展。虚拟经济征税保持国家税收规模的适度,使之与虚拟经济主体的负税能力相适应,而不侵犯虚拟经济主体的经济自由,进而在国家和虚拟经济主体之间合理分配财富。[2] 其中,税收支出制度为税收优惠管理提供了新的思路和方法,并被大多数国家作为财务分析工具所采用。[3] 实际上对虚拟经济提供财税激励的效果显著,这些激励措施不仅能促进虚拟经济的创新,也能对其他虚拟经济投资者起到激励作用。

(三) 虚拟经济有限发展法学理论的竞争法治进路

虚拟经济有限发展法学理论需要发挥竞争法的秩序维护功能。在市场经济的状态下,竞争起着独特的作用:一是适应的协调功能,即经济主体适应价格信号的变化,调整自身的生产经营活动;二是刺激和创新的功能,即经济实体在"优胜劣汰"的压力下提高经济效益,促进技术进步的作用;三是分配和监督的功能,即经济主体按效率的初次分配是通过竞争实现的,客观

---

[1] 刘剑文:《财税法功能的定位及其当代变迁》,《中国法学》2015 年第 4 期,第 162-180 页。

[2] 汤洁茵:《金融交易课税的理论探索与制度建构》,法律出版社,2014,第 23 页。

[3] 李旭鸿:《税式支出制度的法律分析》,法律出版社,2012,第 19 页。

上也形成了对竞争者的监督作用。[①] 但是,不完备的竞争环境可能阻碍虚拟经济发展,例如垄断资本家经常使用自身的巨大力量,通过社会化风险转移而导致经济金融系统的崩溃。[②] 因此,虚拟经济有限发展需要完善相关竞争法治。就我国而言,可以明显感知的是无论是房地产领域还是其他虚拟经济领域,都明显带有国家垄断的色彩,各级政府垄断土地及房地产建设的审批权,国家自主设定金融业的参与门槛,如果能够有效消除虚拟经济的垄断色彩,实体经济即使出现在因缺乏资本增长的积累,但也不会向虚拟经济一哄而起。[③] 虚拟经济有限发展的竞争法治要逐渐消解这种垄断,有限发展并不是完全限制发展,也不是计划经济下的发展,而是需要通过虚拟经济竞争法治的主导性和一贯性,维护虚拟经济良性发展的市场自由和公平竞争,从而实现虚拟经济的良性发展。[④] 同时,实现虚拟经济竞争法治也是规范虚拟经济主体良性竞争的必然要求,竞争者之间的竞争关系将因能受到法律的约束而得以良性化,从而减少或尽可能地避免虚拟经济主体之间的不完全竞争对虚拟经济发展带来的不利影响,以及对国家、社会及个人都不利的不良后果与社会震荡。时下,需因应虚拟经济竞争法治的理论与实践挑战,从规制重心、规制措施、规制程序等多方面加以完善,从而推动我国虚拟经济有限发展法学理论的竞争法治实现。虚拟经济有限发展的竞争法治实现需要政府发挥重要作用,但是从经济法的原理来看,除了市场失灵,还可能出现政府失灵或规制失灵,故应理性看待虚拟经济竞争法治中政府的作用,不能走向"政府万能主义",不能将政府规制视为解决社会问题的"万能钥匙",因此有必要从政府规制走向协同监督,探求建构多中心、多主体、多层

---

① 吴宏伟:《论竞争法的政策功能》,《中国人民大学学报》2001 年第 2 期,第 84-89 页。

② 巴里·林恩:《新垄断资本主义》,徐剑译,东方出版社,2013,第 6 页。

③ 王文剑、东方 IC:《脱虚向实需消除虚拟经济的垄断色彩》,《企业观察家》2017 年第 2 期,第 54-56 页。

④ 冯果:《经济法·制度·学说·案例》,武汉大学出版社,2012,第 215 页。

次的虚拟经济竞争法治体系,以此来保障虚拟经济的有序实施。① 总而言之,虚拟经济有限发展法学理论的竞争法治需要进一步完善虚拟经济竞争法律制度,确定虚拟经济在竞争法治中政府和市场的作用边界。

(四)虚拟经济有限发展法学理论的国际经济法治进路

迄今为止,虚拟经济的发展仍未完全成熟,然而,虚拟经济创新模式正在越来越多的发达国家试点,如英国在互联网金融、金融科技等领域就走在世界前列,包括美国、澳大利亚、加拿大和中国香港地区在内的一些国家和地区也都制定了具有重要意义的法律,以及创新的金融监管措施。全球经济一体化进程中虚拟经济不可能仅限于一国或一个地区之内,但当下各国所缺少的,正是尚无统一的国际组织对国际化的虚拟经济活动进行监管或者进行统一的虚拟经济国际前瞻性立法,目前有关组织也仅对虚拟经济的具体业务进行研究,这还不能满足虚拟经济国际化进程中各国和各地区之间对虚拟经济发展的制度需求。随着虚拟经济的全球化、信息化特征的进一步加深,推进全球虚拟经济立法对国家、虚拟经济主体及投资者而言均具有重要意义,国际化的虚拟经济企业面对不同国家的不同法律要求,无疑会面临巨大的合规成本,而标准化、协调一致的立法无疑会对此有所助益。② 例如2017年,金融稳定委员会、国际货币基金组织以及巴塞尔银行监管委员会等主要国际金融组织就全球金融科技创新出台的一系列报告,不仅使金融科技这一概念的内涵日渐明晰,而且为系统回顾和研究全球金融科技创新提供了必要的知识基础和分析框架。③ 回归到虚拟经济整体而言,虚拟经济是由我国经济学界提出而为经济学家广泛讨论的一个概念。④ 作为世

---

① 宋华琳:《论政府规制中的合作治理》,《政治与法律》2016年第8期,第14-23页。

② 杨松、张永亮:《金融科技监管的路径转换与中国选择》,《法学》2017年第8期,第3-14页。

③ 王达:《论全球金融科技创新的竞争格局与中国创新战略》,《国际金融研究》2018年第12期,第10页。

④ 胡光志:《虚拟经济法的价值初探》,《社会科学》2007年第8期,第105-113页。

界上虚拟经济研究的先行者,我国应依托"一带一路"等重大决策,以积极的、前瞻性的态度推动虚拟经济的国际立法。虚拟经济作为"一带一路"倡议实施过程中资金融通的重要桥梁,支撑着各国经济的持续发展,而虚拟经济外交作为整体外交的重要一环,保障着开放战略的不断深化和有效执行。① 当前,我国的虚拟经济研究逐渐深入,部分领域已经成为全球虚拟经济的领导者,那么积极主动推动虚拟经济立法的国际合作是我国虚拟经济纵深发展的重要手段,也将是我国深入参与国际金融体制变革的重要工具。需要指出的是,虚拟经济国际立法并不需要建构较强约束力的制度性安排,而是主动因应虚拟经济的发展需求,对迫切需要解决的问题制定相应的软法规范,这也与虚拟经济有限发展法学理论法治前瞻性的原则导向相耦合。

---

① 李杨、程斌琪:《"一带一路"倡议下的金融科技合作体系构建与金融外交升级》,《清华大学学报(哲学社会科学版)》2018 年第 5 期,第 113-125 页。

结　语

　　虚拟经济理论的提出为审视经济危机发生、扩散与治理提供了独特的视角。近现代资本主义重大经济危机的发生均伴随虚拟经济的过度发展与虚拟经济立法的匹配失位。在金融与法律的交叉视阈下,金融危机逐渐成为经济危机中的主旋律,而以金融行业为代表的虚拟经济的过度发展为国家与区域经济社会的可持续发展埋下隐患。在经济危机的应对中,各国普遍针对前期的虚拟经济立法之"过"进行有针对性的干预调整与规制转型,区域经济秩序的稳定与安全仍应得益于虚拟经济立法之"功"。

　　历次资本主义经济危机的发生表明应当在有限、可控与适度的范围内发展虚拟经济,重视虚拟经济对实体经济的支持作用。20世纪30年代,资本主义"大萧条"酝酿于战后发展的"黄金十年",在经济形势整体向好的前提下,美国政府秉承经济自由主义的规制信条,尽可能减少市场干预,而金融市场调控工具的失效也使得危机发生后政府已不具备短时间内遏制风险的能力。危机爆发后,在凯恩斯主义的浸染下,政府职能与法律调控逐渐归位,金融与经济社会的风险防控体系日趋完善,以中央银行为代表的金融规制体系的健全也成为"大萧条"风险治理的有益尝试。20世纪90年代,亚洲金融危机同样酝酿于东南亚乃至整个亚洲的经济短期繁荣幻象中。东南亚国家因过度追求经济腾飞而忽视制度体系建设,部分国家更是放弃实体本位,追逐虚拟经济的短期效应。区域性金融风险防范的缺位与国内政府调控能力的先天不足导致东南亚国家并不具备应对与处理经济危机的能力,区域性风险的蔓延最终影响经济社会的可持续发展。危机后,国内虚拟经济立法的完善与区域间金融风险防范合作的加强为全球金融市场的发展输出更有利的安全理念。21 世纪初,次贷危机的发生更表现出经济自由主义思潮下虚拟经济过度膨胀引发社会危机的典型案例。金融监管失位与政府规制失灵助长超前消费理念下虚拟经济体量的过度膨胀,当虚拟经济的发展与实体经济规模不相匹配,经济发展的"脱实向虚"成为一种难以摆脱的路径依赖。在次贷危机的反思中,金融监管的法治化命题被提升到前所未有的高度,宏观审慎监管的完善、金融消费者保护、普惠金融与金融机构社会责任的提出均表现在具体的经济立法变迁中。虚拟经济立法的完善逐渐成为资本主义经济危机反思的重要维度。而后,欧洲主权债务危机作为次贷危机的余波在欧洲大陆迅速蔓延。欧债危机反映出部分欧陆国家因自身经济产业结构僵化,在盲目追逐虚拟经济利益下加剧经济结构发展失衡,加之自身经济调控政策失灵未能及时应对危机的发生。欧债危机的衍生路径与亚洲金融危机存在耦合之处,但是受益于欧洲一体化进程,在虚拟经济立法的完善之下,欧盟开始重视区域风险防范合作的强化,提升央行的货币政策调控工具,通过定向救助计划的实施、金融财政政策的改良以及整体欧洲稳定机制的完善,逐步消弭危机的区域性影响。

虽然我国得以稳定导向的金融管制体系并未受亚洲金融风暴与全球次贷危机的实质性影响,但是金融风险的系统性生成仍应使我们警示虚拟经济过度发展引发的经济社会不适应,并且 21 世纪以来的股市异常波动、房地产价格调控、互联网金融监管、地方债务监管等事件频发也表现出我国虚拟经济风险防范的严峻形势。在吸取资本主义经济危机教训的基础上,未来我国经济社会的发展应当尤其重视虚拟经济与实体经济的二元平衡,在虚拟经济"有限发展法学理论"的语境下,完善我国虚拟经济立法体系,针对银行、证券、保险等关键金融风险生产环节,改良规制方式,健全规制工具,确保虚拟经济对实体经济发展的支撑作用。

参考文献

一、中文类参考文献

（一）著作类

[1]马克思·韦伯:《经济与社会》(上卷),林荣远译,商务印书馆,2006。

[2]让·巴蒂斯特·萨伊:《供给的逻辑》,黄文钰、沈潇笑译,浙江人民出版社,2017。

[3]沈联涛:《十年轮回:从亚洲到全球的金融危机》,杨宇光、刘敬国译,上海远东出版社,2016。

[4]阿道夫·A.伯利、加德纳·C.米恩斯:《现代公司与私有财产》,甘华鸣等译,商务印书馆,2007。

[5]巴里·林恩:《新垄断资本主义》,徐剑译,东方出版社,2013。

[6]鲍莫尔:《福利经济及国家理论》,郭家麒、郑孝齐译,商务印书馆,2013。

[7]本·伯南克:《金融的本质:伯南克四讲美联储》,巴曙松、陈剑译,中信出版社,2014。

[8]弗兰克·J.法博齐、弗兰科·莫迪利亚尼、弗兰克·J.琼斯:《金融市场与金融机构基础》,孔爱国等译,机械工业出版社,2014。

[9]弗雷德里克·S.米什金:《货币金融学》,郑艳文、荆国勇译,中国人民大学出版社,2011。

[10]格里高利·曼昆:《经济学原理》,梁小民等译,北京大学出版社,2012。

[11]加里·M.沃尔顿、休·罗考夫:《美国经济史(第十版)》,王珏等译,中国人民大学出版社,2011。

[12]李特尔:《福利经济学评述》,陈彪如译,商务印书馆,2014。

[13]罗伯特·希勒:《金融与好的社会》,束宇译,中信出版社,2012。

[14]罗伯特·希勒:《新金融秩序》,束宇译,中信出版社,2014。

[15]罗纳德·哈里·科斯:《企业、市场与法律》,盛洪、陈郁译,上海人民出版社,2009。

[16]罗伊·勒罗伊·米勒、丹尼尔·K.本杰明、道格拉斯·C.诺思:《公共问题经济学(第十七版)》,冯文成译,中国人民大学出版社,2014。

[17]米尔顿·弗里德曼、安娜·J.施瓦茨:《美国货币史(1867—1960)》,巴曙松、王劲松译,北京大学出版社,2009。

[18]尼古拉斯·韦普肖特:《凯恩斯大战哈耶克》,闾佳译,机械工业出版社,2013。

[19]乔纳森·休斯、路易斯·P.凯恩:《美国经济史(第七版)》,邸晓燕、邢露译,北京大学出版社,2011。

[20]史蒂夫·瓦戈:《法律与社会》(第9版),梁坤、邢朝国译,中国人民大学出版社,2011。

[21]斯蒂芬·L.帕伦特、爱德华·C.普雷斯科特:《通向富有的屏障》,苏军译,中国人民大学出版社,2010。

[22]斯蒂格利茨:《政府为什么干预经济:政府在市场经济中的角色》,赫特杰主编、郑秉文译,中国物资出版社,1998。

[23]斯坦利·布德尔:《变化中的资本主义——美国商业发展史》,郭

军译,中信出版社,2013。

[24]约翰·R.康芒斯:《资本主义的法律基础》,戴昕等译,华夏出版社,2009。

[25]约翰·肯尼斯·加尔布雷斯:《美国资本主义抗衡力量的概念》,王肖竹译,华夏出版社,2008。

[26]约瑟夫·E.斯蒂格利茨:《不平等的代价》,张子源译,机械工业出版社,2014。

[27]拉斯·特维德:《金融心理学》,周为群译,中信出版社,2013。

[28]卡尔·波兰尼:《大转型:我们时代的政治与经济转型》,冯钢、刘阳译,浙江人民出版社,2007。

[29]陈志武:《金融的逻辑》,五洲传播出版社,2011。

[30]成思危、李平、刘骏民:《虚拟经济概览》,科学出版社,2016。

[31]杜云:《虚拟经济学》,厦门大学出版社,2015。

[32]费孝通:《乡土中国》,人民出版社,2008。

[33]冯果主编:《经济法—制度·学说·案例》,武汉大学出版社,2012。

[34]高鑫:《虚拟经济视角下的金融危机研究》,人民出版社,2015。

[35]胡光志等:《中国预防与遏制金融危机对策研究——以虚拟经济安全法律制度建设为视角》,重庆大学出版社,2012。

[36]雷吉·德·范尼克斯、罗杰·佩弗雷里:《重塑金融服务业——消费者对未来银行和保险业的期待》,中国工商银行城市金融研究所译,中国金融出版社,2014。

[37]李旭鸿:《税式支出制度的法律分析》,法律出版社,2012。

[38]苏力:《送法下乡:中国基层司法制度研究》,中国政法大学出版社,2000。

[39]汤洁茵:《金融交易课税的理论探索与制度建构》,法律出版社,2014。

［40］王广宇:《新实体经济》,中信出版社,2018。

［41］王小萌:《互联网金融的法律透视及法律风险防范实务研究》,中国纺织出版社,2018。

［42］王彦亮:《广义虚拟经济的生活价值论》,人民出版社,2017。

［43］吴德礼、曹国华、李慧彬:《虚拟资本与实体经济》,中国财政经济出版社,2014。

［44］席晓娟:《私募股权融资税法规制研究》,法律出版社,2018。

［45］晓林、秀生主编:《广义虚拟经济论文集》,航空工程出版社,2008。

［46］张守文:《当代中国经济法理论的新视域》,中国人民大学出版社,2018。

［47］张维迎:《市场的逻辑》,上海人民出版社,2012。

［48］张为杰:《分权治理、地方政府偏好与公共政策执行机制研究》,中国社会科学出版社,2016。

［49］张五常:《经济解释:张五常经济论文选》,商务印书馆,2000。

［50］张雄、鲁品越:《中国经济哲学评论》,社会科学文献出版社,2017。

［51］张学森:《金融创新发展的法治保障研究》,复旦大学出版社,2018。

［52］张怡:《衡平税法研究》,中国人民大学出版社,2012。

［53］张宇润:《货币的法本质》,中国检察出版社,2010。

［54］赵秀玲主编:《中国基层治理发展报告(2016)》,广东人民出版社,2016。

［55］周庆智:《在政府和社会之间:基层治理诸问题研究》,中国社会科学出版社,2015。

(二)论文类

［56］白钦先、禹钟华:《对虚拟经济内涵的再探讨》,《西南金融》2007年第11期,第6-10页。

［57］坂本正:《国家市场经济与金融危机》,《金融论坛》2010 年第 7 期,第 5-7 页。

［58］保建云:《大萧条时期贸易保护主义的历史教训》,《人民论坛》2018 年第 13 期,第 119-121 页。

［59］曾康霖:《再论经济与金融的关系及其制度安排》,《征信》2019 年第 7 期,第 1-5 页。

［60］曾威:《互联网金融科技信息披露制度的构建》,《法商研究》2019 年第 5 期,第 79-90 页。

［61］柴瑞娟:《监管沙箱的域外经验及其启示》,《法学》2017 年第 8 期,第 27-40 页。

［62］常清:《我国股价波动特点与政府宏观调控》,《价格理论与实践》2016 年第 5 期,第 21-22 页。

［63］陈醇:《金融系统性风险的合同之源》,《法律科学》2015 年第 6 期,第 144-151 页。

［64］陈国绪:《我国地方政府信用评级制度创新研究》,《财经问题研究》2014 年第 8 期,第 107-112 页。

［65］陈华:《股灾一周年:教训反思与政策建议》,《中国发展观察》2016 年第 13 期,第 25-26 页。

［66］陈健、龚晓莺:《新时代实体经济与虚拟经济协调发展研究》,《经济问题探索》2018 年第 3 期,第 178-184 页。

［67］陈洁:《投资者到金融消费者的角色嬗变》,《法学研究》2011 年第 5 期,第 84-95 页。

［68］陈九霖:《评〈多德-弗兰克华尔街改革与消费者保护法〉下的场外能源衍生品监管改革》,《环球法律评论》2011 年第 6 期,第 100-109 页。

［69］陈俊:《依法立法的理念与制度设计》,《政治与法律》2018 年第 12 期,第 86-98 页。

[70]陈凌岚、陈永志:《美国金融危机的成因及启示——基于虚拟经济与实体经济匹配的视角》,《学海》2010 年第 6 期,第 69-72 页。

[71]陈凌岚、王学鸿:《虚拟经济视野下美国金融危机的成因及启示》,《生产力研究》2011 年第 2 期,第 136-138 页。

[72]陈平:《大萧条时期的美国宪法变革——评〈至高权力:富兰克林·罗斯福与最高法院的较量〉》,《美国研究》2017 年第 3 期,第 136-146 页。

[73]陈硕颖:《透视希腊债务危机背后的资本主义体系危机》,《马克思主义研究》2010 年第 6 期,第 48-54 页。

[74]陈卫东:《2017 年国际金融十大新闻之二"一带一路"高峰论坛成功举办,谱写国际合作新篇章》,《国际金融研究》2018 年第 1 期,第 7 页。

[75]陈颖健:《私募基金合格投资者制度研究》,《证券市场导报》2018 年第 10 期,第 62-69 页。

[76]成经纬:《英国金融监管改革态势》,《金融管理与研究》2010 年第 2 期,第 31-33 页。

[77]成思危:《全球金融危机与中国的对策》,《马克思主义与现实》2009 年第 5 期,第 1-16 页。

[78]程宇航:《东南亚金融危机对中国经济发展的影响》,《企业经济》1998 年第 12 期,第 10-11 页。

[79]丛素音:《关于美国次级债危机对我国房地产金融的教训初探》,《求实》2008 年第 S2 期,第 65-66 页。

[80]崔鹏、易宪容:《2015 年中国股市异常波动的原因及未来发展对策》,《理论学刊》2016 年第 3 期,第 81-86 页。

[81]崔祥龙:《起源、演变及实现:虚拟经济研究》,西南财经大学博士学位论文,2014 年。

[82]崔岩:《金融危机的经济影响——日本两次景气衰退的比较分

析》,《日本研究》2009 年第 1 期,第 26-31 页。

[83]崔卓兰、张继红:《从压制型到回应型:行政法治理模式的转换——群体性事件的行政法反思》,《社会科学辑刊》2014 年第 6 期,第 58-63 页。

[84]大卫·科茨:《新自由主义时代的终结?——美国资本主义的危机与重构》,陈晓芳、车艳秋译,《国外理论动态》2019 年第 1 期,第 45-55 页。

[85]戴国强、陈晨:《金融消费者保护与金融危机——基于全球 142 个经济体的实证研究》,《财经研究》2015 年第 3 期,第 100-110 页。

[86]戴国强、肖立伟:《欧盟房地产金融宏观审慎管理框架、经验与启示》,《上海金融》2019 年第 10 期,第 41-47 页。

[87]戴金辉:《虚拟经济及其风险预警系统的建立》,《现代商贸工业》2007 年第 3 期,第 12-13 页。

[88]戴雨薇:《"枫桥经验"与中国特色法治模式关系探讨》,《公安学刊(浙江警察学院学报)》2013 年第 3 期,第 82-88 页。

[89]单超:《资本主义的虚拟经济与经济危机》,《黑龙江社会科学》2015 年第 4 期,第 62-66 页。

[90]丁纯、陈飞:《主权债务危机中欧洲社会保障制度的表现、成因与改革——聚焦北欧、莱茵、盎格鲁-撒克逊和地中海模式》,《欧洲研究》2012 年第 6 期,第 10-19 页。

[91]丁一凡、赵柯:《主权债务,融资能力与国家兴衰——应对全球债务格局之变》,《欧洲研究》2014 年第 1 期,第 38-52 页。

[92]董传升、张立:《新时代泛在体育治理的逻辑与策略》,《北京体育大学学报》2019 年第 6 期,第 1-11 页。

[93]杜方利:《东亚发展模式与东亚金融危机》,《世界经济》1999 年第 2 期,第 51-57 页。

[94]杜倩倩、罗叶:《地方政府债务管理及危机处置的国际经验借鉴》,《西南金融》2020 年第 1 期,第 3-11 页。

[95]杜晓蓉:《1997 年和 2008 年金融危机对东亚的传染性比较研究》,《经济经纬》2009 年第 3 期,第 34-38 页。

[96]樊浩:《缺乏信用,信任是否可能》,《中国社会科学》2018 年第 3 期,第 51-59 页。

[97]冯果、袁康:《走向金融深化与金融包容:全面深化改革背景下金融法的使命自觉与制度回应》,《法学评论》2014 年第 2 期,第 69-81 页。

[98]傅钧文:《日本金融宏观审慎监管体制建设及其启示》,《世界经济研究》2013 年第 12 期,第 9-13 页。

[99]甘强:《体系化的经济法理论发展进路——读〈欧洲与德国经济法〉》,《政法论坛》2018 年第 5 期,第 151-161 页。

[100]高田甜、陈晨:《英国金融监管改革研究——基于金融消费者保护视角》,《证券市场导报》2013 年第 9 期,第 62-66 页。

[101]高宇:《后危机时代主要国家金融监管改革分析与述评》,《国际经济合作》2012 年第 7 期,第 86-93 页。

[102]辜胜阻、庄芹芹、曹誉波:《构建服务实体经济多层次资本市场的路径选择》,《管理世界》2016 年第 4 期,第 1-9 页。

[103]顾华详:《论金融危机的深层次原因及应对法律措施的完善》,《重庆大学学报(社会科学版)》2009 年第 4 期,第 101-114 页。

[104]关权、王汉儒:《战后美国经济周期演化的经济学分析——对次贷危机的另一种解释》,《世界近代史研究》2009 年第六辑。

[105]管汉晖:《20 世纪 30 年代大萧条中的中国宏观经济》,《经济研究》2007 年第 2 期,第 16-26 页。

[106]管弋铭、伍旭川:《数字货币发展:典型特征、演化路径与监管导向》,《金融经济学研究》2020 年第 3 期,第 130-145 页。

[107]郭金良:《我国《证券法》域外适用规则的解释论》,《现代法学》2021 年第 5 期,第 174-186 页。

［108］郭兰:《金融自由、金融安全和金融秩序》,《生产力研究》1999 年第 6 期,第 83-85 页。

［109］郭雳:《智能投顾开展的制度去障与法律助推》,《政法论坛》2019 年第 3 期,第 184-191 页。

［110］郭连强、刘力臻、祝国平:《我国房地产金融创新面临的突出问题与对策》,《经济纵横》2015 年第 3 期,第 103-108 页。

［111］郭连强、刘力臻:《我国房地产金融创新的有关问题研究》,《求是学刊》2015 年第 3 期,第 63-70 页。

［112］郭玲:《我国经济转型深化中证券业自律管理的治理逻辑——以股灾规制为视角》,《财经问题研究》2020 年第 11 期,第 72-80 页。

［113］郭迎锋、沈尤佳:《本轮危机前后德国国有化研究概况及实践评析》,《管理学刊》2014 年第 5 期,第 36-48 页。

［114］郭玉清、薛琪琪:《新时代地方债务风险监管的战略路径选择》,《天津社会科学》2019 年第 3 期,第 91-99 页。

［115］韩秀云、王辉、吴栋:《东南亚金融危机与香港》,《清华大学学报(哲学社会科学版)》1997 年第 4 期,第 48-53 页。

［116］韩洋:《危机以来国际金融监管制度的法律问题研究》,华东政法大学博士学位论文,2014 年。

［117］何秉孟:《重识"第三条道路"——金融危机后美欧的政治思潮与经济选择》,《国外社会科学》2014 年第 6 期,第 4-10 页。

［118］何一平:《论资本市场中的政府职能:目标、定位与边界》,《人民论坛·学术前沿》2018 年第 4 期,第 22-29 页。

［119］何哲:《国家数字治理的宏观架构》,《电子政务》2019 年第 1 期,第 32-38 页。

［120］贺力平:《希腊债务危机的国际影响与借鉴》,《经济学动态》2010 年第 7 期,第 109-113 页。

［121］洪银兴:《虚拟经济及其引发金融危机的政治经济学分析》,《经济学家》2009 年第 11 期,第 5-12 页。

［122］胡滨、尹振涛:《英国的金融监管改革》,《中国金融》2009 年第 17 期,第 23-25 页。

［123］胡光志、雷云:《法律制度供给与地方虚拟经济立法问题》,《重庆社会科学》2008 年第 9 期,第 55-60 页。

［124］胡光志、屈淑娟:《经济法在依法治国中的时代使命》,《江西财经大学学报》2015 年第 1 期,第 113-120 页。

［125］胡光志、杨署东:《完善地方立法促进重庆虚拟经济发展的思考》,《中国西部科技》2008 年第 31 期,第 60-63 页。

［126］胡光志、张美玲:《我国期货市场操纵立法之完善——基于英美的经验》,《法学》2016 年第 1 期,第 76-87 页。

［127］胡光志、周强:《论我国互联网金融创新中的消费者权益保护》,《法学评论》2014 年第 6 期,第 135-143 页。

［128］胡光志:《虚拟经济法的价值初探》,《社会科学》2007 年第 8 期,第 105-113 页。

［129］胡光志:《中国虚拟经济制度供给模式之转变》,《西南民族大学学报(人文社科版)》2006 年第 9 期,第 67-74 页。

［130］胡金星:《存量房为主的时代要严控房地产金融风险》,《探索与争鸣》2017 年第 12 期,第 42-44 页。

［131］胡文涛:《普惠金融发展研究:以金融消费者保护为视角》,《经济社会体制比较》2015 年第 1 期,第 91-101 页。

［132］黄严、张培培:《临"危"不惧:瑞典如何保持长期良好的财政可持续性》,《武汉大学学报(哲学社会科学版)》2016 年第 3 期,第 38-47 页。

［133］季奎明:《金融创新的私法环境研究——以金融特殊规范的完善为中心》,复旦大学博士学位论文,2009 年。

［134］贾德奎、李瑞海:《政策风险指数与中国股市波动》,《金融论坛》2018 年第 5 期,第 66-80 页。

［135］焦小平:《东南亚金融危机给我们的启示》,《财政研究》1999 年第 1 期,第 26-30 页。

［136］解正山:《金融稳定与存款人保护:英国银行破产法改革及其借鉴意义》,《金融论坛》2011 年第 11 期,第 73-79 页。

［137］金碚、原磊:《德国金融危机救援行动的评析及对中国的启示》,《中国工业经济》2009 年第 7 期,第 26-33 页。

［138］金明善、张东明:《韩国金融危机探讨》,《当代亚太》2001 年第 1 期,第 31-37 页。

［139］金仁淑:《经济全球化背景下的日本金融监管体制改革》,《广东金融学院学报》2010 年第 5 期,第 72-79 页。

［140］金卫星:《1929—1933 年大萧条与伦敦世界经济会议》,《史学集刊》2003 年第 4 期,第 69-76 页。

［141］金中夏、曹莉:《韩国、马来西亚应对金融危机的不同选择》,《国际经济评论》1999 年(S5)第 75 期,第 14-17 页。

［142］靳文辉、苟学珍:《构建双循环新发展格局的经济法回应》,《重庆大学学报(社会科学版)》2021 年第 1 期,第 27-38 页。

［143］康文:《金融危机对日本经济的影响及其政策的两难困境》,《特区经济》2009 年第 9 期,第 71-72 页。

［144］柯达:《数字货币监管路径的反思与重构——从"货币的法律"到"作为法律的货币"》,《商业研究》2019 年第 7 期,第 133-142 页。

［145］克里斯·哈曼:《20 世纪 30 年代的大萧条与当前的金融危机(上)》,曹浩瀚译,《国外理论动态》2009 年第 6 期,第 7-15 页。

［146］课题组:《各国(地区)应对股灾救市行动评述》,《证券市场导报》2016 年第 1 期,第 17-23 页。

［147］寇明婷、杨海珍、杨晓光：《金融危机的政府救助与国际协调》，《管理评论》2019 年第 10 期，第 10-22 页。

［148］赖讷·克伦普、拉尔斯·欧·皮尔茨、王程乐：《德国应对世界经济危机的措施》，《德国研究》2009 年第 2 期，第 25-33 页。

［149］黎四奇：《后危机时代"太大而不能倒"金融机构监管法律问题研究》，《中国法学》2012 年第 5 期，第 87-102 页。

［150］李成、刘生福：《外部冲击对我国经济的影响加剧了吗——基于亚洲金融危机和次贷危机后经济波动的比较》，《经济学家》2013 年第 1 期，第 30-37 页。

［151］李稻葵、张双长：《欧洲债务危机：预判与对策》，《经济学动态》2010 年第 7 期，第 4-12 页。

［152］李多全：《虚拟经济基本问题研究》，中共中央党校博士学位论文，2003 年。

［153］李峰：《亚洲金融危机以来泰国的金融部门改革》，《东南亚研究》2009 年第 3 期，第 11-16 页。

［154］李凤雨、翁敏：《英国金融监管体制改革立法及对我国的借鉴》，《西南金融》2014 年第 11 期，第 51-54 页。

［155］李晗：《回应社会，法律变革的飞跃：从压制迈向回应——评〈转变中的法律与社会：迈向回应型法〉》，《政法论坛》2018 年第 2 期，第 185-191 页。

［156］李俊、王立：《美国次贷危机对中国出口的影响及应对策略》，《国际贸易》2008 年第 8 期，第 46-49 页。

［157］李凌：《论双层监管体制下微型金融监管制度创新》，《中南财经政法大学学报》2014 年第 3 期，第 93-98 页。

［158］李仁真、杨心怡：《欧洲稳定机制的法律透视》，《欧洲研究》2013 年第 4 期，第 124-137 页。

［159］李世安：《大萧条时期的美国金融改革及其影响》，《世界历史》2016年第3期，第99-112页。

［160］李文华、张宏杰：《美国〈复苏与再投资法案〉浅析》，《物流技术》2010年第23期，第63-65页。

［161］李杨、程斌琪：《"一带一路"倡议下的金融科技合作体系构建与金融外交升级》，《清华大学学报(哲学社会科学版)》2018年第5期，第113-125页。

［162］李永刚：《欧洲债务危机对中国经济的影响及应对策略》，《山东社会科学》2012年第6期，第78-82页。

［163］李永宁、黄明皓、王晓峰：《从大萧条到大衰退看中央银行职能的转变》，《西安交通大学学报(社会科学版)》2014年第2期，第16-21页。

［164］李永宁、黄明皓、郭玉清：《经济危机与货币政策共识的形成和修正：从大萧条到大缓和再到大衰退》，《经济社会体制比较》2013年第3期，第26-38页。

［165］李有星、金幼芳：《互联网金融规范发展中的重点问题探讨》，《法律适用》2017年第5期，第31-38页。

［166］李昀：《也谈虚拟经济》，《边疆经济与文化》2007年第1期，第38-39页。

［167］李振、向辉、赵奇锋：《地方政府隐性债务与银行流动性创造》，《中央财经大学学报》2021年第10期，第30-42页。

［168］李志生、金凌、张知宸：《危机时期政府直接干预与尾部系统风险——来自2015年股灾期间"国家队"持股的证据》，《经济研究》2019年第4期，第67-83页。

［169］梁立俊、黄慰宏：《扭曲、矫正与金融危机防范——美国次贷危机10周年的反思及启示》，《理论视野》2018年第9期，第27-31页。

［170］梁木生：《论"数字政府"运行的法律调控》，《中国行政管理》2002

年第 4 期,第 31-32 页。

[171]梁荣:《对当前我国房地产金融政策与法规的思考》,《财经科学》2004 年第 6 期,第 53-57 页。

[172]梁鑫鑫、危平:《中国股票市场"绿化"投资组合的策略选择研究》,《上海财经大学学报》2019 年第 3 期,第 49-62 页。

[173]林毅夫、孙希芳、姜烨:《经济发展中的最优金融结构理论初探》,《经济研究》2009 年第 8 期,第 4-17 页。

[174]刘承礼、徐红日:《论虚拟经济的风险规避》,《中央财经大学学报》2004 年第 1 期,第 53-57 页。

[175]刘国胜:《我国资本市场结构下"转板"机制的探寻——以二十年资本市场立法为路径》,《改革与战略》2011 年第 9 期,第 36-40 页。

[176]刘海北:《中美房地产金融风险比较及我国的应对策略》,《上海金融》2009 年第 2 期,第 66-68 页。

[177]刘洪钟、杨功研:《超越紧缩——探索欧洲主权债务危机的终结之道》,《世界经济研究》2012 年第 4 期,第 16-21 页。

[178]刘华春、七春花、刘娟:《浅析美国次贷危机及其对中国经济的影响》,《思想战线》2009 年第 S2 期,第 102-105 页。

[179]刘继峰、曹阳:《我国地方政府债务法律监管研究》,《法学杂志》2017 年第 8 期,第 76-85 页。

[180]刘剑文:《财税法功能的定位及其当代变迁》,《中国法学》2015 年第 4 期,第 162-180 页。

[181]刘俊海:《打造投资者友好型证券法推动资本市场治理现代化》,《法学论坛》2015 年第 4 期,第 5-20 页。

[182]刘骏民、宛敏华:《依赖虚拟经济还是实体经济——中美核心经济与核心需求的比较》,《开放导报》2009 年第 1 期,第 15-20 页。

[183]刘骏民:《虚拟经济的经济学》,《开放导报》2008 年第 6 期,第 5-

11 页。

[184]刘宁宁、翟婵:《富兰克林·罗斯福应对经济社会危机的改革与实践》,《管理学刊》2015 年第 3 期,第 70-74 页。

[185]刘盛:《监管沙盒的法理逻辑与制度展开》,《现代法学》2021 年第 1 期,第 115-127 页。

[186]刘晓欣、贾庆、程英远:《虚拟经济的良性循环——中国与世界——第八届全国虚拟经济研讨会观点综述》,《经济学动态》2015 年第 1 期,第 156-157 页。

[187]刘晓欣、熊丽:《从虚拟经济视角看 GDP 创造的逻辑、路径及隐患》,《经济学家》2021 年第 9 期,第 31-40 页。

[188]刘晓欣、张艺鹏:《中国经济"脱实向虚"倾向的理论与实证研究——基于虚拟经济与实体经济产业关联的视角》,《上海经济研究》2019 年第 2 期,第 33-45 页。

[189]刘晓欣:《虚拟经济研究八个前沿问题(续)》,《开放导报》2009 年第 1 期,第 30-35 页。

[190]刘元春、蔡彤娟:《论欧元区主权债务危机的根源与救助机制》,《经济学动态》2010 年第 6 期,第 4-8 页。

[191]刘志彪:《"股灾"反思和虚实经济协调发展的思考》,《东南学术》2015 年第 6 期,第 4-11 页。

[192]刘庄:《影子银行的第三类风险》,《中外法学》2018 年第 1 期,第 194-207 页。

[193]鲁国强:《论自由市场与政府干预》,《当代经济管理》2012 年第 1 期,第 1-6 页。

[194]陆甦颖:《胡佛与美国 1929—1933 年大萧条——重评胡佛的反萧条措施》,《华东师范大学学报(哲学社会科学版)》2002 年第 1 期,第 106 页。

［195］罗纳德·哈里·科斯：《企业的性质（1937）》，载《企业的性质：起源、演变和发展》，商务印书馆，2007。

［196］罗培新：《美国金融监管的法律与政策困局之反思——兼及对我国金融监管之启示》，《中国法学》2009 年第 3 期，第 91-105 页。

［197］罗培新：《政治、法律与现实之逻辑断裂——美国金融风暴之反思》，《华东政法大学学报》2009 年第 2 期，第 113-121 页。

［198］马宇、程道金：《主权债务危机影响因素的实证研究及启示——对新兴经济体与发达经济体的比较》，《经济学家》2014 年第 8 期，第 73-82 页。

［199］南希·博索尔、弗拉西斯·福山、陈雄兵：《后华盛顿共识：次贷危机之后的发展》，《经济社会体制比较》2011 年第 4 期，第 64-68 页。

［200］潘妍妍：《对虚拟经济与实体经济关系的重新认识》，《经济师》2008 年第 1 期，第 72-74 页。

［201］庞奕奇：《从欧债危机看德国经济增长和发展方向——基于德国经济增长模式和欧洲政策行动逻辑的分析》，《中国市场》2017 年第 26 期，第 19-21 页。

［202］裴洪辉：《合规律性与合目的性：科学立法原则的法理基础》，《政治与法律》2018 年第 10 期，第 57-70 页。

［203］彭兴韵、江松霖：《亚洲金融危机国家十年来的金融发展》，《世界经济与政治》2007 年第 11 期，第 72-80 页。

［204］彭岳：《互联网金融监管理论争议的方法论考察》，《中外法学》2016 年第 6 期，第 1618-1633 页。

［205］乔海燕：《虚拟经济风险的成因及其治理措施》，《技术与市场》2006 年第 4 期，第 48-50 页。

［206］清华大学国家金融研究院课题组、吴晓灵、李剑阁、王忠民：《完善制度设计　提升市场信心　建设长期健康稳定发展的资本市场》，《清华金融评论》2015 年第 12 期，第 14-23 页。

［207］瞿旭、王隆隆、苏斌：《欧元区主权债务危机根源研究：综述与启示》，《经济学动态》2012 年第 2 期，第 87-93 页。

［208］茹璧婷：《美国次贷危机对中国经济的影响及对策》，《理论前沿》2008 年第 18 期，第 38 页。

［209］邵玉：《防范房地产金融风险的对策建议》，《经济研究参考》2012 年第 42 期，第 23-24 页。

［210］沈红芳：《亚洲金融危机：东亚模式转变的催化剂——对泰国与菲律宾的案例研究》，《世界经济》2001 年第 10 期，第 47-53 页。

［211］史世伟：《德国应对国际金融危机政策评析——特点、成效与退出战略》，《经济社会体制比较》2010 年第 6 期，第 32-42 页。

［212］宋华琳：《论政府规制中的合作治理》，《政治与法律》2016 年第 8 期，第 14-23 页。

［213］宋丽智：《20 世纪 30 年代经济大萧条的东方回应》，《经济学动态》2011 年第 7 期，第 89-93 页。

［214］苏杭：《浅析金融危机后日本的经济政策》，《日本学刊》2009 年第 3 期，第 53-68 页。

［215］苏治、方彤、尹力博：《中国虚拟经济与实体经济的关联性——基于规模和周期视角的实证研究》，《中国社会科学》2017 年第 8 期，第 87-109 页。

［216］宿营：《后危机时代国际金融监管理念的变革》，武汉大学博士学位论文，2011 年。

［217］索有：《"金融过度发展"：理论与实证研究》，东北财经大学博士学位论文，2016 年。

［218］谈儒勇：《金融抑制和金融约束》，《金融研究》1998 年第 12 期，第 26-29 页。

［219］汤洁茵：《改革开放三十年资本市场课税的回顾与展望》，《中国

金融》2008 年第 19 期,第 26-29 页。

［220］唐珏岚:《亚洲新兴经济体防范金融风险的新进展与新挑战——亚洲金融危机 20 年后的审视》,《广西社会科学》2017 年第 12 期,第 75-79 页。

［221］唐清利:《社会信用体系建设中的自律异化与合作治理》,《中国法学》2012 年第 5 期,第 38-45 页。

［222］万里鹏:《行政权的边界界定及其规制研究》,《宁夏社会科学》2019 年第 1 期,第 85-91 页。

［223］万泰雷、李松梁、刘依然:《地方债发展的市场化和透明化》,《中国金融》2018 年第 24 期,第 83-85 页。

［224］万志宏、陈汉鹏:《从主权债务危机看欧元区的内在稳定性》,《南开学报(哲学社会科学版)》2015 年第 6 期,第 18-26 页。

［225］王春法:《金融危机以来的韩国四大经济改革措施及其经济复兴》,《世界经济》2001 年第 5 期,第 46-55 页。

［226］王达:《论全球金融科技创新的竞争格局与中国创新战略》,《国际金融研究》2018 年第 12 期,第 10-20 页。

［227］王道平、贾昱宁:《投资者情绪与中国股票市场过度波动》,《金融论坛》2019 年第 7 期,第 46-59 页。

［228］王国忠:《当代经济的"二分法":基于经济虚拟化的思考》,《财经研究》2005 年第 11 期,第 115-128 页。

［229］王红霞:《作为契机的危机——制度变迁视域下的"大萧条"之于经济法》,《政法论坛》2012 年第 5 期,第 165-172 页。

［230］王厚双、安江:《浅析金融危机后日本的对外贸易》,《日本学刊》2011 年第 4 期,第 129-142 页。

［231］王怀勇:《金融监管边界的经济学与法学分析》,《政法论坛》2013 年第 5 期,第 134-141 页。

[232]王静、林琦:《从美国次级债危机看中国房地产金融市场的风险》,《财经科学》2008 年第 2 期,第 9-16 页。

[233]王美舒:《精细化时代下金融法立法进路之抉择——基于二维框架的展开》,《经济法研究》2017 年第 2 期,第 95-108 页。

[234]王千:《政策性房地产金融与商业性房地产金融协同发展研究——基于虚拟经济分析框架的中国房地产金融改革思路》,《郑州大学学报(哲学社会科学版)》2011 年第 6 期,第 62-67 页。

[235]王文剑、东方 IC:《脱虚向实需消除虚拟经济的垄断色彩》,《企业观察家》2017 年第 2 期,第 54-56 页。

[236]王晓亮、任耀红:《IPO 注册制下投资者保护研究》,《财会通讯》2017 年第 11 期,第 3-7 页。

[237]王信、罗婧:《确立中央银行在金融监管中的核心地位——危机后英国金融监管新架构及评价》,《金融与经济》2015 年第 10 期,第 4-8 页。

[238]王信、周晴:《"大而不倒"问题的解决方案——以次贷危机中的美国金融机构为例》,《经济社会体制比较》2010 年第 6 期,第 157-165 页。

[239]王学军:《美国新自由主义兴衰的权力逻辑》,《红旗文稿》2017 年第 15 期,第 34-36 页。

[240]王一鸣:《改革开放以来我国宏观经济政策的演进与创新》,《管理世界》2018 年第 3 期,第 1-10 页。

[241]王宇、黄广映:《实体经济和虚拟经济失衡发展微观机制研究——基于长三角上市企业的经验证据》,《上海经济研究》2019 年第 5 期,第 92-102 页。

[242]王煜宇:《美国〈农业信贷法〉:法典述评与立法启示》,《西南政法大学学报》2017 年第 4 期,第 63-75 页。

[243]王昭彧:《论中国金融市场参与者激励机制的构建》,《黑龙江金融》2010 年第 7 期,第 38-41 页。

[244]王志伟:《欧元区的经济困境:主权债务危机及其出路》,《山东大学学报(哲学社会科学版)》2012年第1期,第1-7页。

[245]魏革军:《地方政府债券柜台交易探析》,《中国金融》2019年第23期,第77-78页。

[246]翁士洪:《数字时代治理理论——西方政府治理的新回应及其启示》,《经济社会体制比较》2019年第4期,第138-147页。

[247]吴澄秋:《后危机时代的经济治理理念结构》,《国际论坛》2013年第1期,第54-59页。

[248]吴宏伟:《论竞争法的政策功能》,《中国人民大学学报》2001年第2期,第84-89页。

[249]吴晓求:《股市危机:逻辑结构与多因素分析》,《财经智库》2016年第3期,第5-37页。

[250]吴易风、王晗霞:《国际金融危机和经济危机背景下西方国家干预主义和新自由主义的论争》,《政治经济学评论》2011年第4期,第16-42页。

[251]吴云、张涛:《危机后的金融监管改革:二元结构的"双峰监管"模式》,《华东政法大学学报》2016年第3期,第106-121页。

[252]吴志成、朱旭:《欧盟对欧洲主权债务危机的救助》,《南京大学学报(哲学人文科学社会科学版)》2013年第2期,第58-59页。

[253]吴志成:《欧洲债务危机的演进与有效的全球治理》,《南开学报(哲学人文科学社会科学版)》2012年第6期,第46-48页。

[254]武恒光、王良玉、李学岚:《债券市场参与者关注国家审计的治理效应吗——来自地方债信用评级和发行定价的证据》,《宏观经济研究》2019年第2期,第46-68页。

[255]夏纯、井维维、梁青:《英国〈2010年金融服务法〉评述》,《金融服务法评论》2012年第1期,第57-68页。

[256]谢百三、童鑫来:《中国2015年"股灾"的反思及建议》,《价格理

论与实践》2015 年第 12 期,第 29-32 页。

[257]邢会强:《国务院金融稳定发展委员会的目标定位与职能完善——以金融法中的"三足定理"为视角》,《法学评论》2018 年第 3 期,第 88-98 页。

[258]邢会强:《经济法原理在金融法领域中的应用举隅》,《经济法论丛》2018 年第 1 期,第 212-224 页。

[259]邢会强:《我国资本市场改革的逻辑转换与法律因应》,《河北法学》2019 年第 5 期,第 26-39 页。

[260]邢会强:《相对安全理念下规范互联网金融的法律模式与路径》,《法学》2017 年第 12 期,第 22-28 页。

[261]邢会强:《信息不对称的法律规制——民商法与经济法的视角》,《法制与社会发展》2013 年第 2 期,第 112-119 页。

[262]徐孟洲、杨晖:《金融功能异化的金融法矫治》,《法学家》2010 年第 5 期,第 102-113 页。

[263]徐明棋:《欧洲主权债务危机与欧洲中央银行制度上的缺陷》,《社会科学》2012 年第 1 期,第 32-38 页。

[264]许多奇:《互联网金融风险的社会特性与监管创新》,《法学研究》2018 年第 5 期,第 20-39 页。

[265]杨芳:《英国经济"一枝独秀"的原因及其走势》,《现代国际关系》2015 年第 2 期,第 32-38 页。

[266]杨海坤:《国际金融危机背景下我国行政权的运行和规制——以政府救市为例》,《南京大学法律评论》2009 年第 1 期,第 307-313 页。

[267]杨海坤:《经济危机的公法应对》,《法学》2009 年第 3 期,第 40-48 页。

[268]杨弘、张等文:《中国社会协商对话制度的现实形态与发展路径》,《理论探讨》2011 年第 6 期,第 34-37 页。

[269]杨秋菊、邓小华:《欧元诞生、欧债危机及纾困博弈路径》,《财经科学》2015 年第 9 期,第 1-11 页。

[270]杨松、张永亮:《金融科技监管的路径转换与中国选择》,《法学》2017 年第 8 期,第 3-14 页。

[271]杨秀云、赵勐、平新乔:《从"虚拟"到"现实":互联网重塑经济的理论逻辑》,《经济社会体制比较》2019 年第 5 期,第 159-167 页。

[272]杨志超:《影子银行监管的法制理念与完善策略——以影子银行监管法制比较研究为依据》,《企业经济》2018 年第 5 期,第 180-187 页。

[273]姚铃:《欧盟经济一体化的新发展》,《国际贸易》2010 年第 10 期。

[274]叶剑平、赵燕军:《德国经验与金融危机——兼论中国住房模式转型》,《北京社会科学》2014 年第 1 期,第 65-71 页。

[275]叶正国:《网络预约出租汽车的回应型法律规制》,《电子政务》2018 年第 1 期,第 39-46 页。

[276]易宪容:《区块链技术、数字货币及金融风险——基于现代金融理论的一般性分析》,《南京社会科学》2018 年第 11 期,第 9-16 页。

[277]尹哲、张晓艳:《次贷危机后美国、英国和欧盟金融监管体制改革研究》,《南方金融》2014 年第 6 期,第 35-38 页。

[278]于春敏:《论金融消费者的公平金融服务获得权》,《财经科学》2012 年第 7 期,第 34-41 页。

[279]于君博:《后真相时代与数字政府治理的祛魅》,《行政论坛》2018 年第 3 期,第 90-96 页。

[280]余绍山、陈斌彬:《从微观审慎到宏观审慎:后危机时代国际金融监管法制的转型及启示》,《东南学术》2013 年第 3 期,第 50-56 页。

[281]俞伯阳:《我国地方债发行中的困境与对策——兼论地方债"自发自还"问题》,《经济与管理》2016 年第 6 期,第 44-49 页。

[282]喻文光:《PPP 规制中的立法问题研究——基于法政策学的视

角》,《当代法学》2016 年第 2 期,第 77-91 页。

[283]袁达松:《对影子银行加强监管的国际金融法制改革》,《法学研究》2012 年第 2 期,第 194-208 页。

[284]袁萌萌、贾秀娥:《我国房地产金融的风险及防范研究》,《技术与创新管理》2009 年第 1 期,第 75-78 页。

[285]袁森英:《证券中小投资者权益保护制度的构建路径》,《暨南学报(哲学社会科学版)》2018 年第 11 期,第 57-66 页。

[286]张怀岭:《损害类型化视角下证券群体性纠纷司法救济路径选择与规则反思》,《甘肃政法大学学报》2021 年第 2 期,第 101-117 页。

[287]张菊朋:《小微企业融资的实际态势与中长期境况》,《改革》2013 年第 9 期,第 119-124 页。

[288]张磊:《国际金融危机对日本经济的影响及启示》,《日本研究》2010 年第 1 期,第 100-102 页。

[289]张莉莉、王文君:《论经济法对虚拟经济的规制不足及其完善》,《公民与法(法学版)》2010 年第 9 期,第 39-41 页。

[290]张莉莉:《后危机时代虚拟经济与经济法的适应性问题分析》,《现代经济探讨》2011 年第 1 期,第 48-51 页。

[291]张梦露、吴凤:《欧债危机对中国经济的影响——基于欧债危机演进测度的研究》,《武汉大学学报(哲学社会科学版)》2015 年第 3 期,第 80-85 页。

[292]张平、周全林:《"十三五"时期我国地方政府性债务风险的预测与监控》,《当代财经》2017 年第 2 期,第 22-30 页。

[293]张琦:《大萧条的经济学争论》,《经济学动态》2012 年第 11 期,第 36-44 页。

[294]张守文:《政府与市场关系的法律调整》,《中国法学》2014 年第 5 期,第 60-74 页。

[295]张晓晨:《我国金融监管的立法选择:以英国危机应对为鉴》,《浙江工商大学学报》2015年第4期,第55-64页。

[296]张晓光:《重读马克思关于社会再生产的理论——对目前全球范围内由金融危机引起的经济危机的再认识》,《消费导刊》2009年第16期,第50页。

[297]张雪兰、何德旭:《次贷危机之后全球金融监管改革的趋势与挑战》,《国外社会科学》2016年第1期,第94-113页。

[298]张懿:《英国金融管理体制改革及相关启示》,《时代金融》2018年第30期,第379-380页。

[299]张宇润:《地方债券化解地方政府债务结构风险的法律思考》,《江淮论坛》2016年第1期,第98-104页。

[300]张宇润:《金融自由和安全的法律平衡》,《法学家》2005年第5期,第91-99页。

[301]张云:《虚拟经济命题研究意义的探析》,《社会科学》2009年第1期,第11-19页。

[302]张云:《虚拟经济视野下的次贷危机与美元危机解析》,《亚太经济》2009年第2期,第29-33页。

[303]张泽辰:《信息型操纵证券市场行为模式探究及风险防控——以大额持股变动与因果关系为视角》,《法治研究》2020年第2期,第23-30页。

[304]张增磊:《地方政府债务运行与管理》,《中国金融》2020年第9期,第50-51页。

[305]张增磊:《地方政府专项债券面临的主要问题及对策》,《地方财政研究》2019年第8期,第51-57页。

[306]张宗新:《金融创新、监管协同与系统性风险控制》,《浙江工商大学学报》2010年第6期,第44-50页。

[307]赵莹:《我国法定数字货币的金融监管制度构建》,《重庆社会科

学》2020 年第 5 期,第 74-83 页。

[308]赵忠秀:《汇率波动对进出口价格的传递效应——兼析东南亚金融危机对中国进出口的影响》,《国际商务(对外经济贸易大学学报)》1998年第 6 期,第 26-31 页。

[309]郑智斌、刘艺文:《股市报道逆周期调节作用研究——以"615"股灾前后〈人民日报〉〈上海证券报〉为例》,《现代传播(中国传媒大学学报)》2018 年第 9 期,第 131-137 页。

[310]周传丽:《防范房地产金融风险的思考》,《当代经济研究》2008 年第 12 期,第 61-63 页。

[311]周方召、贾少卿:《经济政策不确定性、投资者情绪与中国股市波动》,《金融监管研究》2019 年第 8 期,第 101-114 页。

[312]周亮、刘宜鸿:《防范和化解地方政府债务风险的难点与对策:一个文献综述》,《金融发展研究》2020 年第 3 期,第 58-64 页。

[313]周茂荣:《论欧洲主权债务危机下欧盟的经济治理改革》,《广东社会科学》2012 年第 6 期,第 19-28 页。

[314]周燕、佟家栋:《欧洲主权债务危机与欧盟经济一体化进程深化》,《南开学报(哲学社会科学版)》2012 年第 5 期,第 12-17 页。

[315]周子衡:《20 世纪 30 年代经济大萧条对中国货币经济的冲击——1933~1948 年中国货币经济的现代转型、失败及其遗产》,《金融评论》2012 年第 4 期,第 30-45 页。

[316]朱邦宁:《欧债危机与欧元的命运》,《红旗文稿》2012 年第 21 期,第 17-20 页。

[317]朱红、臧晓伟:《房地产金融宏观审慎管理:工具、效果及启示》,《新金融》2020 年第 1 期,第 59-64 页。

[318]朱健仪:《东南亚金融风暴及其启示与影响》,《统计与预测》1998年第 4 期,第 4-7 页。

[319]朱南兰:《中国经济转型期市场自由化的反思》,《改革与战略》2013 年第 7 期,第 34-37 页。

[320]朱楠、任保平:《虚拟经济系统性风险背景下的我国国家经济安全机制的构建》,《福建论坛（人文社会科学版)》2015 年第 10 期,第 29-34 页。

[321]朱小川:《美国〈紧急经济稳定法案〉评析及其借鉴》,《东方法学》2009 年第 3 期,第 133-138 页。

[322]邹加怡:《韩国金融危机的深层次原因》,《世界经济》1998 年第 5 期,第 6-9 页。

（三）其他类

[323]范建军:《欧洲主权债务危机爆发的原因、进程和应对之策（上)》,《中国经济时报》2013 年 1 月 3 日第 5 版。

[324]黄丹:《虚拟经济的根本是为实体经济服务》,《学习时报》2017 年 4 月 14 日第 2 版。

[325]李国疆:《虚拟经济与现代金融危机》,《光明日报》2012 年 12 月 14 日第 11 版。

[326]马一德:《经济立法引领"新常态"》,《经济日报》2014 年 12 月 4 日第 14 版。

[327]南方日报评论员:《经济发展任何时候都不能脱实向虚》,《南方日报》2018 年 11 月 2 日第 2 版。

二、外文类参考文献

（一）著作类

[328]Patrick Dunleavy, *Digital Era Governance*: *It Corporations*,*the State*, *and E-Government.* （Oxford: Oxford University Press,2006)。

（二）论文类

[329] Adam J. Levitin, "The Politics of Financial Regulation and the Regulation of Financial Politics: A Review Essay," *Harvard Law Review* 127, No. 7 (May 2014): 1992-2068.

[330] Alexandra O'Rourke, "Public-Private Partnerships: The Key to Sustainable Microfinancing," *Law and Business Review of the Americas* 12, No. 2 (Spring 2006): 34-42.

[331] Arthur E. Wilmarth Jr., "The Dark Side of Universal Banking: Financial Conglomerates and the Origins of the Subprime Financial Crisis," *Connecticut Law Review* 41, No. 4 (May 2009): 963-1050.

[332] B Enrico, JL Arcand, A Jeanlouis et al, "Too much Finance?", *Journal of Economic Growth* 20, No.2(2015): 105-148.

[333] Barradas, Ricardo, et al, "Financialization in the European Periphery and the Sovereign Debt Crisis: The Portuguese Case," *Journal of Economic Issues* 52, No.4 (2018): 1056-1083.

[334] Basu & Kaushik, "The Economics and Law of Sovereign Debt and Risk Sharing: Some Lessons from the Eurozone Crisis," *Review of Law & Economics* 12, No.3 (Nov. 2016): 495-506.

[335] Bo B. & V. Ivashina, "Financial Repression in the European Sovereign Debt Crisis," *Review of Finance*, NO.1 (2018): 83-115.

[336] Brian J. M. Quinn, "The Failure of Private Ordering and the Financial Crisis of 2008," *New York University Journal of Law & Business* 5, No. 2 (Summer 2009): 549-616.

[337] Brooksley Born, "Deregulation: A Major Cause of the Financial Crisis," *Harvard Law & Policy Review* 5, No.2 (Summer 2011): 231-243.

［338］Christopher A. Richardson, "An Economic View of the Housing Crisis," *Coonecticut Law Review* 41, No.4 (May 2009):1133-1142.

［339］Dan Awrey, "Regulating Financial Innovation: A More Principles-based Proposal," *Brooklyn Journal of Corporate, Financial & Commercial Law* 5, No. 2 (Spring 2011):272-315.

［340］Eamonn K. Moran, "Wall Street Meets Main Street: Understanding the Financial Crisis," *North Carolina Banking Institute* 13, No.1 (Mar. 2009): 5-101.

［341］Elena Raluca MOISESCU, and Andrei GIURESCU, "Sovereign Debt Crisis—from Challenges to Solutions," *Theoretical and Applied Economics* 23, No. 1 (2016):195-202.

［342］Eugenia Macchiavello, "Microfinance Regulation and Supervision: A Multi-faced Prism of Structures, Levels and Issues," *New York University Journal of Law and Business* 9, No.1 (Fall 2012):125-197.

［343］Featherstone, Kevin, "The JCMS Annual Lecture: The Greek Sovereign Debt Crisis and EMU: A Failing State in a Skewed Regime," *Jcms Journal of Common Market Studies* 49, No.2 (2011):193-217.

［344］Garrett G, "G2 in G20: China, the United States and the World after the Global Financial Crisis", *Global Policy* 1, No.1 (2010):29-39.

［345］Gogstad, Marianne, A. M. Kutan, and Y. G. Muradoglu, "Do International Institutions Affect Financial Markets? Evidence from the Greek Sovereign Debt Crisis," *The European Journal of Finance*, (2017):584-605.

［346］John D. Harkrider, "Lessons from the Great Depression," *Antitrust* 23, No.2 (Spring 2009):6-11.

［347］Kathryn Judge, "Fragmentation Nodes: A Study in Financial Innovation, Complexity, and Systemic Risk," *Stanford Law Review* 64, No.3 (Mar.

2012):101-169.

[348]Kenneth W. Dam, "The Subprime Crisis and Financial Regulation: International and Comparative Perspectives," *Chicago Journal of International Law* 10, No.2(winter 2010):581-638.

[349]Kräussl, Roman, T. Lehnert, and D. Stefanova, "The European Sovereign Debt Crisis: What Have We Learned?" *Journal of Empirical Finance* 38, (2016):363-373.

[350]Kris James Mitchener, "Are Prudential Supervision and Regulation Pillars of Financial Stability: Evidence from the Great Depression," *The Journal of Law and Economics* 50, No.2 (May 2007):273-302.

[351]Mark Aronson, "The Great Depression, This Depression, and Administrative Law," *Federal Law Review* 37, No. 2 (Jun. 2009):165-203.

[352] Matthew A. Pierce, "Regulation of Microfinance in the United States:Following a Peruvian Model," *North Carolina Banking Institute* 17,No.1 (2013):201-219.

[353]Michael E. Parrish, "The Great Depression, the New Deal, and the American Legal Order," *Washington law review* 59, No.4 (Nov.1984):723-750.

[354]Michael S. Barr, "The Financial Crisis and the Path of Reform," *Yale Journal on Regulation* 29, No. 1 (Winter 2012):91-119.

[355]Molly Richardson, "Increasing Microlending Potential in the United States through a Strategic Approach to Regulatory Reform," *The Journal of Corporation Law* 34,No.3(Spring 2009):923-942.

[356]Pereira, Ines Prates, and S. Lagoa, "Flight-to-quality and Contagion in the European Sovereign Debt Crisis: The Cases of Portugal and Greece," *Journal of Financial Economic Policy* 11, No.2 (2019):193-217.

[357]Peter L. Rousseau,Paul Wachtel, "Inflation Thresholds and the Fi-

nance-growth Nexus", *Journal of International Money and Finance* 21, (2002): 777-793.

[358] Robert K. Rasmussen & David A. Jr. Skeel, "Governmental Intervention in an Economic Crisis," *University of Pennsylvania Journal of Business Law* 19, No.1 (Fall 2016):7-48.

[359] Steven L.Schwarcz, "Disintermediating Avarice: A Legal Framework for Commercially Sustainable Microfinance," *University of Illinois Law Review* 2011, No.4 (2011):1165-1199.

[360] Timothy A. Canova, "Financial Market Failure as a Crisis in the Rule of Law: From Market Fundamentalism to a New Keynesian Regulatory Model," *Harvard Law & Policy Review* 3, No.2 (Summer 2009):369-396.

[361] Todd Arena, "Social Corporate Governance and the Problem of Mission Drift in Socially-Oriented Microfinance Institutions," *Columbia Journal of Law and Social Problems* 41, No.3 (Spring 2008):269-316.